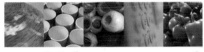

Bilingual VISUAL dictionary

LONDON, NEW YORK, MELBOURNE,
MUNICH, AND DELHI

Senior Editor Simon Tuite
Senior Art Editor Vicky Short
Production Editor Phil Sergeant
Production Controller Rita Sinha
Managing Editor Julie Oughton
Managing Art Editor Louise Dick
Art Director Bryn Walls
Associate Publisher Liz Wheeler
Publisher Jonathan Metcalf

Designed for Dorling Kindersley by WaltonCreative.com
Art Editor Colin Walton, assisted by Tracy Musson
Designers Peter Radcliffe, Earl Neish, Ann Cannings
Picture Research Marissa Keating

Arabic typesetting and layout for Dorling Kindersley by
g-and-w PUBLISHING
Translation by Samir Salih
US Editor Margaret Parrish

First American Edition 2009

Published in the United States by
DK Publishing
345 Hudson Street
New York, New York 10014

13 14 15 14 13 12 11

022-AD418-May/2009

Published in Great Britain by
Dorling Kindersley Limited

A catalog record for this book is available from the
Library of Congress

ISBN 978-0-7566-4983-8

Printed by L. Rex Printing Co. Ltd., China

Discover more at
www.dk.com

المحتويات
al-muHtawayaat
contents

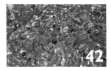

42

الصحة
aS-SiHHa
health

146

الأكل خارج المنزل
al-akl khaarij al-manzil
eating out

252

الترفيه
at-tarfeeh
leisure

عربي Aarabee • english

عن القاموس

ثبت أن استخدام الصور يساعد على فهم وحفظ المعلومات في الذاكرة. وبناء على هذا المبدأ، فإن هذا القاموس الإنجليزي-العربي الغني بالصور يقدم مجموعة ضخمة من مفردات اللغة السارية المفيدة.

القاموس مقسم حسب الموضوعات ويشمل بالتفصيل معظم جوانب الحياة اليومية، من المطعم إلى الجمنازيوم، ومن المنزل إلى موقع العمل، ومن الفضاء الخارجي إلى عالم الحيوانات. كما ستجد كلمات وعبارات إضافية لاستخدامها في الحديث ولتوسيع نطاق مفرداتك اللغوية.

وهو أداة ضرورية لأي شخص مهتم باللغات – فهو عملي ومثير ويسهل استعماله.

بعض الأمور التي يجب ملاحظتها

إن الكلمات العربية في هذا القاموس مكتوبة بالحروف العربية وبالحروف اللاتينية أيضاً. عند قراءة النطق بالحروف اللاتينية راجع الدليل بهذه الصفحة.

كتبت الكلمات بنفس الترتيب: بالحروف العربية، ثم بالحروف اللاتينية ثم الإنجليزية.

أسد	حزام أمان
asad	Hizaam amaan
lion	**seat belt**

الأفعال يعبر عنها بالحرف (v) بعد الإنجليزية، مثلاً:

يحصد yaHsud | **harvest (v)**

كما أن للغتين فهرست خاص بهما في نهاية الكتاب، حيث يمكنك البحث عن كلمة سواء من النص الإنجليزي أو العربي ويتم إرشادك إلى رقم الصفحة أو الصفحات حيث تبدو الكلمة. للرجوع إلى نطق كلمة عربية محددة ابحث عن الكلمة في النص العربي أو الفهرست الإنجليزي، ثم اتجه إلى الصفحة المشار إليها.

about the dictionary

The use of pictures is proven to aid understanding and the retention of information. Working on this principle, this highly-illustrated English–Arabic bilingual dictionary presents a large range of useful current vocabulary.

The dictionary is divided thematically and covers most aspects of the everyday world in detail, from the restaurant to the gym, the home to the workplace, outer space to the animal kingdom. You will also find additional words and phrases for conversational use and for extending your vocabulary.

This is an essential reference tool for anyone interested in languages – practical, stimulating, and easy-to-use.

A few things to note

The Arabic in the dictionary is presented in Arabic script and romanized pronunciation. When reading the romanization, refer to the guide on this page

The entries are always presented in the same order – Arabic, Romanization, English – for example:

أسد	حزام أمان
asad	Hizaam amaan
lion	**seat belt**

Verbs are indicated by a **(v)** after the English, for example:

يحصد yaHsud | **harvest (v)**

Each language also has its own index at the back of the book. Here you can look up a word in either English or Arabic script and be referred to the page number(s) where it appears. To reference the pronunciation for a particular Arabic word, look it up in the Arabic script or English index and then go to the page indicated.

Pronunciation النطق

Many of the letters used in the Arabic pronunciation guide can be pronounced as they would be in English, but some require special explanation:

'	Represents a short pause, as when the tt in "bottle" is dropped.
A	A (ع) is a guttural sound unique to Arabic (rather like exclaiming "ah!" when a dentist touches a nerve). Pronouncing this sound correctly comes with listening and practice.
d/D	There are two d sounds: d (د) as in "ditch", and D (ض) with the tongue further back in the mouth, as in "doll".
gh	gh (غ) is a throaty r pronounced as in the French word "rue".
h/H	Arabic has two h sounds: h (ه) as in "hotel", and a second breathier sound, H (ح), as if breathing on glasses.
kh	kh (خ) is a throaty h pronounced like the ch in the Scottish word "loch".
s/S	There are two s sounds: s (س) as in "silly", and S (ص) as in "sorry" pronounced with the tongue further back in the mouth.
t/T	There are two t sounds: t (ت) as in "tilt", and the T (ط) as in "toll", with the tongue further back in the mouth.
z/Z	There are two z sounds: z (ز) as in "zebra", and Z (ظ), with the tongue further back in the mouth.

Arabic word stress is generally even, unless there is a long vowel (aa/ee/oo), in which case this is emphasized.

how to use this book

Whether you are learning a new language for business, pleasure, or in preparation for a holiday abroad, or are hoping to extend your vocabulary in an already familiar language, this dictionary is a valuable learning tool which you can use in a number of different ways.

When learning a new language, look out for cognates (words that are alike in different languages) and derivations (words that share a common root in a particular language). You can also see where the languages have influenced each other. For example, English has imported some terms for food from Arabic but, in turn, has exported terms used in technology and popular culture.

Practical learning activities

• As you move about your home, workplace, or college, try looking at the pages which cover that setting. You could then close the book, look around you and see how many of the objects and features you can name.

• Make flashcards for yourself with English on one side and Arabic on the other side. Carry the cards with you and test yourself frequently, making sure you shuffle them between each test.

• Challenge yourself to write a story, letter, or dialogue using as many of the terms on a particular page as possible. This will help you retain the vocabulary and remember the spelling. If you want to build up to writing a longer text, start with sentences incorporating 2–3 words.

• If you have a very visual memory, try drawing or tracing items from the book onto a piece of paper, then close the book and fill in the words below the picture.

• Once you are more confident, pick out words in the foreign language index and see if you know what they mean before turning to the relevant page to check if you were right.

استعمال هذا الكتاب

سواء كنت تتعلم لغة جديدة للعمل أو من أجل الاستمتاع أو استعداداً لرحلة عبر البحار أو على أمل توسيع نطاق مفرداتك اللغوية فإن هذا القاموس أداة تعلم قيمة يمكنك استخدامها بعدة طرق مختلفة.

عند تعلم لغة جديدة، انتبه للكلمات التي تتشابه في لغات مختلفة، والكلمات المشتقة، أي كلمات من أصل واحد في لغة معينة. كما يمكنك أيضا أن تلاحظ أين أثرت اللغات بعضها على بعض. مثلاً، الإنجليزية استوردت بعض الاصطلاحات عن الطعام من العربية، ولكن بدورها صدرت تعبيرات تستخدم في التكنولوجيا وفي الثقافة الشعبية.

أنشطة التعليم العملية

• حين تتجول في أنحاء مسكنك أو موقع عملك أو كليتك، حاول أن تتطلع على الصفحات التي تشمل هذا المكان. يمكنك حينذاك أن تغلق الكتاب وترى كم من الأشياء والسمات تتذكر.

• قم بإعداد بطاقات تذكرة سريعة لنفسك واكتب الكلمة بالإنجليزية على جانب، وبالعربية على الجانب الآخر. احمل البطاقات معك واختبر نفسك مرات عديدة، واخلط البطاقات بين الاختبارات.

• تحدي نفسك لكتابة قصة أو رسالة أو محاورة، مستخدماً أكبر قدر ممكن من الاصطلاحات بصفحة معينة. سوف يساعدك ذلك على بناء مفردات اللغة وعلى تذكر التهجئة. إن أردت أن تتقدم بكتابة نص أطول، ابدأ بجمل يشمل كلمتين أو ثلاثة.

• إذا كنت تتمتع بذاكرة تصويرية جداً، حاول أن ترسم أو أن تتبع شكل بنود من الكتاب على قطعة من الورق، ثم أغلق الكتاب واكتب الكلمات أسفل الصورة.

• بمجرد أن تصبح أكثر ثقة في نفسك اختر كلمات من فهرست اللغة الأجنبية وتحقق إن كنت تعرف معناها قبل أن تقلب الصفحة إلى الصفحة المناسبة لتتأكد إن كنت على حق أم لا.

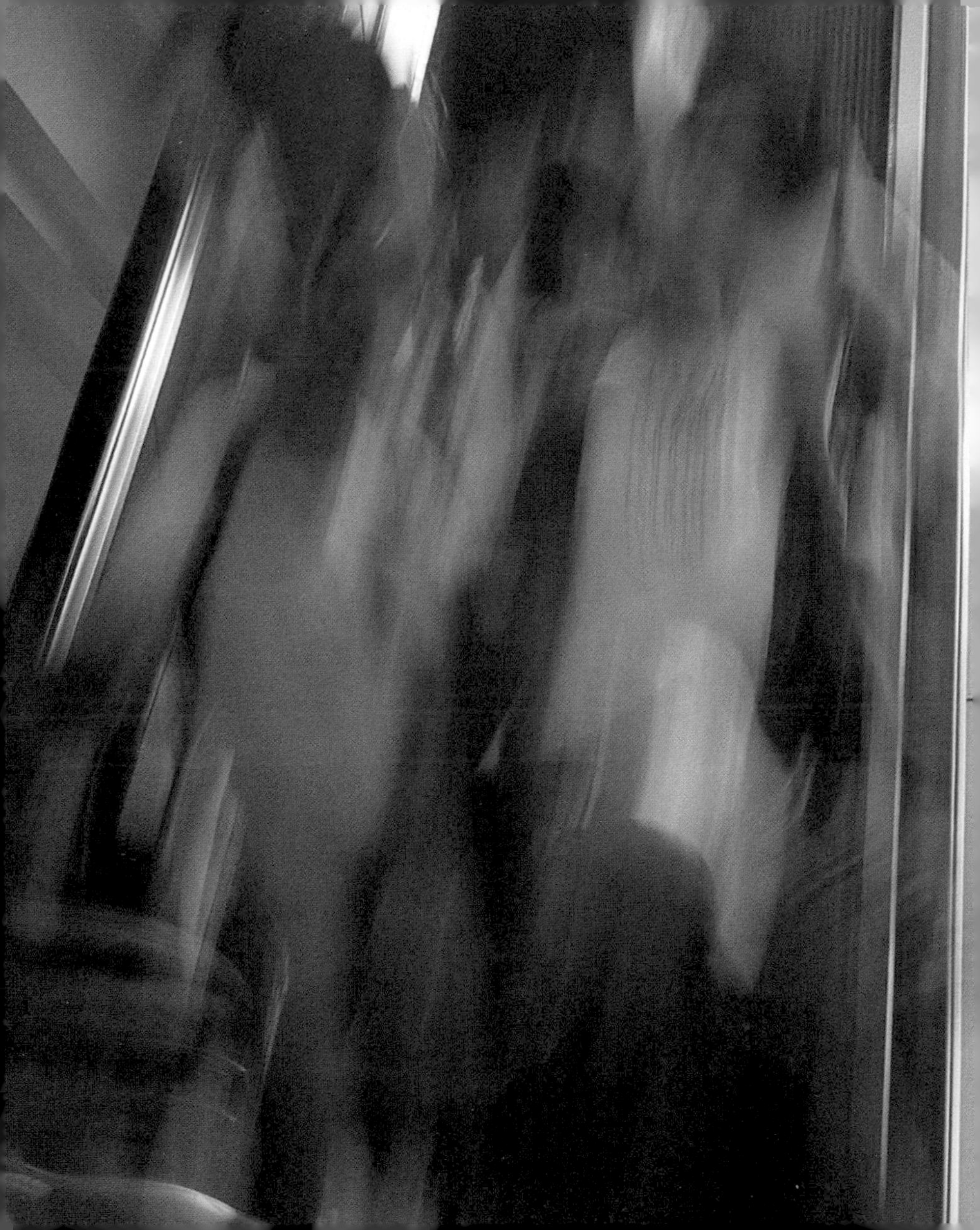

الناس an-naas
people

البدن al-badan • body

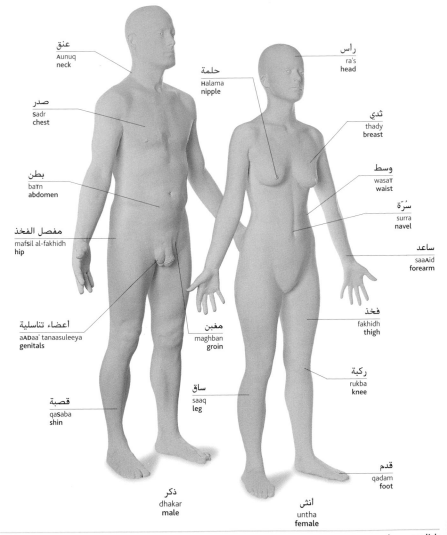

عنق
Aunuq
neck

حلمة
Halama
nipple

راس
ra's
head

صدر
sadr
chest

ثدي
thady
breast

بطن
baTn
abdomen

وسط
wasaT
waist

سُرّة
surra
navel

مفصل الفخذ
mafSil al-fakhidh
hip

ساعد
saaAid
forearm

أعضاء تناسلية
aADaa' tanaasuleeya
genitals

مغبن
maghban
groin

فخذ
fakhidh
thigh

ركبة
rukba
knee

قصبة
qaSaba
shin

ساق
saaq
leg

قدم
qadam
foot

ذكر
dhakar
male

أنثى
untha
female

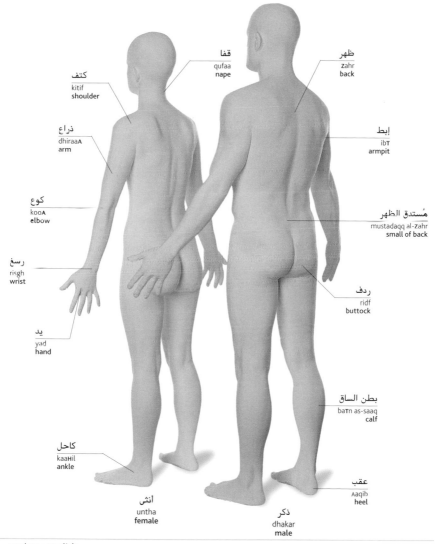

قفا
qufaa
nape

ظهر
zahr
back

كتف
kitif
shoulder

إبط
ibт
armpit

ذراع
dhiraaA
arm

مُستدق الظهر
mustadaqq al-zahr
small of back

كوع
kooА
elbow

رسغ
risgh
wrist

ردف
ridf
buttock

يد
yad
hand

بطن الساق
baтn as-saaq
calf

كاحل
kaaнil
ankle

عقب
Aaqib
heel

أنثى
untha
female

ذكر
dhakar
male

الوجه al-wajh • face

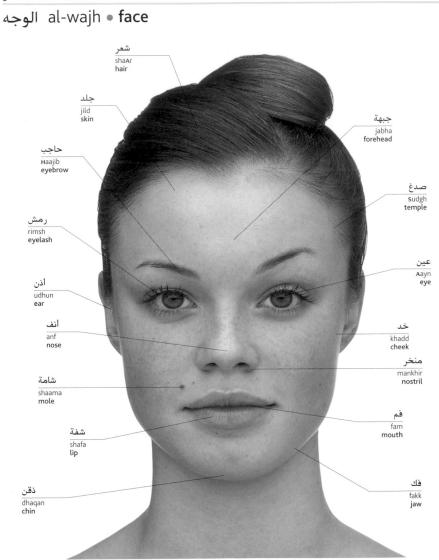

شعر
shaAr
hair

جلد
jild
skin

حاجب
Haajib
eyebrow

رمش
rimsh
eyelash

أذن
udhun
ear

أنف
anf
nose

شامة
shaama
mole

شفة
shafa
lip

ذقن
dhaqan
chin

جبهة
jabha
forehead

صدغ
sudgh
temple

عين
Aayn
eye

خد
khadd
cheek

منخر
mankhir
nostril

فم
fam
mouth

فك
fakk
jaw

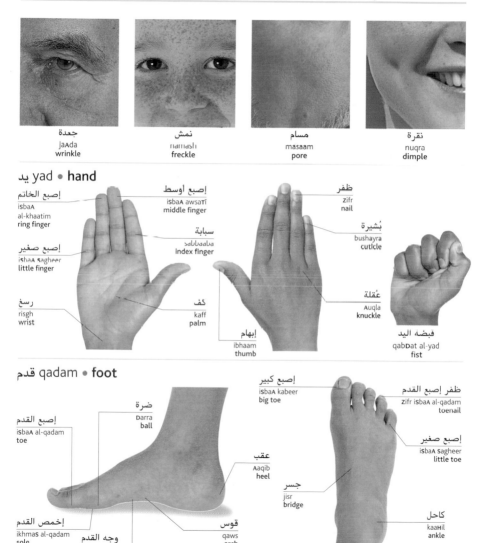

جعدة
jaAda
wrinkle

نمش
namash
freckle

مسام
masaam
pore

نقرة
nuqra
dimple

يد yad • hand

إصبع الخاتم
isbaA
al-khaatim
ring finger

إصبع أوسط
isbaA awsaTi
middle finger

ظفر
zifr
nail

بُشيرة
bushayra
cuticle

سبابة
sabbaaba
index finger

إصبع صغير
isbaA sagheer
little finger

عُقلة
Auqla
knuckle

رسغ
risgh
wrist

كف
kaff
palm

إبهام
ibhaam
thumb

قبضة اليد
qabDat al-yad
fist

قدم qadam • foot

إصبع كبير
isbaA kabeer
big toe

ظفر إصبع القدم
zifr isbaA al-qadam
toenail

ضرة
Darra
ball

إصبع القدم
isbaA al-qadam
toe

إصبع صغير
isbaA sagheer
little toe

عقب
Aaqib
heel

جسر
jisr
bridge

إخمص القدم
ikhmas al-qadam
sole

وجه القدم
wajh al-qadam
instep

قوس
qaws
arch

كاحل
kaaHil
ankle

العضلات al-AaDalaat • muscles

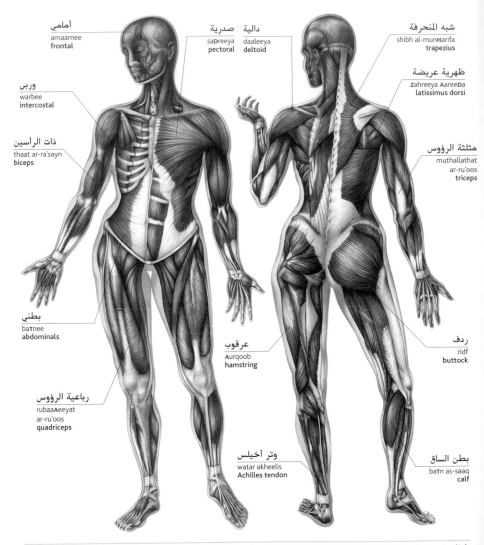

أمامي
amaamee
frontal
صدرية
saDreeya
pectoral
دالية
daaleeya
deltoid
شبه المنحرفة
shibh al-munHarifa
trapezius
وربى
warbee
intercostal
ظهرية عريضة
Zahreeya AareeDa
latissimus dorsi
ذات الرأسين
thaat ar-ra'sayn
biceps
مثلثة الرؤوس
muthallathat
ar-ru'oos
triceps
بطني
baTnee
abdominals
ردف
ridf
buttock
عرقوب
Aurqoob
hamstring
رباعية الرؤوس
rubaaAeeyat
ar-ru'oos
quadriceps
وتر أخيلس
watar akheelis
Achilles tendon
بطن الساق
baTn as-saaq
calf

الهيكل العظمي al-haykal al-Aazmee • skeleton

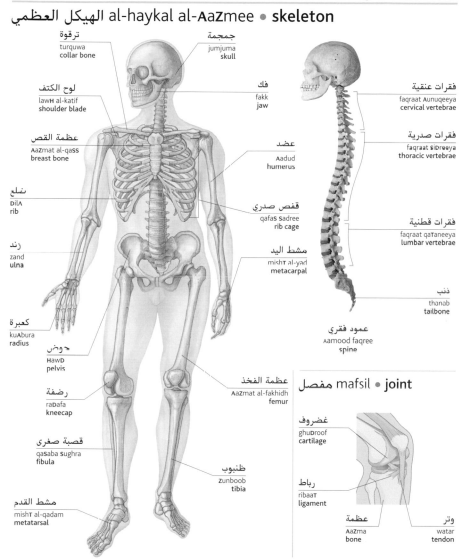

ترقوة
turquwa
collar bone
جمجمة
jumjuma
skull
لوح الكتف
lawH al-katif
shoulder blade
فك
fakk
jaw
عظمة القص
AaZmat al-qaSS
breast bone
عضد
Aadud
humerus
ضلع
Dila
rib
قفص صدري
qafaS Sadree
rib cage
زند
zand
ulna
مشط اليد
mishT al-yad
metacarpal
كعبرة
kuAbura
radius
حوض
HawD
pelvis
عظمة الفخذ
AaZmat al-fakhidh
femur
رضفة
raDafa
kneecap
قصبة صغرى
qaSaba Sughra
fibula
ظنبوب
Zunboob
tibia
مشط القدم
mishT al-qadam
metatarsal

فقرات عنقية
faqraat Aunuqeeya
cervical vertebrae
فقرات صدرية
faqraat SiDreeya
thoracic vertebrae
فقرات قطنية
faqraat qaTaneeya
lumbar vertebrae
ذنب
thanab
tailbone

عمود فقري
Aamood faqree
spine

مفصل mafsil • joint

غضروف
ghuDroof
cartilage
رباط
ribaaT
ligament
عظمة
AaZma
bone
وتر
watar
tendon

al-AaDaa' ad-daakhileeya • internal organs الأعضاء الداخلية

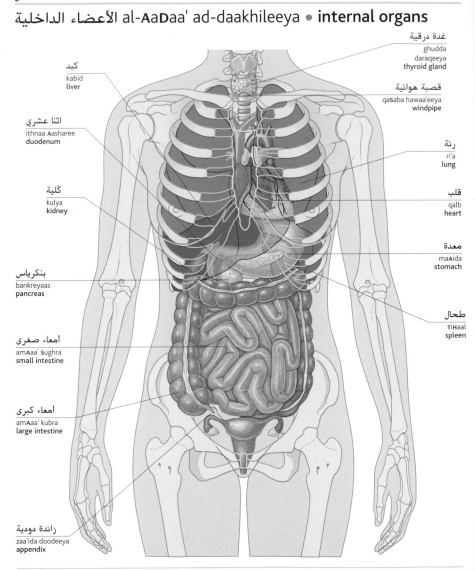

كبد
kabid
liver

اثنا عشري
ithnaa Aasharee
duodenum

كُلية
kulya
kidney

بنكرياس
bankreyaas
pancreas

أمعاء صغرى
amAaa' Sughra
small intestine

أمعاء كبرى
amAaa' kubra
large intestine

زائدة دودية
zaa'ida doodeeya
appendix

غدة درقية
ghudda
daraqeeya
thyroid gland

قصبة هوائية
qaSaba hawaa'eeya
windpipe

رئة
ri'a
lung

قلب
qalb
heart

معدة
maAida
stomach

طحال
TiHaal
spleen

الرأس ar-ra's • head

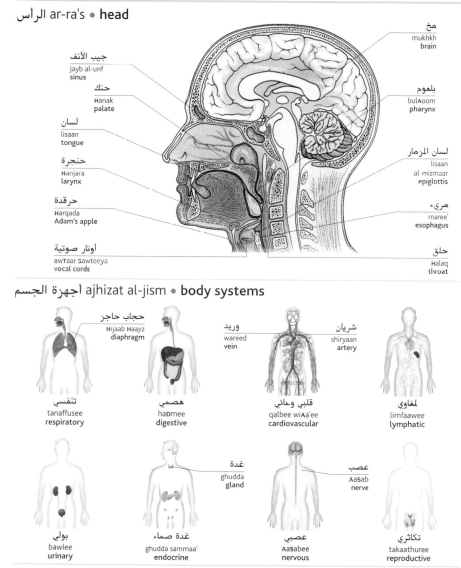

مخ
mukhkh
brain

جيب الأنف
jayb al-unf
sinus

حنك
Hanak
palate

لسان
lisaan
tongue

حنجرة
Hanjara
larynx

حرقدة
Harqada
Adam's apple

أوتار صوتية
awTaar Sawteeya
vocal cords

بلعوم
bulAoom
pharynx

لسان المزمار
lisaan
al-mizmaar
epiglottis

مريء
maree'
esophagus

حلق
Halaq
throat

أجهزة الجسم ajhizat al-jism • body systems

حجاب حاجز
Hijaab Haajiz
diaphragm

تنفسي
tanaffusee
respiratory

هضمي
haDmee
digestive

ورید
wareed
vein

شریان
shiryaan
artery

قلبي وعائي
qalbee wiAa'ee
cardiovascular

لمفاوي
limfaawee
lymphatic

بولي
bawlee
urinary

غدة
ghudda
gland

غدة صماء
ghudda sammaa'
endocrine

عصب
AaSab
nerve

عصبي
AaSabee
nervous

تكاثري
takaathuree
reproductive

أعضاء التكاثر AaDaa' at-takaathur • reproductive organs

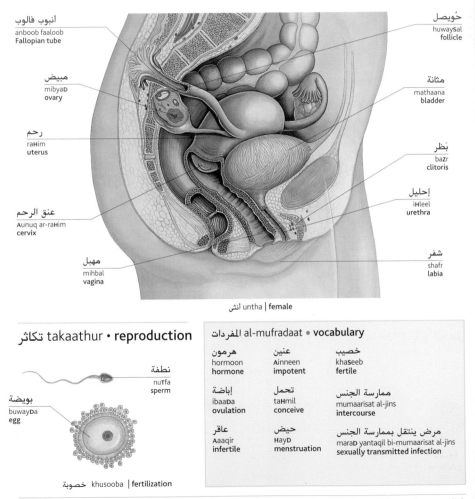

أنبوب فالوب
anboob faaloob
Fallopian tube
مبيض
mibyaD
ovary
رحم
raHim
uterus
عنق الرحم
Aunuq ar-raHim
cervix
مهبل
mihbal
vagina
حُويصل
huwaysal
follicle
مثانة
mathaana
bladder
بَظر
bazr
clitoris
إحليل
iHleel
urethra
شفر
shafr
labia

أنثى untha | **female**

تكاثر takaathur • reproduction

نطفة
nuTfa
sperm
بويضة
buwayDa
egg

خصوبة khusooba | **fertilization**

المفردات al-mufradaat • vocabulary

هرمون
hormoon
hormone

عنين
Ainneen
impotent

خصيب
khaseeb
fertile

إباضة
ibaaDa
ovulation

تحمل
taHmil
conceive

ممارسة الجنس
mumaarisat al-jins
intercourse

عاقر
Aaaqir
infertile

حيض
HayD
menstruation

مرض ينتقل بممارسة الجنس
maraD yantaqil bi-mumaarisat al-jins
sexually transmitted infection

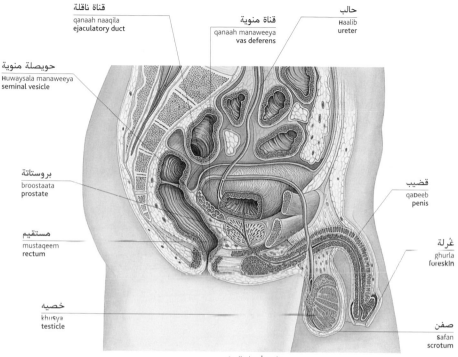

قناة ناقلة
qanaah naaqila
ejaculatory duct

قناة منوية
qanaah manaweeya
vas deferens

حالب
Haalib
ureter

حويصلة منوية
Huwaysala manaweeya
seminal vesicle

بروستاتة
broostaata
prostate

مستقيم
mustaqeem
rectum

خصية
khuşya
testicle

قضيب
qaɒeeb
penis

غُرلة
ghurla
foreskin

صفن
safan
scrotum

ذكر dhakar | **male**

مانع الحمل maaniA al-Haml • contraception

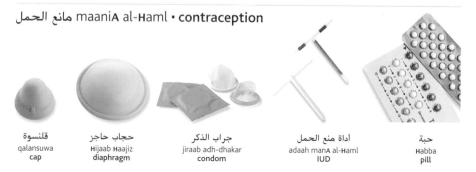

قلنسوة
qalansuwa
cap

حجاب حاجز
Hijaab Haajiz
diaphragm

جراب الذكر
jiraab adh-dhakar
condom

أداة منع الحمل
adaah manA al-Haml
IUD

حبة
Habba
pill

العائلة al-Aaʼila • family

جدة
jadda
grandmother

جد
jadd
grandfather

عم
Aamm
paternal uncle

عمة
Aamma
paternal aunt)

أب
ab
father

أم
umm
mother

ابن/ابنة عم
ibn/ibnat Aamm
paternal cousin

أخ
akh
brother

أخت
ukht
sister

زوجة
zawja
wife

زوجة ابن
zawjat ibn
daughter-in-law

ابن
ibn
son

ابنة
ibna
daughter

زوج ابنة
zawj ibna
son-in-law

حفيد
Hafeed
grandson

حفيدة
Hafeeda
granddaughter

زوج
zawj
husband

المفردات al-mufradaat • vocabulary

أقارب aqaarib **relatives**	والدان waalidaan **parents**	أحفاد aHfaad **grandchildren**	خال khaal **maternal uncle**	زوجة الأب zawjat al-ab **stepmother**	رفيق/رفيقة rafeeq/rafeeqa **partner**
جيل jeel **generation**	أطفال aTfaal **children**	جد وجدة jadd wa-jadda **grandparents**	خالة khaala **maternal aunt**	زوج الأم zawj al-umm **stepfather**	توائم tawaa'im **twins**

حماة
Hamaah
mother-in-law

حم
Ham
father-in-law

زوج أخت/أخو زوج(ة)
zawj ukht/
akhoo zawj(a)
brother-in-law

زوجة أخ/أخت زوج(ة)
zawjat akh/
ukht zawj(a)
sister-in-law

ابنة أخ/أخت
ibnat akh/ukht
niece

ابن أخ/أخت
ibn akh/ukht
nephew

لقب laqab • titles

سيدة
sayyida
Mrs.

سيد
sayyid
Mr.

آنسة
aanisa
Miss

مراحل maraaHil • stages

رضيع
raDeeA
baby

طفل
Tifl
child

ولد
walad
boy

بنت
bint
girl

مراهق
muraaHiq
teenager

بالغ
baaligh
adult

رجل
rajul
man

امرأة
imra'a
woman

العلاقات al-Ailaaqaat • relationships

| مدير
mudeer
manager | مساعد
musaaAid
assistant | شريك أعمال
shareek aAmaal
business partner | صاحب عمل
saaHib aAmaal
employer | موظف
muwaZZaf
employee | زميل
zameel
colleague |

مكتب maktab | **office**

جار
jaar
neighbor

صديق
Sadeeq
friend

معرفة
maArifa
acquaintance

صديق مراسلة
Sadeeq muraasala
pen pal

رفيق
rafeeq
boyfriend

رفيقة
rafeeqa
girlfriend

خطيب
khaTeeb
fiancé

خطيبة
khaTeeba
fiancée

رفيقان rafeeqaan | **couple**

مخطوبان makhToobaan | **engaged couple**

العواطف al-AawaaTif • emotions

ابتسامة
ibtisaama
smile

سعيد
saAeed
happy

حزين
Hazeen
sad

مُثار
muthaar
excited

ضجر
Dajir
bored

مندهش
mundahish
surprised

مرتعب
murtaAib
scared

عبوس
Aaboos
frown

غاضب
ghaaDib
angry

مرتبك
murtabik
confused

قلق
qaliq
worried

عصبي
AaSabee
nervous

فخور
fakhoor
proud

واثق
waathiq
confident

محرج
muhraj
embarrassed

خجول
khajool
shy

المفردات al-mufradaat • vocabulary

منغص munaghghas **upset**	يضحك yadHak **laugh (v)**	ينهّد yunahhid **sigh (v)**	يصيح yaSeeH **shout (v)**
مصدوم masdoom **shocked**	يبكي yabkee **cry (v)**	يُغمي عليه yughmee Aalayhi **faint (v)**	يتثاءب yatathaa'ab **yawn (v)**

أحداث الحياة aHdaath al-Hayaah • life events

يُولد
yuwallad
be born (v)

يبدأ الدراسة
yabda' ad-diraasa
start school (v)

يعقد صداقات
yaAqud Sadaaqaat
make friends (v)

يتخرج
yatakharraj
graduate (v)

يحصل على وظيفة
yaHsul Aala waZeefa
get a job (v)

يقع في الحب
yaqaA fil-Hubb
fall in love (v)

يتزوج
yatazawwaj
get married (v)

يرزق بمولود
yarzuq bi-mawlood
have a baby (v)

زفاف zifaaf | **wedding**

طلاق
Talaaq
divorce

جنازة
jinaaza
funeral

المفردات al-mufradaat • vocabulary

تعميد
taAmeed
christening

ذكرى
dhikra
anniversary

يهاجر
yuhaajir
immigrate (v)

يتقاعد
yataqaaAad
retire (v)

يموت
yamoot
die (v)

يكتب وصية
yaktub waSiya
make a will (v)

شهادة ميلاد
shihaadat meelaad
birth certificate

حفل قران
Hafl qiraan
wedding reception

شهر عسل
shahr Aasal
honeymoon

احتفال بلوغ عند اليهود
iHtifaal buloogh Aand al-yahood
bar mitzvah

الاحتفالات al-iHtifaalaat • celebrations

حفل عيد ميلاد
Hafl Aeed meelaad
birthday party

بطاقة
biTaaqa
card

يوم الميلاد
yawm al-meelaad
birthday

هدية
hadeeya
present

عيد ميلاد المسيح
Aeed meelaad al-miseeH
Christmas

راس السنة
ra's as-sana
New Year

كرنفال
karnifaal
carnival

موكب
mawkib
procession

شريط
shareeT
ribbon

عيد الشكر
Aeed ash-shukr
Thanksgiving

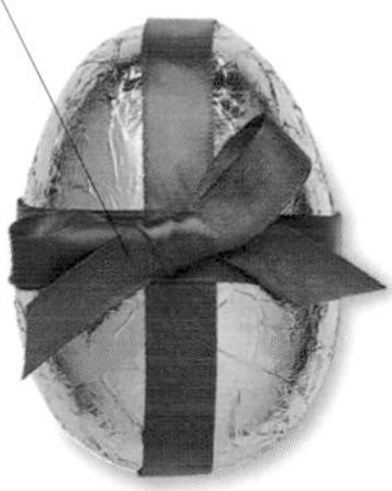

عيد القيامة
Aeed al-qiyaama
Easter

عيد جميع القديسين
Aeed jameeA l-qiddeeseen
Halloween

أعياد aAyaad • festivals

عيد الفصح (لليهود)
Aeed al-fasH (lil-yahood)
Passover

رمضان
ramaDaan
Ramadan

عيد النور للهندوس
Aeed an-noor lil-hindoos
Diwali

المظهر al-mazhar
appearance

ملابس الأطفال malaabis al-aTfaal • **children's clothing**

رضيع raDeeA • **baby**

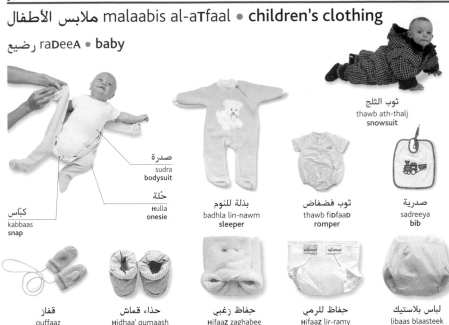

صدرة
sudra
bodysuit

حُلة
Hulla
onesie

كبّاس
kabbaas
snap

ثوب الثلج
thawb ath-thalj
snowsuit

بذلة للنوم
badhla lin-nawm
sleeper

ثوب فضفاض
thawb fiDfaaD
romper

صدرية
sadreeya
bib

قفاز
quffaaz
mittens

حذاء قماش
Hidhaa' qumaash
booties

حفاظ زغبي
HifaaZ zaghabee
cloth diaper

حفاظ للرمي
HifaaZ lir-ramy
disposable diaper

لباس بلاستيك
libaas blaasteek
plastic pants

طفل في أول مشية Tifl fee awwal mashiya • **toddler**

قبعة شمس
qubaAAat shams
sun hat

مريلة
maryala
apron

زي دنغري
ziyy dangharee
overalls

شورت
short
shorts

تي شيرت
tee shirt
T-shirt

تنورة
tannoora
skirt

طفل Tifl • child

فستان
fustaan
dress

صندل
sandal
sandals

صيف
sayf
summer

غطوة
ghaTwa
hood

معطف مطر
miATaf maTar
raincoat

جينز
jeenz
jeans

حقيبة ظهر
Haqeebat Zahr
backpack

خريف
khareef
fall

مشبك
mishbak
toggle

معطف سميك
miATaf sameek
duffel coat

وشاح
wishaaH
scarf

سترة
sutra
parka

حذاء مطاط
Hidhaa' maTTaaT
rain boots

شتاء
shitaa'
winter

روب
rohb
bathrobe

علامة تجارية
Aalaama tujaareeya
logo

حذاء رياضي
Hidhaa' riyaaDee
athletic shoes

قميص نوم
qamees nawm
nightgown

شبشب
shibshib
slippers

ملابس الليل
malaabis al-layl
nightwear

ملابس كرة القدم
malaabis kurat al-qadam
soccer uniform

بذلة تدريب
badhlat tadreeb
jogging suit

طِماقات
Timaaqaat
leggings

المفردات al-mufradaat • vocabulary

ألياف طبيعية
alyaaf tabeeAeeya
natural fiber

صناعي
sinaaAee
synthetic

هل يمكن غسلها في الغسالة؟
hal yumkin ghasluhaa fil-ghasaala?
Is it machine-washable?

هل تناسب عمرسنتين؟
hal tunaasib Aumr sanatayn?
Will this fit a two-year-old?

ملابس الرجال malaabis ar-rijaal • **men's clothing**

ياقة
yaaqa
collar

رباط عنق
ribaaT Aunuq
tie

حزام
Hizaam
belt

طيّة
Tayya
lapel

عروة
Aurwa
buttonhole

كفة الكُم
kaffat al-kumm
cuff

زر
zirr
button

سترة
sutra
jacket

بنطلون
banTalohn
pants

بذلة
badhla
business suit

حذاء جلد
Hidhaa' jild
leather
shoes

جيب
jayb
pocket

بطانة
baTaana
lining

معطف
miATaf
coat

المفردات al-mufradaat • vocabulary

قميص qamees shirt	روب rohb bathrobe	بذلة تدريب badhlat tadreeb jogging suit	طويل Taweel long
سترة صوف sutra soof cardigan	ملابس داخلية malaabis dhaakhileeya underwear	معطف مطر miATaf maTar raincoat	قصير qaseer short

هل لديك هذا بحجم أصغر/أكبر؟
hal ladayk haadha bi-Hajm asghar/akbar?
Do you have this in a larger/smaller size?

هل يمكنني تجربة هذا؟
hal yumkinunee
tajribat haadha?
May I try this on?

سترة فضفاضة
sutra fiDfaaDa
blazer

سترة رياضية
sutra riyaaDeeya
sport coat

صدرية
Sadreeya
vest

فتحة بشكل v
fatHa bi-shakl 'v'
V-neck

فتحة مستديرة
fatHa mustadeera
round neck

تي شيرت
tee shirt
T-shirt

سروال عرضي
sirwaal Aaradee
sweatpants

ملابس غير رسمية
malaabis ghayr rasmeeya
casual wear

سترة مطر
sutrat maTar
parka

سويت شيرت
sweatshirt
sweatshirt

واق من الرياح
waaqin min ar-riyaaH
windbreaker

كنزة
kanza
sweater

بيجاما
beejama
pajamas

صدرة
Sudra
tank top

شورت
short
shorts

سروال تحتي
sirwaal taHtee
briefs

شورت تحتي
short taHtee
boxer shorts

جوارب
jawaarib
socks

ملابس النساء malaabis an-nisaa' • women's clothing

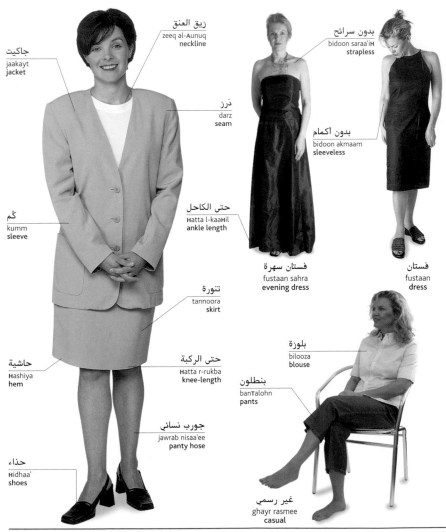

جاكيت
jaakayt
jacket
زيق العنق
zeeq al-Aunuq
neckline
دَرز
darz
seam
كُم
kumm
sleeve
تنورة
tannoora
skirt
حاشية
Hashiya
hem
حتى الركبة
Hatta r-rukba
knee-length
جورب نسائي
jawrab nisaa'ee
panty hose
حذاء
Hidhaa'
shoes

بدون سرائح
bidoon saraa'iH
strapless
بدون أكمام
bidoon akmaam
sleeveless
حتى الكاحل
Hatta l-kaaHil
ankle length
فستان سهرة
fustaan sahra
evening dress
فستان
fustaan
dress

بلوزة
bilooza
blouse
بنطلون
banTalohn
pants
غير رسمي
ghayr rasmee
casual

ملابس تحتية malaabis taHteeya • lingerie

روب خفيف
rohb khafeef
negligée

دِرع
dirA
slip

سريحة
sareeHa
strap

صدير
Sudayr
bra camisole

حمالات
Hammaalaat
garters

صدرة ضيقة
Sudra Dayyiqa
bustier

جورب طويل
jawrab Taweel
stockings

جورب نسائي
jawrab nisaa'ee
tights

صدرة
Sudra
vest

مِشد صدر
mishadd Sadr
bra

سروال تحتي
sirwaal taHtee
panties

قميص نوم
qameeS nawm
nightgown

زفاف zifaaf • wedding

حجاب
Hijaab
veil
دنتلة
dantilla
lace
باقة ورد
baaqat ward
bouquet
ذيل جرار
dhayl jarraar
train

فستان زفاف
fustaan zifaaf
wedding dress

المفردات al-mufradaat • vocabulary

مِشد mishadd **corset**	مفصل mufaSSal **tailored**
رباطة جورب rabbaaTat jawrab **suspenders**	مربوط على الرقبة marbooT Aala r-raqaba **halter neck**
حشية كتف Hashiyat katif **shoulder pad**	تحته سلك taHtahu silk **underwired**
خِصار khiSaar **waistband**	مشد صدر للرياضة mishadd Sadr lir-riyaaDa **sports bra**

الكماليات kamaaliyyaat • accessories

قلنسوة
qalansuwa
cap

قبعة
qubbaAa
hat

وشاح
wishaaH
scarf

إبزيم
ibzeem
buckle

حزام
Hizaam
belt

مقبض
miqbaD
handle

طرف
Tarf
tip

مِظلة
miZalla
umbrella

منديل
manDeel
handkerchief

ربطة عنق كفراشة
ribaaT Aunuq
ka-faraasha
bow tie

مِشبك رباط العنق
mishbak ribaaT
al-Aunuq
tie clip

قفاز
quffaaz
gloves

المجوهرات al-mujawharaat • jewelry

دلاية
dallaaya
pendant

مشبك زينة
mishbak zeena
brooch

أزرار الكم
azraar al-kumm
cufflink

وصلة
wasla
link

سوار
siwaar
bracelet

مِشبك
mishbak
clasp

حجر
Hajar
stone

سلسلة
silsila
chain

عقد من اللؤلؤ
Aiqd min al-lu'lu'
string of pearls

حلق
Halaq
earring

خاتم
khaatim
ring

عِقد
Aiqd
necklace

ساعة
saaAa
watch

صندوق مجوهرات sundooq mujawharaat | **jewelry box**

الحقائب al-Haqaa'ib • bags

محفظة
mahfaza
wallet

كيس نقود
kees nuqood
change purse

رباط
ribaaT
fastening

حقيبة كتف
Haqeebat katif
shoulder bag

مقابض
maqaabiD
handles

حمالة كتف
Hammaalat katif
shoulder strap

حقيبة قماشية
Haqeeba qumaasheeya
duffel bag

حقيبة وثائق
Haqeebat wathaa'iq
briefcase

حقيبة يد
Haqeebat yad
handbag

حقيبة ظهر
Haqeebat Zahr
backpack

الأحذية al-aHdhiya • shoes

خرم
khurm
eyelet

رباط
ribaaT
lace

لسان
lisaan
tongue

نعل
naAl
sole

كعب
kaAb
heel

حذاء برباط
hidhaa' bi-ribaat
lace-up

حذاء مشي
Hidhaa' mash-y
hiking boot

حذاء رياضي
Hidhaa' riyaaDee
athetic shoe

حذاء جلد
Hidhaa' jild
leather shoe

شبشب شاطئ
shibshib shaaTi'
flip-flop

حذاء بكعب عال
Hidhaa' bi-kaAb Aaalee
high-heeled shoe

حذاء بنعل سميك
Hidhaa' bi-naAl sameek
platform shoe

صندل
Sandal
sandal

حذاء يلبس بسهولة
Hidhaa' yulbas bi-suhoola
slip-on

حذاء غليظ
Hidhaa' ghaleeZ
wingtip

الشعر ash-shaAr • hair

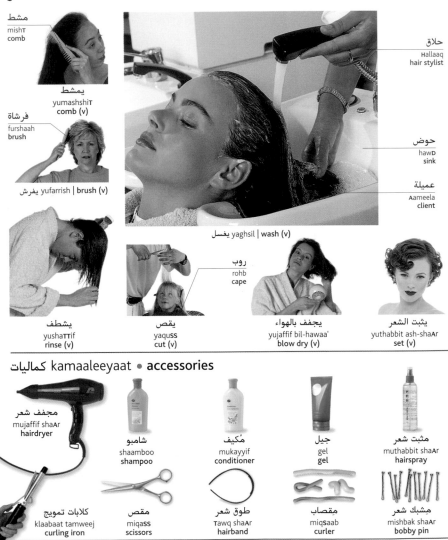

مشط
mishT
comb

يمشط
yumashshiT
comb (v)

فرشاة
furshaah
brush

يفرش yufarrish | brush (v)

حلاق
Hallaaq
hair stylist

حوض
hawD
sink

عميلة
Aameela
client

يغسل yaghsil | wash (v)

روب
rohb
cape

يشطف
yushaTTif
rinse (v)

يقص
yaquSS
cut (v)

يجفف بالهواء
yujaffif bil-hawaa'
blow dry (v)

يثبت الشعر
yuthabbit ash-shaAr
set (v)

كماليات kamaaleeyaat • accessories

مجفف شعر
mujaffif shaAr
hairdryer

شامبو
shaamboo
shampoo

مُكيف
mukayyif
conditioner

جيل
gel
gel

مثبت شعر
muthabbit shaAr
hairspray

كلابات تمويج
klaabaat tamweej
curling iron

مقص
miqaSS
scissors

طوق شعر
Tawq shaAr
hairband

مقصاب
miqSaab
curler

مِشبك شعر
mishbak shaAr
bobby pin

الأشكال al-ashkaal • styles

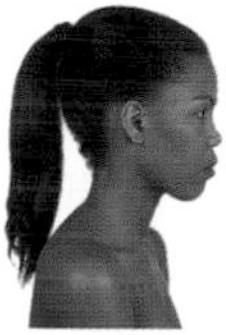

شريط
shareeT
ribbon

ذيل الفرس
dhayl al-faras
ponytail

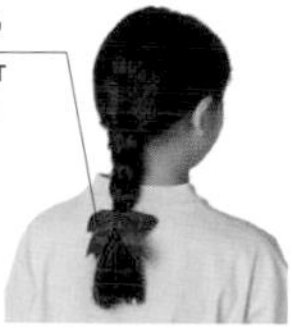

ضفيرة
Dafeera
braid

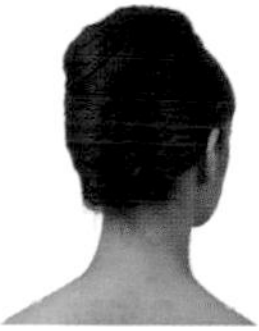

ثنية فرنسية
thanya faranseeya
French braid

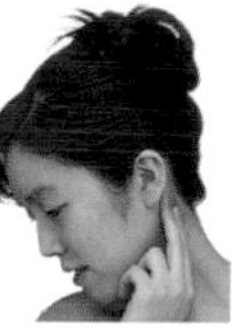

كعكة شعر
kaAkat shaAr
bun

ضفيرتان صغيرتان
Dafeerataan
sagheerataan
pigtails

شعر قصير
shaAr qaSeer
bob

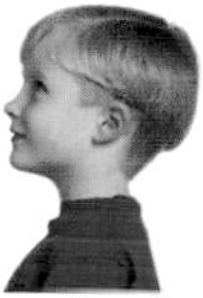

قص قصير
qaSS qaSeer
crop

مموج
mumawwaj
curly

تمويج
tamweej
perm

مستقيم
mustaqeem
straight

جذور
judhoor
roots

إبراز
ibraaz
highlights

أصلع
aSlaA
bald

شعر مستعار
shaAr mustaAaar
wig

المفردات al-mufradaat • vocabulary

يحف yaHuff **trim (v)**	دهني duhnee **greasy**
يفرد yafrid **straighten (v)**	جاف jaaff **dry**
حلاق Hallaaq **barber**	عادي Aaadee **normal**
قشرة الرأس qishrat ar-ra's **dandruff**	جلد الرأس jild ar-ra's **scalp**
نهايات مشقوقة nihaayaat mashqooqa **split ends**	رباط مطاط ribaaT maTaaT **hair tie**

ألوان alwaan • colors

شقراء
shaqraa'
blonde

سمراء
samraa'
brunette

أسمر محمر
asmar miHmirr
auburn

أحمر
aHmar
red

أسود
aswad
black

رمادي
ramaadee
gray

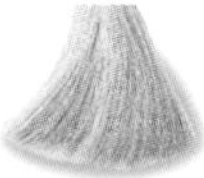

أبيض
abyaD
white

مصبوغ
maSboogh
dyed

الجمال al-jamaal • beauty

صبغة الشعر
sibghat ash-shaAr
hair dye

تظليل العين
taZleel al-Aayn
eye shadow

مسكرة
maskara
mascara

كحل
kuHl
eyeliner

أحمر للخد
aHmar lil-khadd
blusher

قاعدة للماكياج
qaaAida lil-makyaaj
foundation

أحمر الشفاه
aHmar al-shifaah
lipstick

ماكياج makyaaj • makeup

قلم للحاجب
qalam lil-Haajib
eyebrow pencil

فرشاة للحاجب
furshaah lil-Haajib
eyebrow brush

ملقط
milqaT
tweezers

ملمع الشفة
mulammaA ash-shifa
lip gloss

فرشاة الشفة
furshaah ash-shifa
lip brush

مخطط الشفة
mukhaTTiT ash-shifa
lip liner

فرشاة
furshaah
brush

مُخفي
mukhfee
concealer

مرآة
mir'aah
mirror

بودرة الوجه
boodrat al-wajh
face powder

نفاشة البودرة
naffaashat al-boodra
powder puff

علبة بودرة صغيرة
Aulbat boodra Sagheera | **compact**

إجراءات التجميل ijraa'aat at-tajmeel • beauty treatments

قناع تنظيف
qinaaA tanZeef
facial mask

سرير تشميس
sareer tashmees
sunbed

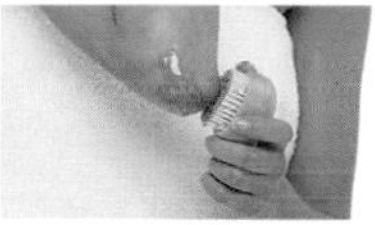

برنامج عناية للوجه
barnarmaj Ainaaya lil-wajh
facial

يقشر
yuqashshir
exfoliate (v)

إزالة الشعر بالشمع
izaalat ash-shaAr bish-shamA
wax

عناية بالقدمين
Ainaaya bil-qadamayn
pedicure

أدوات الحمام adawaat al-Hammaam • toiletries

منظف
munaZZif
cleanser

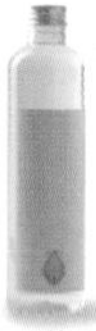

سائل للترطيب
saa'il lil-tarTeeb
toner

مُرطب
muraTTib
moisturizer

كريمة دانية الدبغ
kreema dhaatiyat
ad-dabgh
self-tanning cream

عطر
AiTr
perfume

سائل معطر
saa'il muAaTTir
cologne

تدريم الأظافر tadreem al-aZaafir • manicure

مزيل لطلاء الأظافر
muzeel li-Tilaa' al-aZaafir
nail polish remover

مبرد للأظافر
mibrad al-aZaafir
nail file

طلاء للأظافر
Tilaa' lil-aZaafir
nail polish

مقص للأظافر
miqass lil-aZaafir
nail scissors

مقراض للأظافر
miqraad lil-aZaafir
nail clippers

المفردات al-mufradaat • vocabulary

لون البشرة lawn al-bashara **complexion**	دهني duhnee **oily**	دبغ dabgh **tan**
أشقر ashqar **fair**	حساس Hassaas **sensitive**	وشم washm **tattoo**
داكن daakin **dark**	غير مسبب للحساسية ghayr musabbib lil-Hassaaseeya **hypoallergenic**	مضاد للتجاعيد muDaadd at-tajaaAeed **antiwrinkle**
جاف jaaff **dry**	ظل zill **shade**	كرات قطن kuraat quTn **cotton balls**

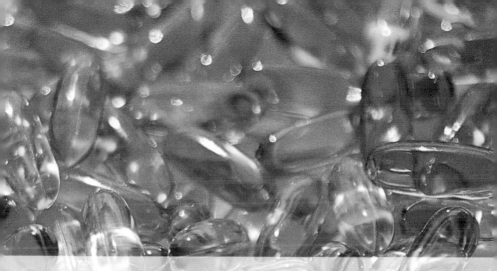

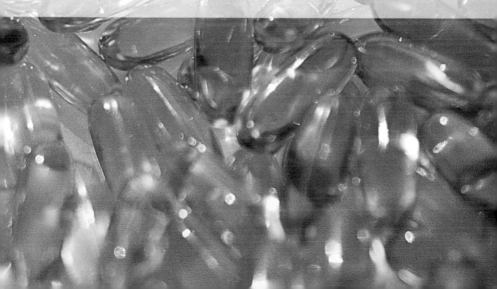

الصحة aS-SiHHa
health

المرض al-maraD · **illness**

صداع
sudaaA
headache

نزيف الأنف
nazeef al-anf
nosebleed

كحة
kuHHa
cough

حمى Hummaa | **fever**

عطس
AaTs
sneeze

برد
bard
cold

إنفلونزا
influwenza
flu

جهاز استنشاق
jihaaz istinshaaq
inhaler

ربو
rabw
asthma

تقلصات
taqallusaat
cramps

غثيان
ghathyaan
nausea

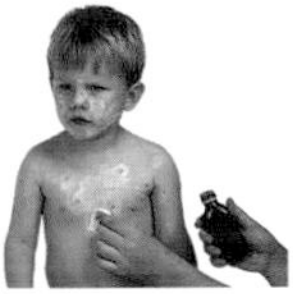

جدري الماء
judaree al-maa'
chickenpox

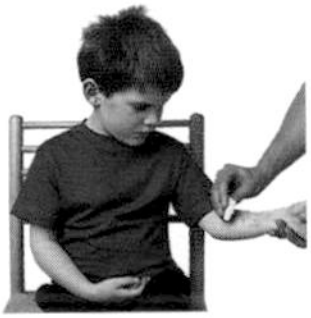

طفح جلدي
TafH jildee
rash

المفردات al-mufradaat · **vocabulary**

جلطة julTa **stroke**	داء السكري daa' as-sukkaree **diabetes**	أكزيما ekzeema **eczema**	قشعريرة qushAareera **chill**	يتقيّأ yataqayya' **vomit (v)**	إسهال ishaal **diarrhea**
ضغط دم DaghT dam **blood pressure**	حساسية Hassaaseeya **allergy**	عدوى Aadwaa **infection**	ألم بالبطن alam bil-baTn **stomach ache**	صرع saraA **epilepsy**	حصبة Hasba **measles**
نوبة قلبية nawba qalbeeya **heart attack**	حمى الدريس Humma ad-darees **hayfever**	فيروس vayroos **virus**	يُغمى عليه yughma Aalayhi **faint (v)**	صداع نصفي sudaaA nisfee **migraine**	نكاف nikaaf **mumps**

الطبيب aT-Tabeeb • doctor

استشارة istishaara • office visit

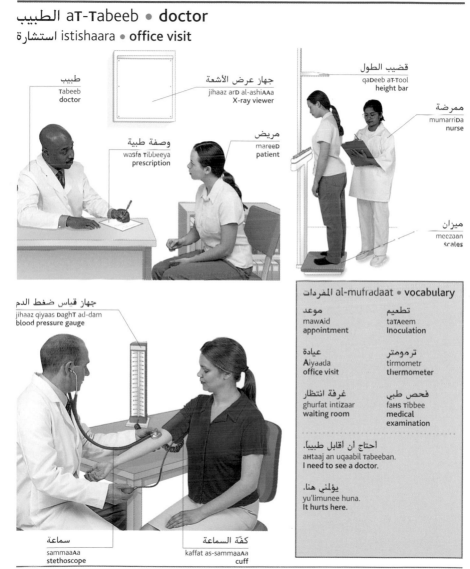

طبيب
Tabeeb
doctor
جهاز عرض الأشعة
jihaaz arD al-ashiAAa
X-ray viewer
وصفة طبية
wasfa Tibbeeya
prescription
مريض
mareeD
patient

قضيب الطول
qaDeeb aT-Tool
height bar
ممرضة
mumarriDa
nurse
ميزان
meezaan
scales

جهاز قياس ضغط الدم
jihaaz qiyaas DaghT ad-dam
blood pressure gauge
سماعة
sammaaAa
stethoscope
كفّة السماعة
kaffat as-sammaaAa
cuff

المفردات al-mufradaat • vocabulary

موعد mawAid **appointment**	تطعيم taTAeem **inoculation**
عيادة Aiyaada **office visit**	ترمومتر tirmometr **thermometer**
غرفة انتظار ghurfat intizaar **waiting room**	فحص طبي faHS Tibbee **medical examination**

أحتاج أن أقابل طبيباً.
aHtaaj an uqaabil Tabeeban.
I need to see a doctor.

يؤلمني هنا.
yu'limunee huna.
It hurts here.

الإصابة al-isaaba • injury

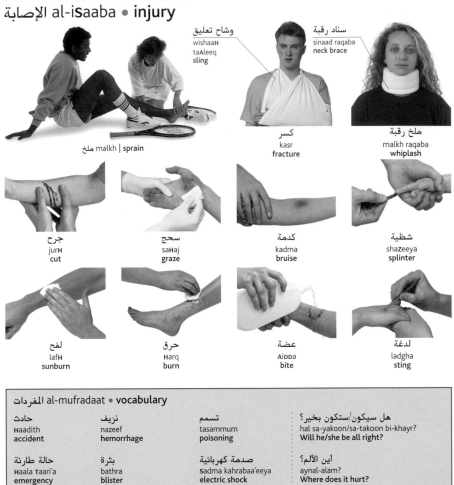

وشاح تعليق
wishaaH
taAleeq
sling

سناد رقبة
sinaad raqaba
neck brace

ملخ malkh | sprain

كسر
kasr
fracture

ملخ رقبة
malkh raqaba
whiplash

جرح
jurH
cut

سحج
saHaj
graze

كدمة
kadma
bruise

شظية
shazeeya
splinter

لفح
lafH
sunburn

حرق
Harq
burn

عضة
AiDDa
bite

لدغة
ladgha
sting

المفردات al-mufradaat • vocabulary

حادث Haadith accident	نزيف nazeef hemorrhage	تسمم tasammum poisoning	هل سيكون/ستكون بخير؟ hal sa-yakoon/sa-takoon bi-khayr? **Will he/she be all right?**
حالة طارئة Haala Taari'a emergency	بثرة bathra blister	صدمة كهربائية sadma kahrabaa'eeya electric shock	أين الألم؟ aynal-alam? **Where does it hurt?**
جرح jurH wound	ارتجاج irtijaaj concussion	إصابة بالرأس isaaba bir-ra's head injury	رجاء طلب الإسعاف. rajaa' Talab al-isAaaf. **Please call an ambulance.**

إسعافات أولية isAaafaat awwaleeya • first aid

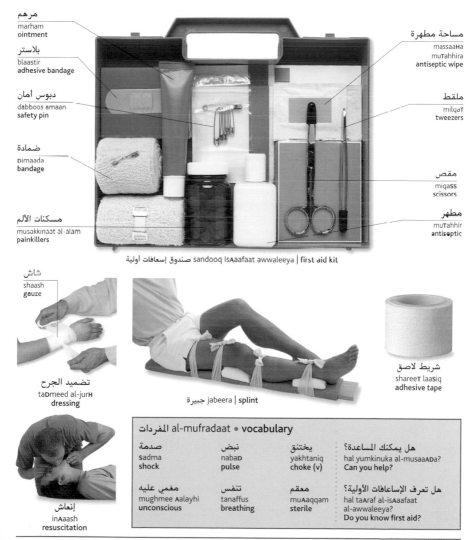

مرهم
marham
ointment
بلاستر
blaastir
adhesive bandage
دبوس أمان
dabboos amaan
safety pin
ضمادة
Dimaada
bandage
مسكنات الألم
musakkinaat al-alam
painkillers
مساحة مطهرة
massaaHa muTahhira
antiseptic wipe
ملقط
milqaT
tweezers
مقص
miqass
scissors
مطهر
muTahhir
antiseptic

صندوق إسعافات أولية sandooq isAaafaat awwaleeya | first aid kit

شاش
shaash
gauze

تضميد الجرح
taDmeed al-jurH
dressing

جبيرة jabeera | splint

شريط لاصق
shareeT laasiq
adhesive tape

إنعاش
inAaash
resuscitation

المفردات al-mufradaat • vocabulary

صدمة sadma **shock**	نبض nabaD **pulse**	يختنق yakhtaniq **choke (v)**	هل يمكنك المساعدة؟ hal yumkinuka al-musaaADa? **Can you help?**
مغمي عليه mughmee Aalayhi **unconscious**	تنفس tanaffus **breathing**	معقم muAaqqam **sterile**	هل تعرف الإسعافات الأولية؟ hal taAraf al-isAaafaat al-awwaleeya? **Do you know first aid?**

المستشفى al-mustashfa • hospital

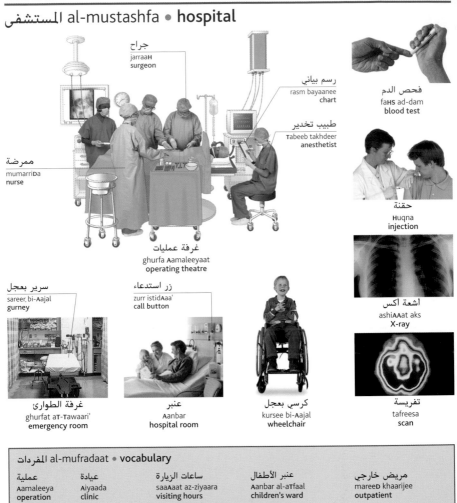

جراح
jarraaH
surgeon

رسم بياني
rasm bayaanee
chart

طبيب تخدير
Tabeeb takhdeer
anesthetist

ممرضة
mumarriDa
nurse

غرفة عمليات
ghurfa Aamaleeyaat
operating theatre

فحص الدم
faHS ad-dam
blood test

حقنة
Huqna
injection

أشعة أكس
ashiAAat aks
X-ray

تفريسة
tafreesa
scan

سرير بعجل
sareer, bi-Aajal
gurney

غرفة الطوارئ
ghurfat aT-Tawaari'
emergency room

زر استدعاء
zurr istidAaa'
call button

عنبر
Aanbar
hospital room

كرسي بعجل
kursee bi-Aajal
wheelchair

المفردات al-mufradaat • vocabulary

عملية
Aamaleeya
operation

عيادة
Aiyaada
clinic

ساعات الزيارة
saaAaat az-ziyaara
visiting hours

عنبر الأطفال
Aanbar al-aTfaal
children's ward

مريض خارجي
mareeD khaarijee
outpatient

يُدخل للعلاج
yudhkhal lil-Ailaaj
admitted

يُسمح له بالخروج
yusmaH lahu bil-khurooj
discharged

عنبر الولادة
Aanbar al-wilaada
maternity ward

غرفة خاصة
ghurfa khaaSSa
private room

وحدة الرعاية المركزة
waHdat ar-riAaaya al-murakkaza
intensive care unit

الأقسام al-aqsaam • departments

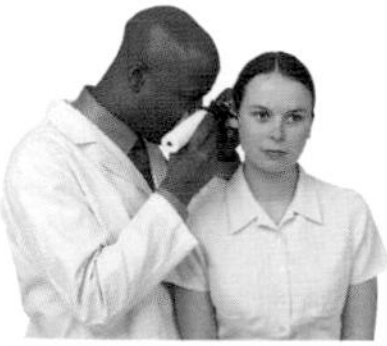

أذن وأنف وحنجرة
udhun wa-anf wa-Hanjara
ear, nose, and throat (ENT)

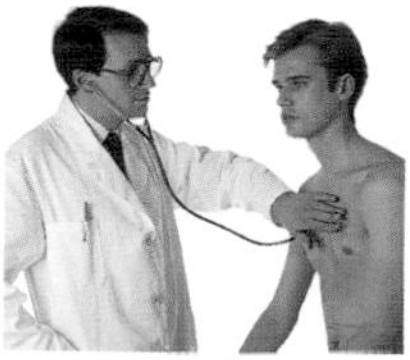

القلب والأوعية الدموية
al-qalb wal-awAiya ad-damaweeya
cardiology

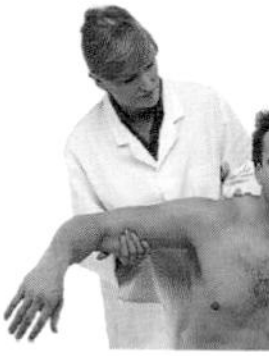

العظام
al-AiZaam
orthopedics

النساء والولادة
an-nisaa' wal-wilaada
gynecology

العلاج الطبيعي
al-Ailaaj aT-TabeeAee
physiotherapy

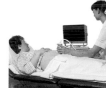

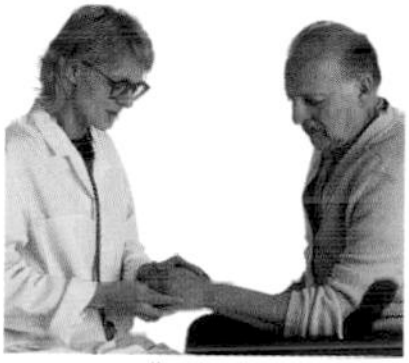

الجلدية
al-jildeeya
dermatology

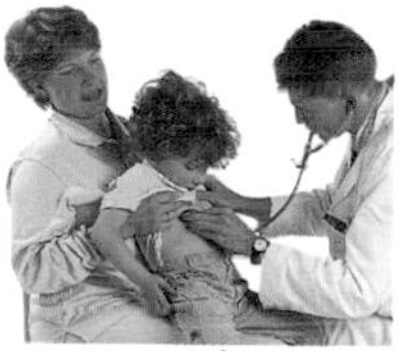

الأطفال
al-aTfaal
pediatrics

الأشعة
al-ashiAAa
radiology

الجراحة
al-jiraaHa
surgery

الولادة
al-wilaada
maternity

الأمراض النفسية
al-amraaD an-nafseeya
psychiatry

العيون
al-Auyoon
ophthalmology

المفردات al-mufradaat • vocabulary

الأعصاب
al-Aasaab
neurology

التجميل
at-tajmeel
plastic surgery

الغدد الصماء
al-ghudad aS-Samaa'
endocrinology

الأمراض
al-amraaD
pathology

نتيجة
nateeja
result

السرطان
as-saraTaan
oncology

الجهاز البولي والكلي
al-jihaaz al-boolee wal-kilee
urology

إحالة
iHaala
referral

اختبار
ikhtibaar
test

مستشار
mustashaar
consultant

طبيب الأسنان ʈabeeb al-asnaan • dentist

سنة sinna • tooth

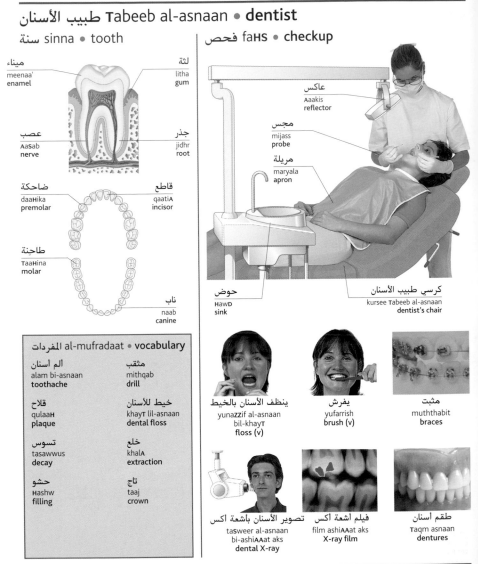

ميناء
meenaa'
enamel

لثة
litha
gum

عصب
Aaʂab
nerve

جذر
jidhr
root

ضاحكة
daaʜika
premolar

قاطع
qaatiA
incisor

طاحنة
ʈaaʜina
molar

ناب
naab
canine

المفردات al-mufradaat • vocabulary

الم أسنان
alam bi-asnaan
toothache

مثقب
mithqab
drill

قلاح
qulaaʜ
plaque

خيط للأسنان
khayʈ lil-asnaan
dental floss

تسوس
tasawwus
decay

خلع
khalA
extraction

حشو
ʜashw
filling

تاج
taaj
crown

فحص faʜʂ • checkup

عاكس
Aaakis
reflector

مجس
mijass
probe

مريلة
maryala
apron

كرسي طبيب الأسنان
kursee ʈabeeb al-asnaan
dentist's chair

حوض
ʜawʅ
sink

ينظف الأسنان بالخيط
yunaʐʐif al-asnaan bil-khayʈ
floss (v)

يفرش
yufarrish
brush (v)

مثبت
muththabit
braces

تصوير الأسنان بأشعة اكس
tasweer al-asnaan bi-ashiAAat aks
dental X-ray

فيلم أشعة اكس
film ashiAAat aks
X-ray film

طقم أسنان
ʈaqm asnaan
dentures

طبيب العيون Tabeeb al-Auyoon • optician

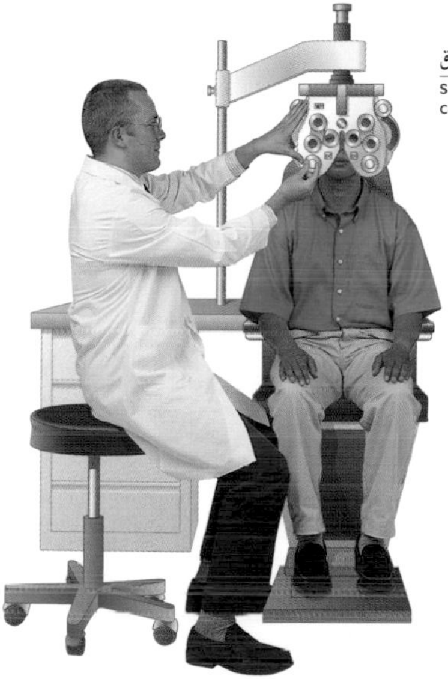

اختبار النظر ikhtibaar an-naZar | eye test

صندوق
sandooq
case
عدسة
Aadasa
lens
نظارة
naZZaara
glasses

هيكل
haykal
frame
نظارة شمس
naZZaarat shams
sunglasses

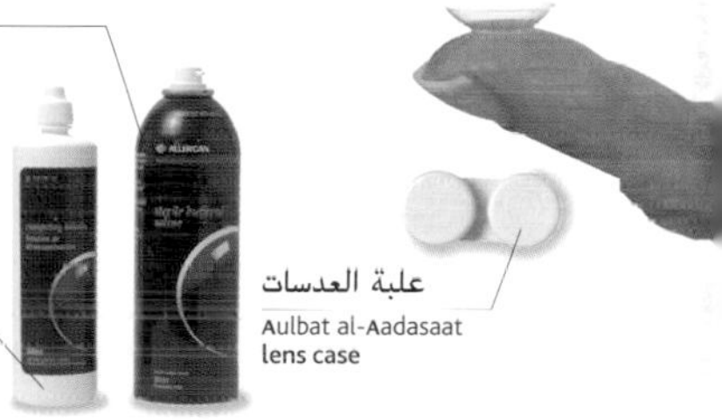

سائل تنظيف
saa'il tanZeef
cleaning fluid
سائل مطهر
saa'il muTahhir
disinfectant solution
علبة العدسات
Aulbat al-Aadasaat
lens case

عدسات لاصقة Aadasaat laasiqa | contact lenses

عين Aayn • eye

حاجب
Haajib
eyebrow
جفن العين
jifn al-Aayn
eyelid
إنسان
insaan
pupil
رمش
rimsh
eyelash
قزحية
qazaHeeya
iris

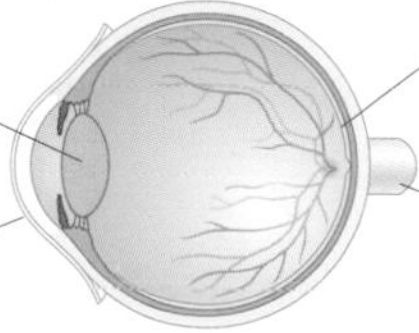

عدسة
Aadasa
lens
شبكية
shabakeeya
retina
قرنية
qaraneeya
cornea
عصب بصري
Aasab basaree
optic nerve

المفردات al-mufradaat • vocabulary

رؤية ru'ya **vision**	اللانقطية al-laanuqaTeeya **astigmatism**
ديوبتر diyobtir **diopter**	بعد النظر buAd an-naZar **far-sightedness**
دمعة damAa **tear**	قصر النظر qisar an-naZar **near-sightedness**
ماء أبيض maa' abyaD **cataract**	عدسة ذات بؤرتين Aadasa dhaat bu'ratayn **bifocal**

الحمل al-наml • pregnancy

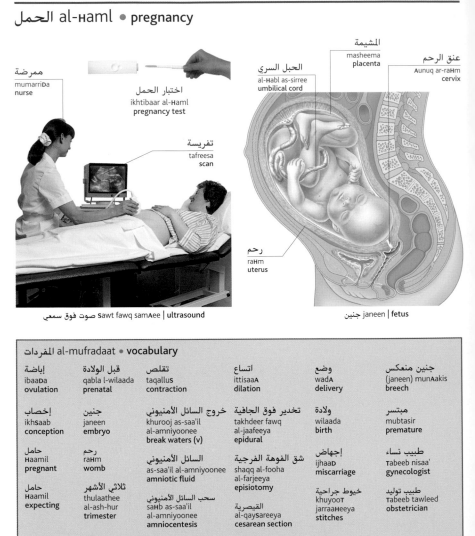

ممرضة
mumarriDa
nurse
اختبار الحمل
ikhtibaar al-наml
pregnancy test
تفريسة
tafreesa
scan

صوت فوق سمعي Sawt fawq samAee | ultrasound

المشيمة
masheema
placenta
عنق الرحم
Aunuq ar-raHm
cervix
الحبل السري
al-Habl as-sirree
umbilical cord
رحم
uterus

جنين janeen | fetus

المفردات al-mufradaat • vocabulary

إباضة
ibaaDa
ovulation

إخصاب
ikhsaab
conception

حامل
Haamil
pregnant

حامل
Haamil
expecting

قبل الولادة
qabla l-wilaada
prenatal

جنين
janeen
embryo

رحم
raHm
womb

ثلاثي الأشهر
thulaathee
al-ash-hur
trimester

تقلص
taqallus
contraction

خروج السائل الأمنيوني
khurooj as-saa'il
al-amniyoonee
break waters (v)

السائل الأمنيوني
as-saa'il al-amniyoonee
amniotic fluid

سحب السائل الأمنيوني
saHb as-saa'il
al-amniyoonee
amniocentesis

اتساع
ittisaaA
dilation

تخدير فوق الجافية
takhdeer fawq
al-jaafeeya
epidural

شق الفوهة الفرجية
shaqq al-fooha
al-farjeeya
episiotomy

القيصرية
al-qaysareeya
cesarean section

وضع
wadA
delivery

ولادة
wilaada
birth

إجهاض
ijhaaD
miscarriage

خيوط جراحية
khuyooT
jarraaHeeya
stitches

جنين منعكس
(janeen) munAakis
breech

مبتسر
mubtasir
premature

طبيب نساء
Tabeeb nisaa'
gynecologist

طبيب توليد
Tabeeb tawleed
obstetrician

الولادة al-wilaada • childbirth

تغذية بالتنقيط
tagh-dhiya bil-tanqeeT
drip

قابلة
qaabila
midwife

مرقاب
mirqaab
monitor

قثطرة
qathTara
catheter

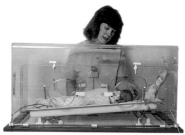

حث المخاض yahuthth il-makhaaD | **induce labor (v)**

حاضنة HaaDina | **incubator**

ميزان
meezaan
scales

الوزن عند الولادة al-wazn Ainda l-walaada | **birth weight**

ملقط
milqaT
forceps

كوب حجامة
koob Hijaama
suction cup

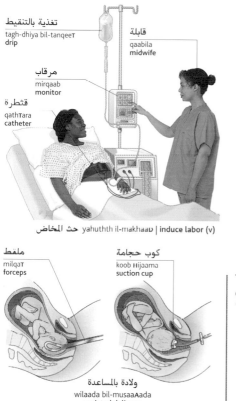

ولادة بالمساعدة
wilaada bil-musaaAada
assisted delivery

علامة هوية
Aalaamat haweeya
identity tag

حديث الولادة Hadeeth al-wilaada | **newborn baby**

تغذية بالثدي tagh-dhiya bith-thady • nursing

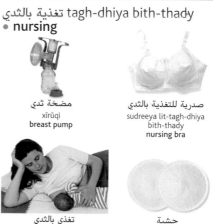

مضخة ثدي
xīrǔqì
breast pump

صدرية للتغذية بالثدي
sudreeya lit-tagh-dhiya bith-thady
nursing bra

تغذي بالثدي
tughadh-dhee bith-thady
breastfeed (v)

حشية
Hashiya
pads

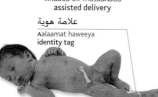

العلاج البديل al-Ailaaj al-badeel • alternative therapy

مدرس
mudarris
teacher

سجادة
sijjaada
mat

يوجا yoga | **yoga**

تدليك
tadleek
massage

شياتسو
shiyaatsoo
shiatsu

تصحيح الجسم ذاتياً
tasHeeH al-jism dhaateeyan
chiropractic

تجبير العظم
tajbeer al-Aazm
osteopathy

علاج باليدين
Ailaaj bil-yadayn
reflexology

تأمل
ta'ammul
meditation

مستشار
mustashaar
counselor

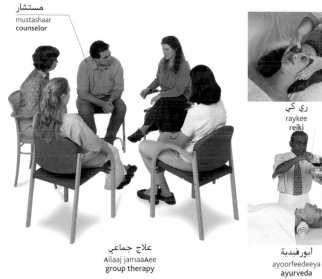

علاج جماعي
Ailaaj jamaaAee
group therapy

ري كي
raykee
reiki

وخز بالإبر
wakhz bil-ibr
acupuncture

أيورفيدية
ayoorfeedeeya
ayurveda

علاج بالتنويم
Ailaaj bit-tanweem
hypnotherapy

علاج بالأعشاب
Ailaaj bil-aAshaab
herbalism

خلاصات الزيوت
khulaaSaat az-zuyoot
essential oils

علاج بخلاصات الزيوت
Ailaaj bi-khulaaSaat az-zuyoot
aromatherapy

علاج بالمثل
Ailaaj bil-mithl
homeopathy

علاج بالضغط
Ailaaj biD-DaghT
acupressure

معالج
muAaalij
therapist

علاج نفسي
Ailaaj nafsee
psychotherapy

المفردات al-mufradaat • **vocabulary**

مكمل mukammil **supplement**	عشب Aushb **herb**	استرخاء istirkhaa' **relaxation**	توتر tawattur **stress**
علاج بالمياه Ailaaj bil-miyaah **hydrotherapy**	فينج شوي feng shuwee **feng shui**	علاج بالبلورات Ailaaj bil-ballooraat **crystal healing**	علاج بالطبيعية Ailaaj biT-TabeeAeeya **naturopathy**

المسكن al-maskan
home

المنزل al-manzil • house

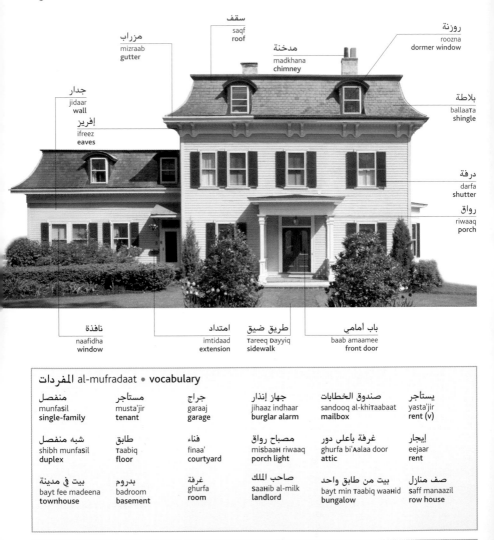

سقف
saqf
roof
مزراب
mizraab
gutter
مدخنة
madkhana
chimney
روزنة
roozna
dormer window
جدار
jidaar
wall
بلاطة
ballaaTa
shingle
إفريز
ifreez
eaves
درفة
darfa
shutter
رواق
riwaaq
porch
نافذة
naafidha
window
امتداد
imtidaad
extension
طريق ضيق
Tareeq Dayyiq
sidewalk
باب أمامي
baab amaamee
front door

المفردات al-mufradaat • vocabulary

منفصل munfasil **single-family**	مستأجر musta'jir **tenant**	جراج garaaj **garage**	جهاز إنذار jihaaz indhaar **burglar alarm**	صندوق الخطابات sandooq al-khiTaabaat **mailbox**	يستأجر yasta'jir **rent (v)**
شبه منفصل shibh munfasil **duplex**	طابق Taabiq **floor**	فناء finaa' **courtyard**	مصباح رواق misbaaH riwaaq **porch light**	غرفة بأعلى دور ghurfa bi'Aalaa door **attic**	إيجار eejaar **rent**
بيت في مدينة bayt fee madeena **townhouse**	بدروم badroom **basement**	غرفة ghurfa **room**	صاحب الملك SaaHib al-milk **landlord**	بيت من طابق واحد bayt min Taabiq waaHid **bungalow**	صف منازل saff manaazil **row house**

المدخل al-madkhal • **entrance**

درابزين داخلي
darabzeen
daakhilee
hand rail
سلم
sullam
staircase
مبسط
masbaT
landing
درابزين خارجي
darabzeen
khaarijee
banister

مدخل
madkhal
hallway

جرس الباب
jaras al-baab
doorbell

سجادة الباب
sijjaadat al-baab
doormat

مطرقة الباب
miTraqat al-baab
door knocker

سلسلة الباب
silsilat al-baab
door chain

مفتاح
miftaaH
key

قفل
qufl
lock

مزلاج
mizlaaj
bolt

شقة shaqqa • **apartment**

شرفة
shurfa
balcony

عمارة شقق
Aimaarat shuqaq
apartment building

تليفونات داخلية
tileefohnaat daakhileeya
intercom

مصعد
misAad
elevator

الأنظمة الداخلية al-anZima ad-daakhileeya • utilites

مشعاع
mishAaaA
radiator

سخان
sakhkhaan
space heater

نصل
nasl
blade

مروحة
mirwaHa
fan

سخان بالحمل الحراري
sakhkhaan bil-Haml al-Haraaree
portable heater

كهرباء kahrabaa' • electricity

سلك رقيق
silk raqeeq
filament

نظام مسمار
niZaam mismaar
thread

مصباح إضاءة misbaaH iDaa'a |
light bulb

توصيل بالأرض
tawSeel bil-arD
ground prong

محور
miHwar
prong

قابس qaabis | plug

غير مشحون
ghayr mash-Hoon
neutral

مشحون
mash-Hoon
live

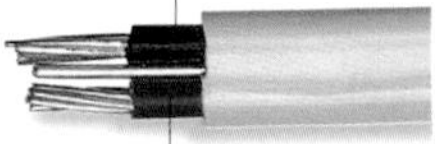

أسلاك aslaak | wires

المفردات al-mufradaat • vocabulary

جهد كهربائي jahd kahrabaa'ee **voltage**	مصهر mishar **fuse**	مقبس miqbas **outlet**	تيار مستمر tayyaar mustamirr **direct current (DC)**	انقطاع التيار inqitaaA at-tayyaar **power outage**
أمبير ambeer **amp**	صندوق المصاهر Sandooq al-maSaahir **fuse box**	مفتاح miftaaH **switch**	محول muHawwil **transformer**	التموين الرئيسي at-tamween ar-ra'eesee **domestic supply**
قدرة qudra **power**	مولد muwallid **generator**	تيار متردد tayyaar mutaraddid **alternating current (AC)**	عداد كهرباء Aaddaad kahrabaa' **electricity meter**	

السباكة as-sibaaka • plumbing

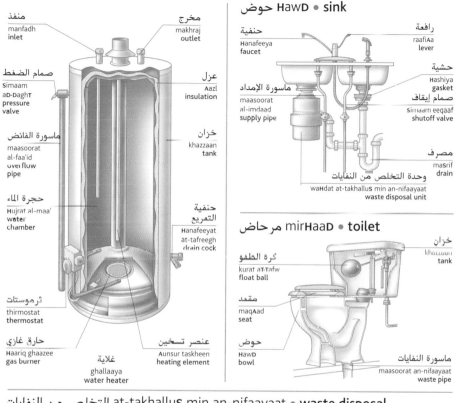

منفذ
manfadh
inlet
مخرج
makhraj
outlet
صمام الضغط
Simaam aD-DaghT
pressure valve
عزل
Aazl
insulation
ماسورة الفائض
maasoorat al-faa'id
overflow pipe
خزان
khazzaan
tank
حجرة الماء
Hujrat al-maa'
water chamber
حنفية التمريع
Hanafeeyat at-tafreegh
drain cock
ثرموستات
thirmostat
thermostat
حارق غازي
Haariq ghaazee
gas burner
عنصر تسخين
Aunsur taskheen
heating element

غلاية
ghallaaya
water heater

حوض HawD • sink

حنفية
Hanafeeya
faucet
رافعة
raafiAa
lever
حشية
Hashiya
gasket
ماسورة الإمداد
maasoorat al-imdaad
supply pipe
صمام إيقاف
Simaam eeqaaf
shutoff valve
مصرف
maSrif
drain
وحدة التخلص من النفايات
waHdat at-takhalluS min an-nifaayaat
waste disposal unit

مرحاض mirHaaD • toilet

خزان
khazzaan
tank
كرة الطفو
kurat aT-Tafw
float ball
مقعد
maqAad
seat
حوض
HawD
bowl
ماسورة النفايات
maasoorat an-nifaayaat
waste pipe

التخلص من النفايات at-takhalluS min an-nifaayaat • waste disposal

زجاجة
zujaaja
bottle

صندوق إعادة التدوير
Sandooq iAaadat at-tadweer
recycling bin

غطاء
ghiTaa'
lid
دواسة
dawwaasa
pedal

صندوق النفايات
Sandooq an-nifaayaat
trash can

وحدة الفرز
waHdat al-farz
sorting unit

نفايات عضوية
nifaayaat AuDweeya
organic waste

غرفة الجلوس ghurfat al-juloos • **living room**

لوحة فنية
lawHa fanneeya
painting

إطار
iTaar
frame

مصباح
misbaaH
lamp

مصباح حائط
misbaaH Haa'iT
wall light

ساعة كبيرة
saaAa kabeera
clock

سقف
saqf
ceiling

خزانة
khizaana
cabinet

أريكة
areeka
sofa

مخدة
mikhadda
cushion

طاولة قهوة
Taawilat qahwa
coffee table

أرضية
arDeeya
floor

مراة
mir'aa
mirror

زهرية
zuhreeya
vase

رف المستوقد
raff al-mustawqad
mantelp

مستوقد
mustawqad
fireplace

بارافان
baraafaan
screen

شمعة
shamAa
candle

رف للكتب
raff lil-kutub
bookshelf

أريكة سريرية
areeka sareereeya
sofabed

بساط
bisaaT
rug

ستارة
sittaara
curtain

ستارة شبكية
sittaara shabakeeya
sheer curtain

حاجبة فينيسية
Haajiba feeneeseeya
Venetian blind

حاجبة تلف على بكرة
Haajiba taliff Aalaa bakra
window shade

زخرفة السقف
zakhrafat as-saqf
molding

كرسي وثير
kursee watheer
armchair

غرفة المكتب ghurfat al-maktab | **study**

غرفة الطعام ghurfat aT-TaAaam • dining room

ملح
milH
salt

فلفل
filfil
pepper

مائدة
maa'ida
table

أوان فخارية
awaanin
fukhaareeya
crockery

أدوات المائدة
adawaat
al-maa'ida
flatware

كرسي
kursee
chair

ظهر
zahr
back

مقعد
maqAad
seat

ساق
saaq
leg

المفردات al-mufradaat • vocabulary

يفرش المائدة	جائع	غداء	شبعان	مضيف	أنا شبعان، شكراً.
yafrish al-maa'ida	jaa'iA	ghadaa'	shabAaan	muDeef	ana shabAaan, shukran.
set the table (v)	hungry	lunch	full	host	I've had enough, thank you.
يقدم الأكل	مفرش	عشاء	حصة	مضيفة	هذا كان لذيذاً.
yaqaddim al-akl	mafrash	Aashaa'	HiSSa	muDeefa	haadha kaana ladheedhan.
serve (v)	tablecloth	dinner	portion	hostess	That was delicious.
ياكل	إفطار	مفرش فردي	وجبة	مدعو	هل يمكنني أن آخذ المزيد؟
ya'kul	ifTaar	mafrash fardee	wajba	madAoo	hal yumkinunee an aakhudh al-mazeed?
eat (v)	breakfast	placemat	meal	guest	May I have some more?

الأواني الفخارية وأدوات المائدة al-awaanee al-fukhaareeya wa adawaat al-maa'ida
• crockery and flatware

قدح
qadaH
mug

فنجان قهوة
finjaan qahwa
coffee cup

فنجان شاي
finjaan shaay
teacup

ملعقة شاي
milAaqat shaay
teaspoon

طبق
Tabaq
plate

سلطانية
sulTaaneeya
bowl

إبريق قهوة
ibreeq qahwa
cafetière

إبريق شاي
ibreeq shaay
teapot

دورق
dawraq
pitcher

كوب للبيض
koob lil-bayD
egg cup

كأس النبيذ
ka's an-nabeedh
wine glass

كأس
ka's
tumbler

أوان زجاجية
awaanin zujaajeeya
glassware

حلقة منديل
Halqat mindeel
napkin ring

طبق جانبي
Tabaq jaanibee
side plate

طبق كبير
Tabaq kabeer'
dinner plate

طبق الحساء
Tabaq al-Hasaa'
soup bowl

ملعقة الحساء
milAaqat al-Hasaa'
soup spoon

منديل مائدة
mindeel maa'ida
napkin

شوكة
shawka
fork

طقم فردي كامل
Taqm fardee kaamil
place setting

ملعقة
milAaqa
spoon

سكين
sikkeen
knife

المطبخ al-maTbakh • kitchen

مستخرج
mustakhrij
extractor fan

سخان سيراميك
sakhkhaan
seerameek
stovetop

مسطح العمل
musaTTaH
al-Aamal
countertop

فرن
furn
oven

خزانة
khizaana
cabinet

رفوف
rufoof
shelves

واق من التناثر
waaqin min
at-tanaathur
backsplash

حنفية
Hanafeeya
faucet

حوض
HawD
sink

درج
durj
drawer

الأدوات al-adawaat • appliances

فرن ميكروويف
furn meekroweef
microwave oven

غلاية
ghalaaya
electric kettle

محمصة خبز
muHamiSSat khubz
toaster

طاسة خلط
Taasat khalT
mixing bowl

نصل
nasl
blade

جهاز إعداد الطعام
jihaaz iAdaad aT-TaAaam
food processor

غطاء
ghaTaa'
lid

خلاط
khallaaT
blender

غسالة الصحون
ghassaalat aS-SuHoon
dishwasher

مكون الثلج
mukawwin
ath-thalj
icemaker
حافظ الخضراوات
Haafiz
al-khuDrawaat
crisper

ثلاجة ومجمد thallaaja wa-mujammid | side-by-side refrigerator

المفردات al-mufradaat • vocabulary

لوح تجفيف الصحون
lawh tajfeef aS-SuHoon
draining board

محرقة
muHarriqa
burner

سخان
sakhkhaan
stovetop

صندوق النفايات
sandooq an-nifaayaat
garbage can

يطبخ بالبخار
yatbukh bil-bukhaar
steam (v)

يقلي سريعاً
yaqlee sareeAan
sauté (v)

يجمّد
yujammid
freeze (v)

يزيل الثلج
yuzeel ath-thalj
defrost (v)

طبخ Tabkh • cooking

يقشر
yuqashshir
peel (v)

يشرح
yusharriH
slice (v)

يبشر
yabshur
grate (v)

يدلق
yadluq
pour (v)

يخلط
yukhalliT
mix (v)

يخفق
yakhfuq
whisk (v)

يسلق
yasluq
boil (v)

يقلي
yaqlee
fry (v)

يرقق
yuraqqiq
roll (v)

يقلب
yuqallib
stir (v)

يطبخ على نار هادئة
yaTbukh Aala naar haadi'a
simmer (v)

يسلق
yasluq
poach (v)

يخبز
yakhbiz
bake (v)

يطبخ في الفرن
yaTbukh fil-furn
roast (v)

يشوي
yashwee
grill (v)

أدوات المطبخ adawaat al-maTbakh • kitchenware

لوح الشق
lawH ash-shaqq
cutting board

سكين الخبز
sikkeen al-khubz
bread knife

سكين المطبخ
sikkeen al-maTbakh
kitchen knife

ساطور
saaToor
cleaver

مسن السكين
misann as-sikkeen
knife sharpener

ملين اللحم
mulayyin al-laHm
meat tenderizer

سيخ
seekh
skewer

يد الهاون
yad al-haawun
pestle

مقشرة
muqashshira
peeler

قلب التفاح مستخرجة
mustakhrijat qalb at-tuffaaH
apple corer

مبشرة
mibshara
grater

هاون
haawun
mortar

هراسة
harraasa
masher

فتاحة علب
fattaaHat Aulab
can opener

فتاحة زجاجات
fattaaHat zujaajaat
bottle opener

مكبس الثوم
mikbas ath-thoom
garlic press

ملعقة غرف
milAaqat gharf
serving spoon

حامل شريحة السمك
Haamil shareeHat as-samak
food turner

مصفاة
miSfaah
colander

مبسط
mibsaT
spatula

ملعقة خشب
milAaqa khashab
wooden spoon

ملعقة مخرمة
milAaqa mukharrama
slotted spoon

مغرفة
mighrafa
ladle

شوكة قطع
shawkat qaTA
carving fork

مغرفة أيس كريم
mighrafat aays kreem
scoop

خفاقة
khaffaaqa
whisk

منخل
munkhul
strainer

غطاء
ghaTaa'
lid

لا يلتصق
laa yaltaSiq
non-stick

مقلاة
miqlaah
frying pan

كفت
kift
saucepan

شواية
shawwaaya
grill pan

مقلاة مستديرة
miqlaah mustadeera
wok

انية خزفية
aaniya khazafeeya
earthenware dish

زجاج
zujaaj
glass

لا يتأثر بالفرن
laa yata'aththar bil furn
ovenproof

طاسة خلط
Taasat khalT
mixing bowl

إناء النفيخة
inaa' an-nafeekha
soufflé dish

إناء تكوين القشرة السمراء
inaa' takween al-qishra as-samraa'
gratin dish

رمكين
ramakin
ramekin

كسرولة
kasarola
casserole dish

خبز الكعك khabz al-kaAk • baking cakes

ميزان
meezaan
scales

دورق قياس
dawraq qiyaas
measuring cup

صينية كعك
Seneeyat kaAk
cake tin

صينية فطائر
Seneeyat faTaa'ir
pie tin

صينية فلان
Seneeyat flaan
flan tin

فرشاة معجنات
furshaat muAajjinaat
pastry brush

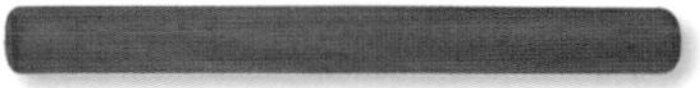

مرقاق mirqaaq | **rolling pin**

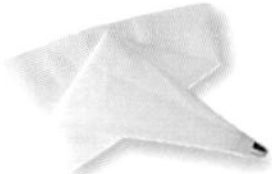

كيس تزيين المعجنات
kees tazyeen al-muAajjinaat | **piping bag**

صينية أقراص الكعك
Seneeyat aqraaS al-kaAk
muffin tray

صينية خبز
Seneeyat khabz
baking tray

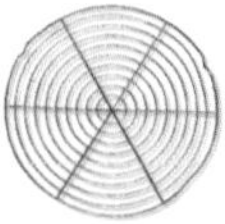

حامل تبريد
Haamil tabreed
cooling rack

قفاز الفرن
quffaaz al-furn
oven mitt

مريلة
maryala
apron

غرفة النوم ghurfat an-nawm • bedroom

خزانة
khizaana
wardrobe

مصباح بجوار السرير
misbaaH bi-jiwaar
as-sareer
bedside lamp

مسند للرأس
misnad lir-ra's
headboard

منضدة بجوار السرير
minDadda bi-jiwaar as-sareer
bedside table

مجموعة أدراج
majmooAat adraaj
chest of drawers

درج
durj
drawer

سرير
sareer
bed

مرتبة
martaba
mattress

شرشف
sharshaf
bedspread

مخدة
mikhadda
pillow

زجاجة ماء ساخن
zujaajat maa'
saakhin
hot-water bottle

راديو بساعة
raadyo bi-saaAa
clock radio

منبه
munabbih
alarm clock

علبة مناديل ورق
Aulbat manaadeel
waraq
box of tissues

علاقة ملابس
Aallaaqat malaabis
coat hanger

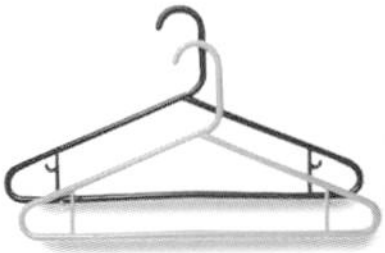

بياض الفراش bayaaD al-firaash • bed linen

مراة
mir'aa
mirror
طاولة الزينة
Taawilat
az-zeena
dressing table
أرضية
arDeeya
floor

غطاء المخدة
ghaTaa' al-mikhadda
pillowcase
ملاءة
milaa'a
sheet
سجافة
sijaafa
dust ruffle
لحاف
liHaaf
comforter

لحاف مزين
liHaaf muzayyan
quilt
بطانية
baTTaneeya
blanket

المفردات al-mufradaat • vocabulary

سرير فردي sareer fardee **twin bed**	مسند للقدم misnad lil-qadam **footboard**	أرق araq **insomnia**	يستيقظ yastayqaz **wake up (v)**	يضبط المنبه yaDbuT al-munabbih **set the alarm (v)**
سرير مزدوج sareer muzdawij **full bed**	زنبرك zanbarak **spring**	يذهب للنوم yadh-hab lin-nawm **go to bed (v)**	يقوم yaqoom **get up (v)**	يشخر yushshakhir **snore (v)**
بطانية كهربائية baTTaneeya kahrabaa'eeya **electric blanket**	سجادة sajjaada **carpet**	ينام yanaam **go to sleep (v)**	يرتب الفراش yurattib al-firaash **make the bed (v)**	خزانة في الحائط khizanna fil-haa'iT **closet**

الحمام al-Hammaam • bathroom

قضيب الفوط
qaDeeb al-fuwaT
towel bar

باب الدش
baab ad-dush
shower door

حنفية الماء البارد
Hanafeeyat al-maa'
al-baarid
cold faucet

حنفية الماء الساخن
Hanafeeyat al-maa'
as-saakhin
hot faucet

رأس الدش
ra's ad-dush
shower head

حوض
HawD
washbasin

دش
dush
shower

صمّة
Simma
plug

مصرف
maSrif
drain

حوض استحمام
HawD istiHmaam
bathtub

مقعد المرحاض
maqAad
al-mirHaaD
toilet seat

مرحاض
mirHaaD
toilet

حوض الغسل
HawD al-ghasl | bidet

فرشاة المرحاض
furshaat al-mirHaaD
toilet brush

المفردات al-mufradaat • vocabulary

خزانة الأدوية
khizaanat al-adwiya
medicine cabinet

سجادة الحمام
sajjaadat al-Hammaam
bath mat

ورق الحمام
waraq al-Hammaam
toilet paper

ستارة الدش
sitaraat ad-dush
shower curtain

يأخذ دش
ya'khudh dush
take a shower (v)

يستحم
yastaHamm
take a bath (v)

نظافة الأسنان naZaafat al-asnaan • dental hygiene

فرشاة أسنان
furshaat asnaan
toothbrush

خيط للأسنان
khayT lil-asnaan
dental floss

معجون أسنان
maAjoon asnaan
toothpaste

منظف للفم
munazzif lil-fam
mouthwash

ليفة
leefa
loofah

إسفنج
isfinj
sponge

نسفة
nasfa
pumice stone

فرشاة للظهر
furshaah liz-Zahr
back brush

مزيل رائحة العرق
muzeel raai'Hat al-Aaraq
deodorant

وعاء الصابون
waAaa' aS-Saaboon
soap dish

صابون
Saaboon
soap

كريمة للوجه
kreema lil-wajh
face cream

جيل الدش
jel ad-dush
shower gel

رغوة للحمام
raghwa lil-Hammaarn
bubble bath

فوطة يد
fooTat yad
hand towel

فوطة حمام
fooTat
Hammaam
bath towel

فوط
fuwaT
towels

غسول للجسم
ghasool lil-jism
body lotion

بودرة تلك
boodrat talk
talcum powder

روب حمام
rohb Hammaam
bathrobe

حلاقة Hilaaqa • shaving

جهاز حلاقة كهربائي
jihaaz Hilaaqa
kahrabaa'eeya
electric razor

رغوة حلاقة
raghwat Hilaaqa
shaving foam

موس للرمي
moos lir-ramy
disposable razor

موس حلاقة
moos Hilaaqa
razor blade

عطر لبعد الحلاقة
Aitr li-baAd al-Hilaaqa
aftershave

الحضانة al-HaDaana • nursery

رعاية الرضيع riAaayat ar-raDeeA • baby care

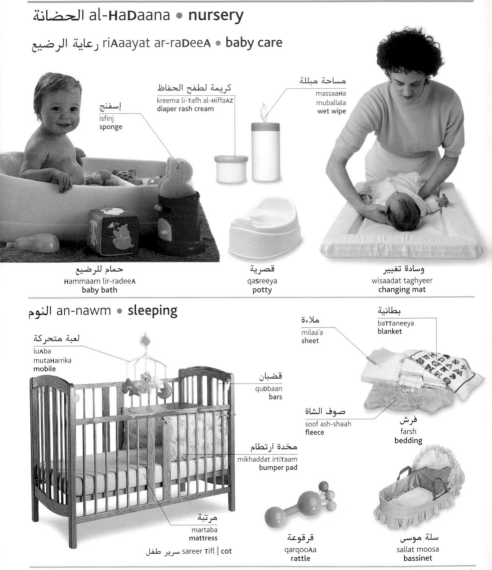

إسفنج
isfinj
sponge

كريمة لطفح الحفاظ
kreema li-Tafh al-HiffaAZ
diaper rash cream

مساحة مبللة
massaaHa muballala
wet wipe

حمام للرضيع
Hammaam lir-radeeA
baby bath

قصرية
qaSreeya
potty

وسادة تغيير
wisaadat taghyeer
changing mat

النوم an-nawm • sleeping

لعبة متحركة
luAba mutaHarrika
mobile

ملاءة
milaa'a
sheet

بطانية
baTTaneeya
blanket

قضبان
quDbaan
bars

صوف الشاة
soof ash-shaah
fleece

فرش
farsh
bedding

مخدة ارتطام
mikhaddat irtiTaam
bumper pad

مرتبة
martaba
mattress

سرير طفل sareer Tifl | **cot**

قرقوعة
qarqooAa
rattle

سلة موسى
sallat moosa
bassinet

اللعب al-laAib • playing

دمية
dumya
doll

لعبة طرية
laAba Tareeya
soft toy

منزل الدمية
manzil ad-dumya
dollhouse

منزل لعبة
manzil luAba
playhouse

دب كدمية
dubb ka-dumya
teddy bear

لعبة
luAba
toy

سلة اللعب
sallat al-luAab
toy basket

كرة
kura
ball

ملعب متنقل
malAab mutannaqil
playpen

السلامة as-salaama • safety

قفل أطفال
qufl aTfaal
child lock

مراقب الطفل
muraaqib aT-Tifl
baby monitor

بوابة السلم
bawwaabat as-sullam
stair gate

الأكل al-akl • eating

كرسي مرتفع
kursee murtafiA
high chair

حلمة الزجاجة
Halamat az-zujaaja
nipple

كوب شرب
koob shurb
drinking cup

زجاجة
zujaaja
bottle

الخروج al-khurooj • going out

كرسي بعجل
kursee bi-Aajal
stroller

عربة أطفال
Aarabat aTfaal
baby carriage

غطاء العربة
ghiTaa'
al-Aaraba
hood

حفاظ
HiffaAZ
diaper

مهد
mahd
infant carrier

حقيبة تغيير
Haqeebat taghyeer
diaper bag

حمالة رضيع
Hammaalat raDeeA
baby sling

غرفة المنافع ghurfat al-manaafiA • utility room

الغسيل al-ghaseel • laundry

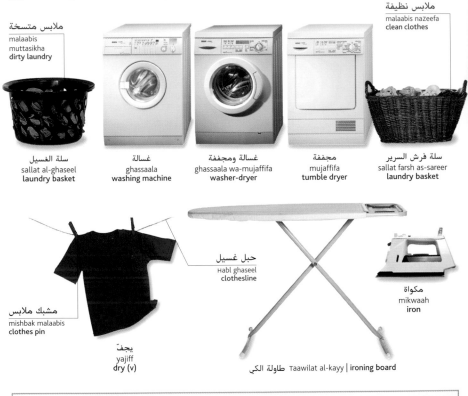

ملابس متسخة
malaabis
muttasikha
dirty laundry

ملابس نظيفة
malaabis nazeefa
clean clothes

سلة الغسيل
sallat al-ghaseel
laundry basket

غسالة
ghassaala
washing machine

غسالة ومجففة
ghassaala wa-mujaffifa
washer-dryer

مجففة
mujaffifa
tumble dryer

سلة فرش السرير
sallat farsh as-sareer
laundry basket

حبل غسيل
Habl ghaseel
clothesline

مكواة
mikwaah
iron

مشبك ملابس
mishbak malaabis
clothes pin

يجفّ
yajiff
dry (v)

طاولة الكي Taawilat al-kayy | **ironing board**

المفردات al-mufradaat • vocabulary

يعبئ yuAabbi' **load (v)**	يدور بسرعة yadoor bi-surAa **spin (v)**	يكوي yakwee **iron (v)**	كيف أشغل الغسالة؟ kayfa ushagh-ghil al-ghassaala? **How do I operate the washing machine?**
يشطف yashTuf **rinse (v)**	مجففة بالدوران majaffifa bil-dawaraan **spin dryer**	منعم الملابس munaAAim al-malaabis **fabric softener**	ما معايير الضبط للملابس الملونة/البيضاء؟ maa maAaayeer aD-DabT lil-malaabis al-mulawwana/al-bayDaa'? **What is the setting for colors/whites?**

معدات التنظيف muAiddaat at-tanzeef • cleaning equipment

خرطوم الامتصاص
khartoom al-imtisaas
suction hose

فرشاة
furshaah
brush

مجرفة
mijrafa
dustpan

مادة تقصير
maadat taqseer
bleach

دلو
dilw
bucket

مسحوق
mas-Hooq
powder

سائل
saa'il
liquid

منفضة
minfaDa
dustcloth

مكنسة كهربائية
miknasa kahrabaa'eeya
vacuum cleaner

ممسحة
mimsaHa
mop

منظف
munazzif
detergent

مادة تلميع
maadat talmeeA
polish

الأنشطة al-anshiTa • activities

ينظف
yunazzif
clean (v)

يغسل
yaghsil
wash (v)

يمسح
yamsaH
wipe (v)

ينظف بالحك
yunazzif bil-Hakk
scrub (v)

يكشط
yakshiT
scrape (v)

مكنسة
miknasa
broom

يكنس
yaknus
sweep (v)

ينفض الغبار
yanfuD al-ghubaar
dust (v)

يلمّع
yulammiA
polish (v)

ورشة العمل warshat al-Aamal • workshop

قابض لقم
qaabid luqam
chuck

لقمة ثقب
luqmat thaqb
drill bit

مجموعة البطاريات
majmooAat al-bataareeyaat
battery pack

منشار قطع النماذج
minshaar qatA
al-namaadhij
jigsaw

مثقاب يعاد شحنه
mithqaab yuAaad shaHnuhu
rechargeable drill

مثقاب كهربائي
mithqaab kahrabaa'ee
electric drill

مسدس غراء
musaddas ghiraa'
glue gun

ماسك
maasik
clamp

نصل
nasl
blade

منجلة
manjala
vice

مصنفرة
musanfira
sander

منشار دائري
minshaar daa'iree
circular saw

منضدة عمل
minDaddat Aamal
workbench

غراء خشب
ghiraa' khashab
wood glue

رف العدة
raff al-Aidda
tool rack

مسحاج تخديد
misHaaj takhdeed
router

ملفاف بلقم
milfaaf bi-luqam
bit brace

قشارة الخشب
qishaarat
al-khashab
wood shavings

سلك إطالة
silk iTaala
extension cord

الأساليب التقنية al-asaaleeb at-taqneeya • techniques

يقطع
yaqTaA
cut (v)

ينشر
yanshur
saw (v)

يثقب
yathqub
drill (v)

يدق
yaduqq
hammer (v)

يكشط yakshiT | plane (v)

يدور yudawwir | turn (v)

ينحت yanHit | carve (v)

لحم
laHm
solder

يلحم yalHum | solder (v)

الخامات al-khaamaat • materials

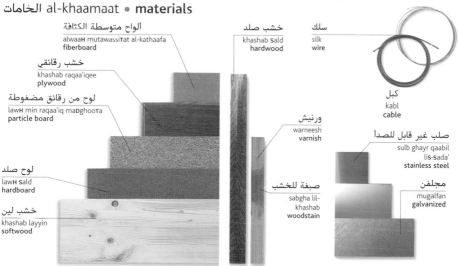

ألواح متوسطة الكثافة
alwaaH mutawassiTat al-kathaafa
fiberboard

خشب رقائقي
khashab raqaa'iqee
plywood

لوح من رقائق مضغوطة
lawH min raqaa'iq maDghooTa
particle board

لوح صلد
lawH Sald
hardboard

خشب لين
khashab layyin
softwood

خشب صلد
khashab Sald
hardwood

ورنيش
warneesh
varnish

صبغة للخشب
sabgha lil-khashab
woodstain

خشب khashab | wood

سلك
silk
wire

كبل
kabl
cable

صلب غير قابل للصدأ
sulb ghayr qaabil lis-Sada'
stainless steel

مجلفن
mugalfan
galvanized

معدن maAdin | metal

صندوق العدة sandooq al-Aidda • toolbox

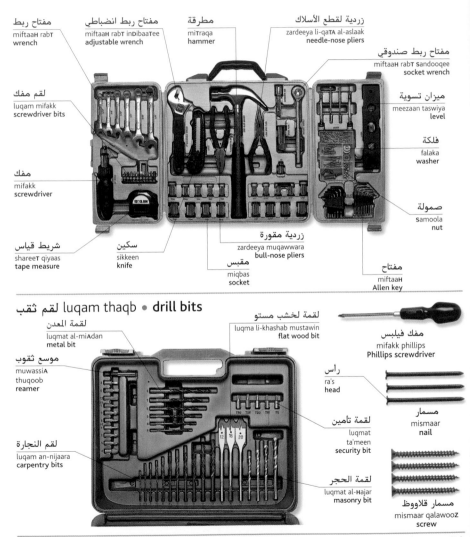

مفتاح ربط
miftaaH rabT
wrench

مفتاح ربط انضباطي
miftaaH rabT inDibaaTee
adjustable wrench

مطرقة
miTraqa
hammer

زردية لقطع الأسلاك
zardeeya li-qaTA al-aslaak
needle-nose pliers

مفتاح ربط صندوقي
miftaaH rabT Sandooqee
socket wrench

لقم مفك
luqam mifakk
screwdriver bits

ميزان تسوية
meezaan taswiya
level

فلكة
falaka
washer

مفك
mifakk
screwdriver

صمولة
Samoola
nut

شريط قياس
shareeT qiyaas
tape measure

سكين
sikkeen
knife

زردية مقورة
zardeeya muqawwara
bull-nose pliers

مقبس
miqbas
socket

مفتاح
miftaaH
Allen key

لقم ثقب luqam thaqb • drill bits

لقمة المعدن
luqmat al-miAdan
metal bit

لقمة لخشب مستو
luqma li-khashab mustawin
flat wood bit

موسع ثقوب
muwassiA
thuqoob
reamer

لقم النجارة
luqam an-nijaara
carpentry bits

لقمة تأمين
luqmat
ta'meen
security bit

لقمة الحجر
luqmat al-Hajar
masonry bit

مفك فيلبس
mifakk phillips
Phillips screwdriver

رأس
ra's
head

مسمار
mismaar
nail

مسمار قلاووظ
mismaar qalawooZ
screw

مُعرية الأسلاك المعزولة
muAreeyat al-aslaak al-maAzoola
wire strippers

قاطعة أسلاك
qaaTiAat aslaak
wire cutters

كاوية لحام
kaawiyat liHaam
soldering iron

شريط عازل
shareeT Aaazil
electrical tape

مشرط
mishraT
scalpel

منشار منحنيات
minshaar munHanayaat
fretsaw

شريط لحام
shareeT liHaam
solder

منشار تلسين
minshaar talseen | **tenon saw**

نظارات أمان
naZZaaraat amaan
safety goggles

فارة
faara
plane

منشار يدوي
minshaar yadawee
handsaw

قالب القطع المائل
qaalib al-qaTA al-maa'il
miter block

منشار معادن
minshaar maAaadin
hacksaw

مثقاب يدوي
mithqaab yadawee
hand drill

صوف سلكي
soof silkee
steel wool

ورق صنفرة
waraq Sanfara
sandpaper

مفتاح إنكليزي
miftaaH inkleezee
wrench

إزميل
izmeel
chisel

حجر السن
Hajar as-sann
sharpening stone

مبرد
mibrad
file

قاطعة أنابيب
qaaTiAat anaabeeb | **pipe cutter**

كباس
kabbaas
plunger

التزيين at-tazyeen • decorating

مقص
miqass
scissors

سكين حرفي
sikkeen Hirafee
utility knife

شاقول البناء
shaaqool al-binaa'
plumb line

مكشطة
mikshaTa
scraper

مزخرف
muzakhrif
decorator

ورق حائط
waraq Haa'iT
wallpaper

سلم نقال
sullam naqqaal
stepladder

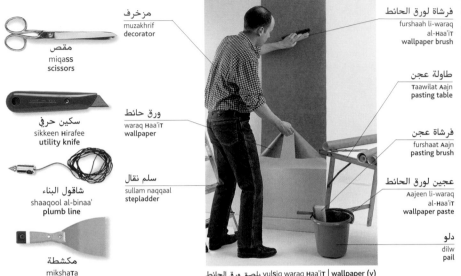

فرشاة لورق الحائط
furshaah li-waraq al-Haa'iT
wallpaper brush

طاولة عجن
Taawilat Aajn
pasting table

فرشاة عجن
furshaat Aajn
pasting brush

عجين لورق الحائط
Aajeen li-waraq al-Haa'iT
wallpaper paste

دلو
dilw
pail

يلصق ورق الحائط yulsiq waraq Haa'iT | **wallpaper (v)**

يزيل الورق yuzeel al-waraq | **strip (v)**

يملأ yamla' | **fill (v)**

يصقل بورق صنفرة
yasqul bi-waraq sanfara | **sand (v)**

يملط yumalliT | **plaster (v)**

يلصق yulsiq | **hang (v)**

يركب البلاط yurakkib al-balaaT | **tile (v)**

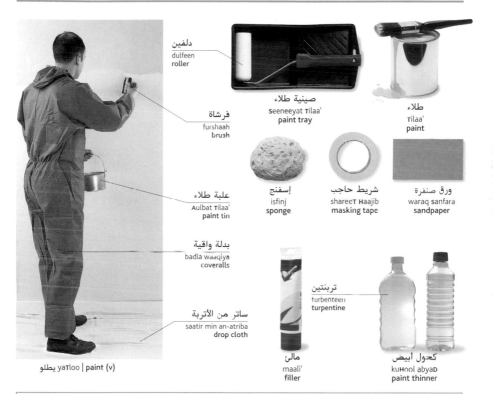

دلفين
dulfeen
roller

صينية طلاء
seeneeyat Tilaa'
paint tray

طلاء
Tilaa'
paint

فرشاة
furshaah
brush

إسفنج
isfinj
sponge

شريط حاجب
shareeT Haajib
masking tape

ورق صنفرة
waraq sanfara
sandpaper

علبة طلاء
Aulbat Tilaa'
paint tin

بدلة واقية
badla waaqiya
coveralls

تربنتين
turbenteen
turpentine

ساتر من الأتربة
saatir min an-atriba
drop cloth

مالئ
maali'
filler

كحول أبيض
kuHool abyaD
paint thinner

يطلو yaTloo | paint (v)

المفردات al-mufradaat • vocabulary

جبس jibs plaster	لامع laamiA gloss	ورق بنقش بارز waraq bi-naqsh baariz embossed paper	طبقة أولى Tabaqa oola undercoat	مانع للتسرب maaniA lit-tasarrub sealant
ورنيش warneesh varnish	غير لامع ghayr laamiA matte	طبقة ورق أولى Tabaqa waraq oola lining paper	طبقة أخيرة Tabaqa akheera topcoat	مادة مذيبة maada mudheeba solvent
مستحلب mustaHlib latex	إستنسل istinsil stencil	بطانة طلاء biTaanat Tilaa' primer	مادة حافظة maada Haafiza preservative	ملاط رقيق milaaT raqeeq grout

الحديقة al-Hadeeqa • garden

طرازات الحدائق Tiraazaat al-Hadaa'iq • garden styles

حديقة مبلطة Hadeeqa muballaTa | **patio garden**

حديقة على السطح
Hadeeqa Aala s-saTH
roof garden

حديقة صخرية
Hadeeqa sakhreeya
rock garden

حديقة رسمية Hadeeqa rasmeeya | **formal garden**

فناء finaa' | **courtyard**

حديقة بيت ريفي
Hadeeqat bayt reefee
cottage garden

حديقة أعشاب
Hadeeqat Aashaab
herb garden

حديقة مائية
Hadeeqa maa'eeya
water garden

معالم الحديقة maAaalim al-Hadeeqa • garden features

سلة معلقة
salla muAallaqa
hanging basket

تعريشة taAreesha | **trellis**

تعريشة أفقية
taAreesha ufuqeeya
arbor

أرصفة
arSifa
paving
ممشى
mamshaa
path
كومة سماد
kawmat simaad
compost pile
حوض زهور
HawD zuhoor
flowerbed
بوابة
bawwaaba
gate
سقيفة
suqayfa
shed
مرجة
marja
lawn
مستخضر
mustakhDir
greenhouse
بركة
birka
pond
سور
soor
fence
سياج
siyaaj
hedge
قوس
qaws
arch
حديقة خضراوات
Hadeeqat khuDrawaat
vegetable garden
حاشية عشبية
Haashiya Aushbeeya
herbaceous border

شرفة خشبية
shurfa khashabeeya
deck

نافورة naafoora | **fountain**

تربة turba • soil

طبقة التربة العليا
Tabaqat at-turba al-Aulya
topsoil

رمل
raml
sand

طباشير
Tabaasheer
chalk

غرين
ghareen
silt

صلصال
salsaal
clay

نباتات الحديقة nabataat al-Hadeeqa • garden plants

أنواع من النباتات anwaaA min an-nabataat • types of plants

سنوي
sanawee
annual

كل سنتين
kull sanatayn
biennial

معمرة
muAamirra
perennial

بصلة
basala
bulb

سرخس
sirkhas
fern

سمار
samaar
rush

خيزران
khayzaraan
bamboo

أعشاب ضارة
Aashaab Daarra
weed

عشب
Aushb
herb

نباتات مائية
nabataat maa'eeya
water plant

شجرة
shajara
tree

نخلة
nakhla
palm

صنوبرية
sunawbareeya
conifer

دائم الخضرة
daa'im al-khaDra
evergreen

مُعبل
muAbil
deciduous

تشذيب
tashdheeb
topiary

الألب
al-alb
alpine

عصاري
AuSaaree
succulent

صبار
Sabbaar
cactus

نبات أصيص
nabaat aSees
potted plant
نبات الظل
nabaat aZ-Zill
shade plant
متسلق
muTasalliq
climber
جنبة مزهرة
janba muzhira
flowering shrub
غطاء أرضي
ghiTaa' arDee
ground cover
نبات زاحف
nabaat zaaHif
creeper
نبات زينة
nabaat zeena
ornamental
نجيل
najeel
grass

أدوات الحديقة adawaat al-Hadeeqa • garden tools

ملمّ المروج
milamm al-murooj
lawn rake

سماد
simaad
compost

بذور
budhoor
seeds

مسحوق العظم
mas-Hooq al-Aazam
bone meal

مجراف
mijraaf
spade

شوكة
shawka
fork

مقراض بأذرع طويلة
miqraad bi-adhruA Taweela
long-handled shears

مِدمّة
midamma
rake

فأس
fa's
hoe

حصى
HuSan
gravel

كيس العشب
kees al-Aushb
grass bag

محرك
muHarrik
motor

مقبض
miqbaD
handle

سلة معدنية
salla miAdaneeya
tote

حاجب
Haajib
shield

حامل
Haamil
stand

آلة تشذيب
aalat tashdheeb
trimmer

جزازة العشب
jazzaazat al-Aushb
lawnmower

نقالة
naqqaala
wheelbarrow

شوكة يدوية
shawka yadaweeya
hand fork

مالج
maalij
trowel

نصل
nasl
blade

مقراض
miqraaD
shears

منشار يدوي
minshaar yadawee
hand saw

مقراض تقليم صغير
miqraaD taqleem Sagheer
pruners

صينية بذور
Seneeyat budhoor
seed tray

مبيد آفات
mubeed aafaat
pesticide

قفاز للحديقة
quffaaz lil-Hadeeqa
gardening gloves

خيط مجدول
khayT majdool
twine

خيزران
khayzaraan
canes

منخل
munkhul
sieve

أصيص نبات
aSeeS nabaat
plant pot

بطاقات
biTaaqaat
labels

أربطة مجدولة
arbiTa majdoola
twist ties

حلقات ربط
Halqaat rabT
ring ties

حذاء مطاطي
Hidhaa' maTaaTee
rubber boots

سقي saqy • watering

بخاخة
bakh-khaakha | **spray bottle**

رشاشة
rashshaasha
sprinkler

فم الخرطوم
fam al-khurtoom
nozzle

مرشة
mirashsha
watering can

رأس المرشة
ra's al-mirashsha
spray

خرطوم
khurToom
hose

دارة لف الخرطوم
daarat laff al-khurToom | **hose reel**

البستنة al-bastana • gardening

سياج
siyaaj
hedge

مرجة
marja
lawn

حوض زهور
HawD zuhoor
flowerbed

جزازة العشب
jazzaazat
al-Aushb
lawnmower

وتد
watad
stake

يجز yajuzz | **mow (v)**

يكسو بالنجيل
yaksoo bin-najeel
sod (v)

يسكك
yusakkik
spike (v)

يلم
yalumm
rake (v)

يشذب
yashdhub
trim (v)

يحفر
yaHfur
dig (v)

يبذر
yabdhur
sow (v)

يفرش السماد
yufarrish as-simaad
top-dress (v)

يسقي
yasqee
water (v)

يسند
yasnid
train (v)

يزيل الزهور الميتة
yuzeel az-zuhoor al-mayyita
deadhead (v)

يرش
yarushsh
spray (v)

خيزرانة
khayzaraana
cane

يطعم
yuTaAAim
graft (v)

تقليم
taqleem
cutting

يتكاثر
yatakaathar
propagate (v)

يقلم
yaqlim
prune (v)

يوتد
yuwattid
stake (v)

ينقل الشتل
yanqil ash-shatl
transplant (v)

يزيل الأعشاب الضارة
yuzeel al-Aashaab aD-Daarra
weed (v)

يفرش الوقاية
yafrish al-wiqaaya
mulch (v)

يحصد
yaHsud
harvest (v)

المفردات al-mufradaat • **vocabulary**

يزرع yazraA **cultivate (v)**	يزين الحديقة yuzayyin al-Hadeeqa **landscape (v)**	يسمد yusammid **fertilize (v)**	ينخل yankhul **sieve (v)**	عضوي AuDwee **organic**	شتلة shatla **seedling**	تحتربة taHturba **subsoil**
يرعي yarAee **tend (v)**	يزرع في أصص yazraA fi usus **pot (v)**	يقطف yaqTif **pick (v)**	يهوي yuhawwee **aerate (v)**	الصرف as-sarf **drainage**	سماد simaad **fertilizer**	مبيد أعشاب ضارة mubeed Aashaab Daarra **weedkiller**

JKL
5
TUV
8
7
0

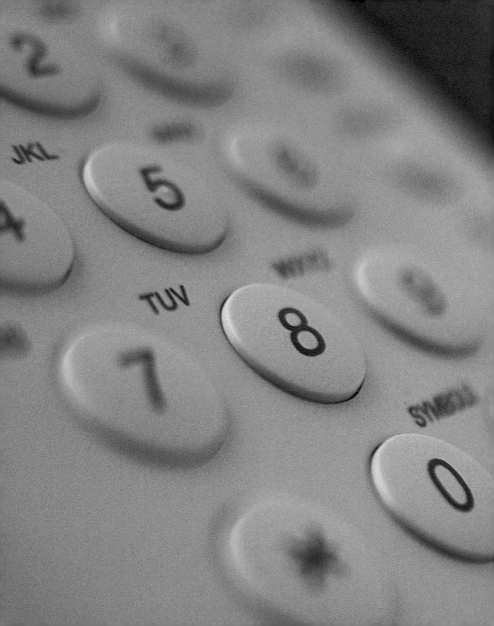

الخدمات al-khidmaat
services

خدمات الطوارئ khidamaat aT-Tawaari' • emergency services

إسعاف isAaaf • ambulance

إسعاف isAaaf | **ambulance**

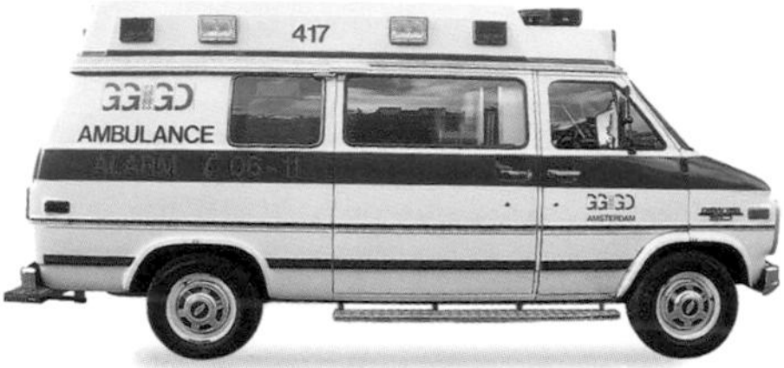

نقالة
naqqaala
stretcher

مساعد طبي
musaaAid Tibbee | **paramedic**

شرطة shurTa • police

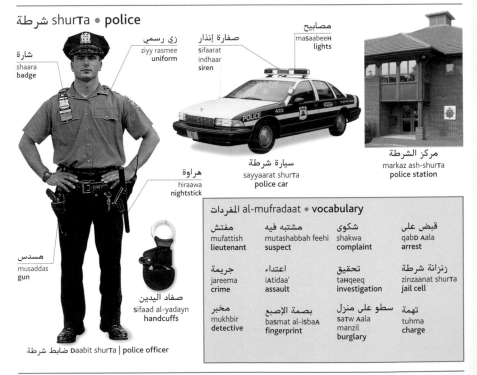

شارة
shaara
badge

زي رسمي
ziyy rasmee
uniform

هراوة
hiraawa
nightstick

مسدس
musaddas
gun

صفاد اليدين
sifaad al-yadayn
handcuffs

ضابط شرطة Daabit shurTa | **police officer**

صفارة إنذار
sifaarat
indhaar
siren

مصابيح
maSaabeeH
lights

سيارة شرطة
sayyaarat shurTa
police car

مركز الشرطة
markaz ash-shurTa
police station

المفردات al-mufradaat • vocabulary

مفتش mufattish **lieutenant**	مشتبه فيه mutashabbah feehi **suspect**	شكوى shakwa **complaint**	قبض على qabD Aala **arrest**
جريمة jareema **crime**	اعتداء iAtidaa' **assault**	تحقيق taHqeeq **investigation**	زنزانة شرطة zinzaanat shurTa **jail cell**
مخبر mukhbir **detective**	بصمة الإصبع basmat al-isbaA **fingerprint**	سطو على منزل saTw Aala manzil **burglary**	تهمة tuhma **charge**

فرقة الإطفاء firqat al-iTfaa' • fire brigade

خوذة
khoodha
helmet

دخان
dukhaan
smoke

خرطوم
khurToom
hose

منصة محمولة
minaSSa
maHmoola
basket

نفاثة ماء
naffaathat maa'
water jet

رجال الإطفاء
rijaal al-iTfaa'
firefighters

ذراع
dhiraaA
boom

سلم
sullam
ladder

كابينة للسائق
kabeena
lis-saa'iq
cab

حريق Hareeq | fire

مركز إطفاء الحريق
markaz iTfaa' al-Hareeq
fire station

مهرب حريق
mahrab Hareeq
fire escape

عربة إطفاء الحريق
Aarabat iTfaa' al Hareeq
fire engine

جهاز إنذار بتصاعد دخان
jihaaz indhaar bi-taSaaAud
dukhaan
smoke alarm

جهاز إنذار بوجود حريق
jihaaz indhaar bi-wujood
Hareeq
fire alarm

بلطة
balTa
ax

طفاية حريق
Taffaayat Hareeq
fire extinguisher

مشرعة
mashraAa
hydrant

احتاج الشرطة/فرقة الإطفاء/الإسعاف.
aHtaaj ash-shurta/firqat al-iTfaa'/
al-isAaaf.
**I need the police/fire department/
an ambulance.**

هناك حريق في...
hunaaka Hareeq fee....
There's a fire at...

لقد حدث حادث.
laqad Hadatha Haadith.
There's been an accident.

استدعوا الشرطة!
istadAoo
sh-shurTa!
Call the police!

البنك al-bank • **bank**

عميل
Aameel
customer

نافذة
naafidha
window

صراف
sarraaf
teller

نشرات
nashraat
brochures

طاولة
Taawila
counter

قسيمة إيداع
qaseemat eedaaA
deposit slips

بطاقة الخصم المباشر
biTaaqat al-khasm al-mubaashir
debit card

أرومة
arooma
stub

رقم حساب
raqm Hisaab
account number

توقيع
tawqeeA
signature

مبلغ
mablagh
amount

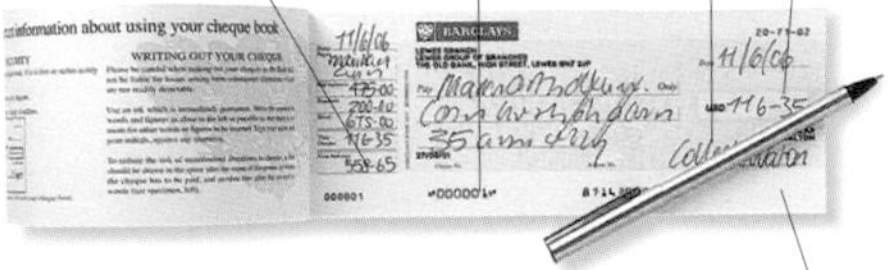

مدير بنك
mudeer bank
bank officer

بطاقة ائتمان
biTaaqat i'timaan
credit card

دفتر شيكات
daftar sheekaat
checkbook

شيك
sheek
check

المفردات al-mufradaat • **vocabulary**

مدخرات muddakharaat savings	رهن عقاري rahn Aaqaaree mortgage	دفع dafA payment	يودع yoodiA deposit (v)	حساب جار Hisaab jaarin checking account
ضريبة Dareeba tax	فرط السحب farT as-saHb line of credit	خصم مباشر khasm mubaashir automatic payment	رسم بنكي rasm bankee fee	حساب توفير Hisaab tawfeer savings account
قرض qarD loan	معدل الفائدة muAaddal al-faa'ida interest rate	قسيمة سحب qaseemat saHb withdrawal slip	تحويل بنكي taHweel bankee electronic transfer	رقم سري raqm sirree PIN

عملة معدنية
Aumla
miAdaneeya
coin

عملة ورقية
Aumla
waraqeeya
bill

شاشة
shaasha
screen

لوحة المفاتيح
lawHat
al-mafaateeн
keypad

شق البطاقة
shaqq
al-biTaaqa
card slot

مال maal | money

صراف الي Sarraaf aalee | ATM

عملة أجنبية Aumla ajnabeeya • foreign currency

شيك سياحي
sheek siyaaнee
traveler's check

مكتب صرافة
maktab Sarraafa
currency exchange bureau

سعر الصرف
siAr aS-Sarf
exchange rate

تمويل tamweel • finance

سعر السهم
siAr as-sahm
share price

سمسار مالي
simsaar maalee
stockbroker

مستشار مالي
mustashaar maalee
financial advisor

سوق الأوراق المالية sooq al-awraaq
al-maaleeya | stock exchange

المفردات al-mufradaat • vocabulary

يصرف نقدا
yaSrif naqdan
cash (v)

أسهم
ashum
shares

محاسب
muHaasib
accountant

ربحية
ribHeeya
dividends

عمولة
Aumoola
commission

محفظة
maHfaza
portfolio

استثمار
istithmaar
investment

فئة الأوراق المالية
fi'at al-awraaq al-maaleeya
denomination

أوراق مالية
awraaq maaleeya
stocks

أرصدة وأسهم
arsida wa ashum
equity

هل يمكنني تغيير هذا؟
hal yumkinunee taghyeer haadha?
May I change this, please?

ما سعر الصرف اليوم؟
maa siAr aS-Sarf al-yawm?
What's today's exchange rate?

الاتصالات al-ittiSaalaat • communications

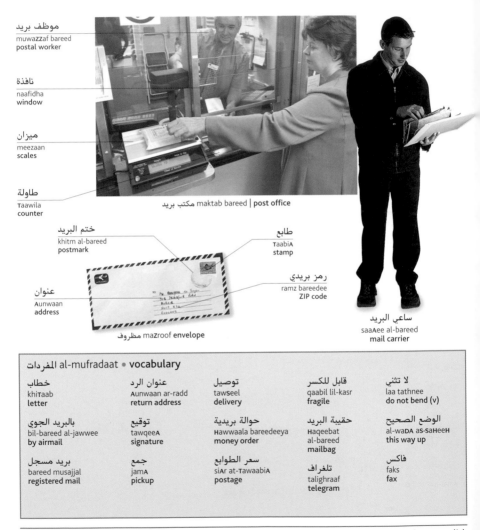

موظف بريد
muwaZZaf bareed
postal worker

نافذة
naafidha
window

ميزان
meezaan
scales

طاولة
Taawila
counter

مكتب بريد maktab bareed | **post office**

ساعي البريد
saaAee al-bareed
mail carrier

ختم البريد
khitm al-bareed
postmark

طابع
TaabiA
stamp

رمز بريدي
ramz bareedee
ZIP code

عنوان
Aunwaan
address

مظروف maZroof **envelope**

المفردات al-mufradaat • vocabulary

خطاب
khiTaab
letter

بالبريد الجوي
bil-bareed al-jawwee
by airmail

بريد مسجل
bareed musajjal
registered mail

عنوان الرد
Aunwaan ar-radd
return address

توقيع
tawqeeA
signature

جمع
jamA
pickup

توصيل
tawSeel
delivery

حوالة بريدية
Hawwaala bareedeeya
money order

سعر الطوابع
siAr at-Tawaabia
postage

قابل للكسر
qaabil lil-kasr
fragile

حقيبة البريد
Haqeebat al-bareed
mailbag

تلغراف
talighraaf
telegram

لا تثني
laa tathnee
do not bend (v)

الوضع الصحيح
al-waDA aS-SaHeeH
this way up

فاكس
faks
fax

صندوق بريد
sandooq bareed
mailbox

صندوق خطابات
sandooq khiTaabaat
letter slot

طرد
Tard
package

رسول
rasool
delivery service

هاتف haatif • telephone

سماعة متحركة
sammaaAa
mutaHarrika
handset

قاعدة ثابتة
qaaAida thaabita
base station

هاتف لاسلكي
haatif laasilkee
cordless phone

جهاز الرد على المكالمات
jihaaz ar-radd Aalal-
mukaalamaat
answering machine

هاتف فيديو
haatif vidyo
video phone

كابينة الهاتف
kabeenat al-haatif
phone booth

لوحة المفاتيح
lawHat
al-mafaateeH
keypad

سماعة
sammaaAa
receiver

استرداد النقد
istirdaad an-naqd
coin return

هاتف محمول
haatif maHmool
cell phone

هاتف يعمل بالنقد
haatif yaAmal bin-naqd
coin phone

هاتف يعمل بالبطاقة
haatif yaAmal bil-biTaaqa
card phone

المفردات al-mufradaat • vocabulary

رسالة نصية
risaala nasseeya
text message

رسالة صوتية
risaala sawteeya
voice message

مكالمة أجرتها على المتلقي
mukaalama ujratuhaa
Aalal-mutalaqqee
collect call

استعلامات الدليل
istiAlaamaat ad-daleel
directory assistance

يرد
yarudd
answer (v)

يطلب رقماً
yaTlub raqaman
dial (v)

مشغل
mushaghghil
operator

مشغول
mashghool
busy

غير موصول
ghayr mawsool
disconnected

هل يمكنك إعطائي رقم...؟
hal yumkinuka iATaa'ee raqm...?
Can you give me the number for...?

ما رمز الاتصال بـ...؟
maa ramz al-ittisaal bi...?
What is the area code for...?

الفندق al-funduq • hotel

ردهة radha • lobby

نزيل
nazeel
guest

مفتاح غرفة
miftaaн ghurfa
room key

رسائل
rasaa'il
messages

صندوق الرسائل
Aayn li-taSneef ar-rasaa'il
pigeonhole

موظف الاستقبال
muwazzaf al-istiqbaal
receptionist

سجل
sijil
register

طاولة
Taawila
counter

استقبال istiqbaal | **reception**

أمتعة
amtiAa
luggage

حامل بعجل
Haamil bi-Aajal
cart

حمال Hammaal | **porter**

مصعد misAad | **elevator**

رقم الغرفة
raqm al-ghurfa
room number

غرف ghuraf • rooms

غرفة لفرد واحد
ghurfa li-fard waaHid
single room

غرفة مزدوجة
ghurfa muzdawija
double room

غرفة لفردين
ghurfa li-fardayn
twin room

حمام خاص
Hammaam khaaSS
private bathroom

خدمات khidmaat • services

خدمات الخادمة
khidmaat al-khaadima
maid service

خدمات الغسيل
khidmaat al-ghaseel
laundry service

صينية الإفطار
seneeyat al-ifTaar
breakfast tray

خدمة الغرف khidmat al-ghuraf | **room service**

بار مصغر
baar musaghghar
minibar

مطعم
maTAam
restaurant

جمنازيوم
jimnaazyum
gym

حمام سباحة
Hammaam sibaaHa
swimming pool

المفردات al-mufradaat • vocabulary

سرير وإفطار
sareer wa-ifTaar
bed and breakfast

إقامة كاملة
iqaama kaamila
all meals included

نصف إقامة
nisf iqaama
some meals included

هل لديكم غرف خالية؟
hal ladaykum ghuraf khaalya?
Do you have any vacancies?

لدي حجز.
ladayya Hajz.
I have a reservation.

أود غرفة لفرد واحد.
awadd ghurfa li-fard waaHid.
I'd like a single room.

أود غرفة لثلاث ليالي.
awadd ghurfa li-thalaath layaalee.
I'd like a room for three nights.

ما سعر الليلة؟
maa siAr al-layla?
What is the charge per night?

متى على أن أغادر الغرفة؟
mata Aalayya an ughaadir al-ghurfa?
When do I have to check out?

التسوق at-tasawwuq
shopping

مركز التسوق markaz at-tasawwuq • shopping center

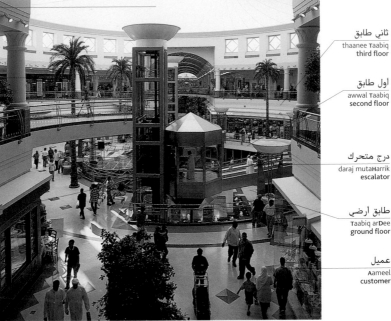

ردهة
radha
atrium

لوحة الاسم
lawHat al-ism
sign

مصعد
misAad
elevator

ثاني طابق
thaanee Taabiq
third floor

أول طابق
awwal Taabiq
second floor

درج متحرك
daraj mutaHarrik
escalator

طابق أرضي
Taabiq arDee
ground floor

عميل
Aameel
customer

المفردات al-mufradaat • vocabulary

قسم الأطفال
qism al-aTfaal
children's department

قسم الأمتعة
qism al-amtiAa
luggage department

قسم الأحذية
qism al-aHdhiya
shoe department

دليل المتجر
daleel al-matjar
store directory

بائع
baa'iA
sales clerk

خدمة العملاء
khidmat al-Aumalaa'
customer services

غرف تجربة الملابس
ghuraf tajribat al-malaabis
fitting rooms

منافع تغيير حفاظات
manaafiA taghyeer Hifaazaat
baby changing facilities

دورات المياه
dawraat al-miyaah
restrooms

بكم هذا؟
bikam haadha?
How much is this?

هل يمكنني استبدال هذا؟
hal yumkinunee istibdaal haadha?
May I exchange this?

متجر تجزئة كبير matjar tajzi'a kabeer • department store

ملابس الرجال
malaabis ar-rijaal
men's wear

ملابس النساء
malaabis an-nisaa'
women's wear

ملابس النساء الداخلية
malaabis an-nisaa' ad-daakhileeya
lingerie

عطور
Autoor
perfume

جمال
jamaal
beauty

بياضات
bayyaaDaat
bed and bath

تجهيزات المنزل
tajheezaat al-manzil
home furnishings

مستلزمات الملابس
mustalzamaat al-malaabis
notions

أدوات المطبخ
adawaat al-maTbakh
kitchenware

الخزف والصيني
al-khazaf waS-Seenee
china

أدوات كهربائية
adawaat kahrabaa'eeya
electronics

إضاءة
iDaa'a
lighting

رياضة
riyaaDa
sporting goods

لعب
luAab
toys

قرطاسية
qarTaaseeya
stationery

قاعة الغذاء
qaaAat al-ghidhaa'
groceries

سوبر ماركت soobir maarkit • supermarket

ممر
mamarr
aisle

رف
raff
shelf

سير متحرك
sayr mutaHarrik
conveyer belt

صراف
Sarraaf
checker

عروض
Aurood
specials

دفع الحساب dafA al-Hisaab | checkout

عميل
Aameel
customer

درج نقود
durj nuqood
cash register

كيس التسوق
kees at-tasawwuq
shopping bag

منتجات البقالة
muntajaat
al-baqqaala
groceries

مقبض
miqbaD
handle

780863 185779

شفرة التعرف
shufrat at-taAarruf
bar code

عربة Aaraba | cart

سلة salla | basket

جهاز مسح
jihaaz masH | scanner

منتجات المخبز
muntajaat al-makhbaz
bakery

منتجات الألبان
muntajaat al-albaan
dairy

حبوب الفطور
Huboob al-fuToor
breakfast cereals

أغذية معلبة
agh-dhiya muAallaba
canned food

حلويات
Halawiyaat
confectionery

خضراوات
khuDrawaat
vegetables

فاكهة
faakiha
fruit

لحوم ودواجن
luHoom wa-dawaajin
meat and poultry

سمك
samak
fish

أغذية مستحضرة
agh-dhiya mustaHDara
deli

أغذية مجمدة
agh-dhiya mujammada
frozen food

وجبات سريعة
wajbaat sareeAa
convenience food

مشروبات
mashroobaat
drinks

مستلزمات منزلية
mustalzamaat manzileeya
household products

أدوات الحمام
adawaat al-Hammaam
toiletries

مستلزمات الرضع
mustalzamaat ar-ruDDaA
baby products

أدوات كهربائية
adawaat kahrabaa'eeya
electrical goods

أغذية الحيوانات الأليفة
agh-dhiyat
al-Hayawaanaat al-aleefa
pet food

مجلات majallaat | **magazines**

الصيدلية aS-Saydaleeya • drugstore

رعاية الأسنان
riAaayat
al-asnaan
dental care

النظافة الصحية للإناث
an-naZaafa aS-SiHHeeya
lil-inaath
feminine hygiene

مزيل روائح العرق
muzeel rawaa'iH al-Aaraq
deodorants

فيتامينات
fitameenaat
vitamins

مستوصف
mustawSaf
pharmacy

صيدلي
SayDalee
pharmacist

دواء للكحة
dawaa' lil-kuHHa
cough medicine

علاجات عشبية
Ailaajaat Aushbeeya
herbal remedies

رعاية الجلد
riAaayat al-jild
skin care

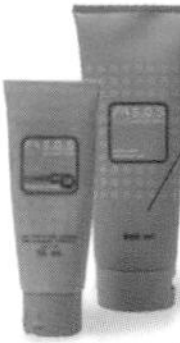

لما بعد التشمس
limaa baAd
at-tashammus
after-sun lotion

حاجب أشعة الشمس
Haajib ashiAat ash-shams
sunscreen

مانع أشعة الشمس
maaniA ashiAat ash-shams
sunblock

طارد للحشرات
Taarid lil-Hasharaat
insect repellent

مساحة مبللة
massaaHa muballala
wet wipe

مناديل ورق
manaadeel waraq
tissue

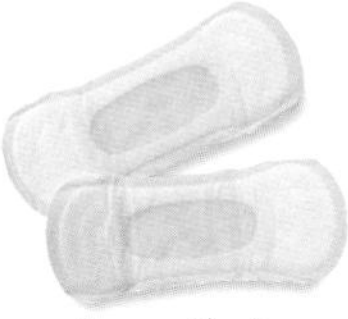

فوطة صحية
fooTa SiHHeeya
sanitary napkin

سدادة قطنية
sidaada quTneeya
tampon

فوطة صحية صغيرة
fooTa SiHHeeya Sagheera
panty liner

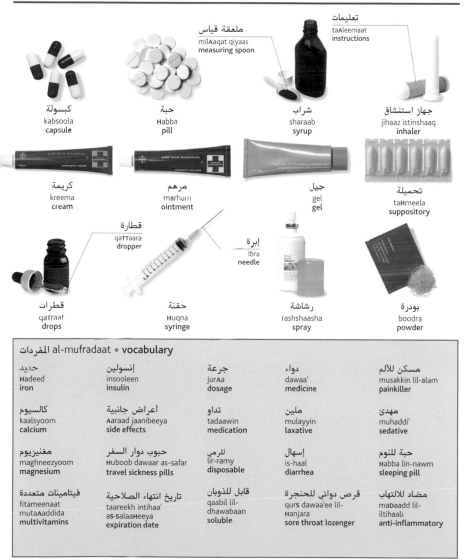

تعليمات
taAleemaat
instructions

ملعقة قياس
milAaqat qiyaas
measuring spoon

كبسولة
kabsoola
capsule

حبة
Habba
pill

شراب
sharaab
syrup

جهاز استنشاق
jihaaz istinshaaq
inhaler

كريمة
kreema
cream

مرهم
marham
ointment

جيل
gel
gel

تحميلة
taHmeela
suppository

قطارة
qaTTaara
dropper

إبرة
Ibra
needle

قطرات
qaTraat
drops

حقنة
Huqna
syringe

رشاشة
rashshaasha
spray

بودرة
boodra
powder

المفردات al-mufradaat • vocabulary

حديد Hadeed iron	إنسولين insooleen insulin	جرعة jurAa dosage	دواء dawaa' medicine	مسكن للألم musakkin lil-alarn painkiller
كالسيوم kaalsyoom calcium	أعراض جانبية Aaraad jaanibeeya side effects	تداو tadaawin medication	ملين mulayyin laxative	مهدئ muhaddi' sedative
مغنيزيوم maghneezyoom magnesium	حبوب دوار السفر Huboob dawaar as-safar travel sickness pills	للرمي lir-ramy disposable	إسهال is-haal diarrhea	حبة للنوم Habba lin-nawm sleeping pill
فيتامينات متعددة fitameenaat mutaAaddida multivitamins	تاريخ انتهاء الصلاحية taareekh intihaa' as-SalaaHeeya expiration date	قابل للذوبان qaabil lil- dhawabaan soluble	قرص دوائي للحنجرة qurs dawaa'ee lil- Hanjara sore throat lozenger	مضاد للالتهاب maDaadd lil- iltihaab anti-inflammatory

بائع الزهور baa'iA az-zuhoor • florist

زهور
zuhoor
flowers

زنبق
zanbaq
lily

سنط
sanT
acacia

قرنفل
qurunfil
carnation

نبات بأصيص
nabaat bi-aSees
potted plant

سيف الغراب
sayf al-ghuraab
gladiolus

سوسن
sawsan
iris

لؤلؤية
lu'lu'eeya
daisy

أقحوان
uqHuwaan
chrysanthemum

جيصية
jeeSeeya
gypsophila

متيولا
matiyoola
stocks

جربارة
jarbaara
gerbera

ورق
waraq
foliage

ورد
ward
roses

فريزيا
freezyaa
freesia

زهرية
zuhreeya
vase

زهرة الأركيد
zahrat al-orkeed
orchid

عود الصليب
Aood aṣ-ṣaleeb
peony

باقة
baaqa
bunch

ساق
saaq
stem

نرجس
narjis
daffodil

برعم
burAum
bud

ورق اللف
waraq al-laff
wrapping

تيوليب tyooleeb | **tulip**

التنسيق at-tanseeq • arrangements

شريط
shareeT
ribbon

باقة ورد
baaqat ward
bouquet

زهور مجففة
zuhoor mujaffafa
dried flowers

خبيصة khabeeṣa | **potpourri**

إكليل ikleel | **wreath**

رعلة
ruAla
garland

هل يمكن إرسالها إلى...؟
hal yumkin irsaalhaa ila...?
Can you send them to....?

هل هي عطرة؟
hal hiya Aatira?
Are they fragrant?

هل يمكنني إرفاق رسالة؟
hal yumkinunee irfaaq risaala?
Can I attach a message?

هل يمكنني اخذ باقة من...؟
hal yumkinunee akhdh baaqa min...?
May I have a bunch of..., please?

هل يمكن تغليفها؟
hal yumkin tahgleefhaa?
Can I have them wrapped?

كم يوما ستعيش؟
kam yawm sa-taAeesh?
How long will these last?

بائع الجرائد baa'iA al-jaraa'id • newsstand

سجائر
sajaa'ir
cigarettes

علبة سجائر
Aulbat sajaa'ir
pack of cigarettes

كبريت
kabreet
matches

تذاكر يانصيب
tadhaakir yaanaSeeb
lottery tickets

طوابع
TawaabiA
stamps

بطاقة بريدية
biTaaqa bareedeeya
postcard

مجلة أطفال
majallat aTfaal
comic book

مجلة
majalla
magazine

جريدة
jareeda
newspaper

تدخين tadkheen • smoking

ساق
saaq
stem

طاسة
Taasa
bowl

تبغ
tabgh
tobacco

ولاعة
wallaaAa
lighter

غليون
ghalyoon
pipe

سيجار
seejaar
cigar

محل الحلوى maHall al-Halwa • confectionery

علبة شوكولاتة
Aulbat shokolaata
box of chocolates

قطعة حلوة
qiTAa Hilwa
snack bar

رقائق البطاطس
raqaa'iq
al-baTaaTis
chips

محل الحلوى maHall al-Hulwa | **candy store**

المفردات al-mufradaat • vocabulary

شوكولاتة بالحليب
shookolaata bil-Haleeb
milk chocolate

شوكولاتة سادة
shookolaata saada
dark chocolate

شوكولاتة بيضاء
shookolaata bayDaa'
white chocolate

اختر واخلط
ikhtar wakhliT
pick-and-mix

كرملة
karamela
caramel

كمأ
kam'
truffle

بسكوت
baskoot
cookie

حلويات مغلية
Halawiyaat
maghleeya
hard candy

الحلوى al-Halwa • confectionery

شوكولاتة
shookolaata
chocolate

قطعة شوكولاتة
qiTAat shookolaata
chocolate bar

حلويات
Halawiyaat
candies

مصاصة
maSSaaSa
lollipop

طوفي Tofee | **toffee**

نوغة noogha | **nougat**

حلوى الخطمي
Hulwa al-khiTmee
marshmallow

نعناع
niAnaaA
mint

لبان
lubaan
chewing gum

حلوى مغلفة بالسكر
Hulwa mughallafa bis-sukkar
jellybean

حلوى فواكه
Hulwa fawaakih
jelly candy

عرق سوس
Airq soos
liquorice

متاجر أخرى mataajir ukhra • other stores

مخبز
makhbaz
bakery

حلواني
Halawaanee
pasty shop

جزارة
jazzaara
butcher shop

بائع سمك
baa'iA samak
fishmonger

خضري
khuDaree
greengrocer

بقالة
baqqaala
grocery store

محل أحذية
maHall aHdhiya
shoe store

خردواتي
khurdawaatee
hardware store

متجر الأنتيكات
matjar al-anteekaat
antique shop

متجر هدايا
matjar hidaayaa
gift shop

وكيل سفر
wakeel safar
travel agent

تاجر جواهر
taajir jawaahir
jeweler

مكتبة
maktaba
bookstore

متجر اسطوانات
matjar usTuwaanaat
record store

متجر بيع الخمور
matjar beeA al-khumoor
liquor store

متجر الحيوانات الأليفة
matjar al-Hayawaanaat al-aleefa
pet store

متجر أثاث
matjar athaath
furniture store

بوتيك
booteek
boutique

المفردات al-mufradaat • vocabulary

مكتب عقارات
maktab Aaqaaraat
real estate agent

مركز البستنة
markaz al-bastana
garden center

التنظيف الجاف
at-tanzeef al-jaaff
dry cleaner

مغسلة
maghsala
laundromat

متجر آلات التصوير
matjar aalaat at-taSweer
camera store

متجر الأغذية الصحية
matjar al-aghdhiya as-siHHeeya
health food store

متجر أدوات فنية
matjar adawaat fanneeya
art supply store

متجر السلع المستعملة
matjar as-silaA al-mustAmala
secondhand store

خياط
khayyaaT
tailor

مصفف الشعر
muSaffif as-shaAr
salon

سوق sooq | **market**

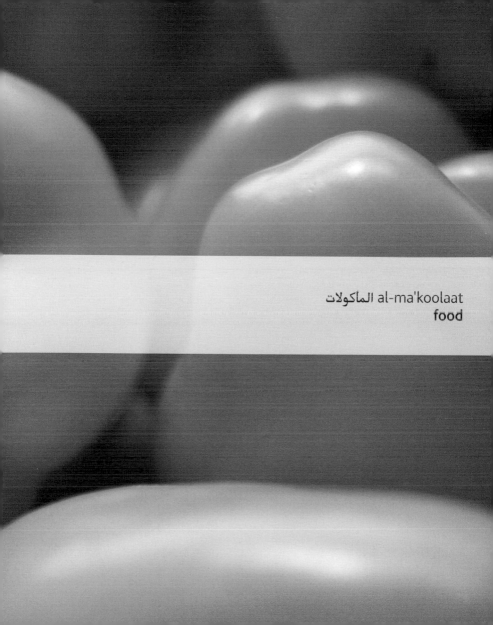

المأكولات al-ma'koolaat
food

اللحم al-laHm • meat

لحم الضاني
laHm ad-daanee
lamb
جزار
jazzaar
butcher
خطاف اللحم
khuTTaaf
al-laHm
meat hook
ميزان
meezaan
scales
مسن السكين
misann as-sikkeen
knife sharpener
خنزير مملح
khinzeer mumallaH
bacon
سجق
sujuq
sausages
كبدة
kibda
liver

المفردات al-mufradaat • vocabulary

خنزير khinzeer **pork**	غزال ghazzaal **venison**	فضلات ذبيحة faDalaat dhabeeHa **variety meat**	طليق Taleeq **free range**	لحم مطبوخ laHm maTbookh **cooked meat**
بقري baqaraa **beef**	أرانب araanib **rabbit**	مدخن mudakhkhan **smoked**	عضوي AuDwee **organic**	لحم أبيض laHm abyaD **white meat**
عجل Aijl **veal**	لسان lisaan **tongue**	مملح ومدخن mumallaH wa-mudakhkhan **cured**	لحم خال من الدهن laHm khaalin min ad-dihn **lean meat**	لحم أحمر laHm aHmar **red meat**

قطع qiTAa • cuts

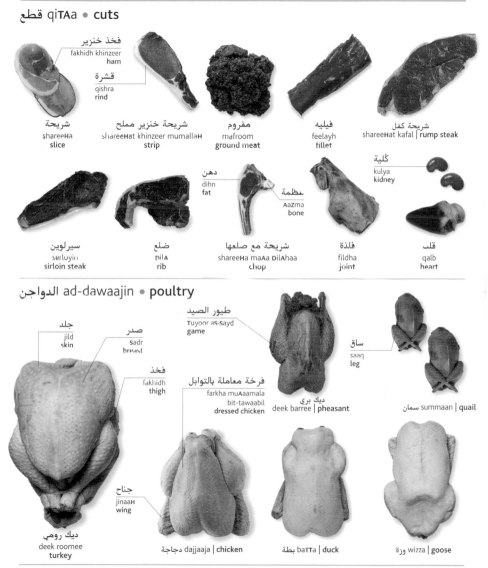

فخذ خنزير
fakhidh khinzeer
ham

قشرة
qishra
rind

شريحة
shareeHa
slice

شريحة خنزير مملح
shareeHat khinzeer mumallaH
strip

مفروم
mafroom
ground meat

فيليه
feelayh
fillet

شريحة كفل
shareeHat kafal | **rump steak**

سيرلوين
serloyin
sirloin steak

ضلع
DilA
rib

دهن
dihn
fat

عظمة
AaZma
bone

شريحة مع ضلعها
shareeHa maAa DilAhaa
chop

فلذة
fildha
joint

كُلية
kulya
kidney

قلب
qalb
heart

الدواجن ad-dawaajin • poultry

جلد
jild
skin

صدر
sadr
breast

فخذ
fakhidh
thigh

جناح
jinaaH
wing

ديك رومي
deek roomee
turkey

طيور الصيد
Tuyoor as-sayd
game

ديك بري
deek barree | **pheasant**

ساق
saaq
leg

سمان summaan | **quail**

فرخة معاملة بالتوابل
farkha muAaamala
bit-tawaabil
dressed chicken

دجاجة dajjaaja | **chicken**

بطة baTTa | **duck**

وزة wizza | **goose**

السمك as-samak • fish

جمبري مقشور
gambaree maqshoor
peeled shrimp

ثلج
thalj
ice

بوري أحمر
booree aHmar
red mullet

شرائح الهلبوت
sharaa'iH al-haliboot
halibut fillets

سلمون مرقط نهري
salmoon muraqqaT nahree
rainbow trout

أجنحة شفنين
ajniHat shifneen
skate wings

بائع سمك
baa'iA samak
fish counter

سمك الضفادع
samak aD-Dafaadi A
monkfish

إسقمري
isqamaree
mackerel

سلمون مرقط
salmoon muraqqaT
trout

سمك السيف
samak as-sayf
swordfish

موسى دوفر
moosa dover
Dover sole

موسى ليمون
moosa laymoon
lemon sole

قديد
qadeed
haddock

سردين
sardeen
sardine

شفنين
shifneen
skate

مرلانوس
marlaanoos
whiting

ذئب البحر
dhi'b al-baHr
sea bass

سلمون salmoon | **salmon**

بقلة
baqala
cod

أسبور
asboor
sea bream

طون
Toon
tuna

فواكه البحر fawaakih al-baHr • seafood

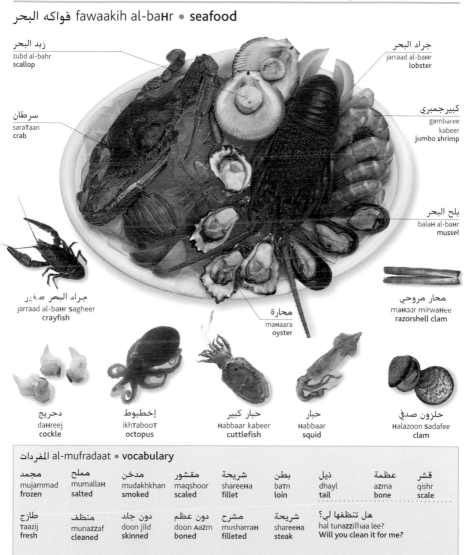

زبد البحر
zubd al-bahr
scallop

جراد البحر
jarraad al-baHr
lobster

سرطان
saraTaan
crab

كبير جمبري
gambaree kabeer
jumbo shrimp

بلح البحر
balaH al-baHr
mussel

جراد البحر صغير
jarraad al-baHr Sagheer
crayfish

محارة
maHaara
oyster

محار مروحي
maHaar mirwaHee
razorshell clam

دحريج
daHreej
cockle

إخطبوط
ikhTabooT
octopus

حبار كبير
Habbaar kabeer
cuttlefish

حبار
Habbaar
squid

حلزون صدفي
Halazoon Sadafee
clam

المفردات al-mufradaat • vocabulary

مجمد mujammad **frozen**	مملح mumallaH **salted**	مدخن mudakhkhan **smoked**	مقشور maqshoor **scaled**	شريحة shareeHa **fillet**	بطن baTn **loin**	ذيل dhayl **tail**	عظمة aZma **bone**	قشر qishr **scale**
طازج Taazij **fresh**	منظف munaZZaf **cleaned**	دون جلد doon jild **skinned**	دون عظم doon AaZm **boned**	مشرح musharraH **filleted**	شريحة shareeHa **steak**	هل تنظفها لي؟ hal tunaZZifhaa lee? **Will you clean it for me?**		

الخضراوات al-khuDrawaat • vegetables 1

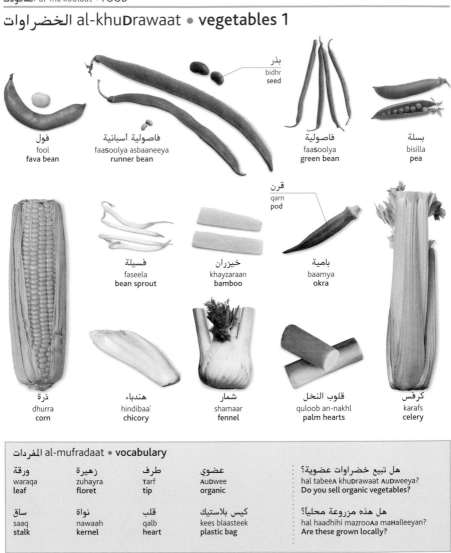

بذر
bidhr
seed

فول
fool
fava bean

فاصولية أسبانية
faaSoolya asbaaneeya
runner bean

فاصولية
faaSoolya
green bean

بسلة
bisilla
pea

قرن
qarn
pod

فسيلة
faseela
bean sprout

خيزران
khayzaraan
bamboo

بامية
baamya
okra

ذرة
dhurra
corn

هندباء
hindibaa'
chicory

شمار
shamaar
fennel

قلوب النخل
quloob an-nakhl
palm hearts

كرفس
karafs
celery

المفردات al-mufradaat • vocabulary

ورقة waraqa **leaf**	**زهيرة** zuhayra **floret**	**طرف** Tarf **tip**	**عضوي** AuDwee **organic**	**هل تبيع خضراوات عضوية؟** hal tabeeA khuDrawaat AuDweeya? **Do you sell organic vegetables?**
ساق saaq **stalk**	**نواة** nawaah **kernel**	**قلب** qalb **heart**	**كيس بلاستيك** kees blaasteek **plastic bag**	**هل هذه مزروعة محلياً؟** hal haadhihi mazrooAa maHalleeyan? **Are these grown locally?**

جرجير
jarjeer
arugula

جرجير الماء
jarjeer al-maa'
watercress

هندباء إيطالية
hindibaa' eeTaaleeya
radicchio

كرنب بروكسل
kurunb brooksel
Brussels sprouts

سلق سويسري
salq sweesree
Swiss chard

كرنب لارُؤيسي
kurunb laaru'eesee
kale

حُماض
Humaad
sorrel

هِندب
hindab
endive

هندباء برية
hindibaa' barreeya
dandelion

سبانخ
sabaanikh
spinach

كرنب ساقي
kurunb saaqee
kohlrabi

كرنب صيني
kurunb Seenee
bok choy

خس
khass
lettuce

قرنبيط لارُؤيسي
qarnabeeT laaru'eesee
broccoli

كرنب ملفوف
kurunb malfoof
cabbage

كرنب بري
kurunb barree
greens

الخضراوات ٢ al-khuDrawaat ithnaan • vegetables 2

خرشوف
kharshoof
artichoke

فجل
fijl
radish

قرنبيط
qarnabeet
cauliflower

لفت
lift
turnip

بطاطس
baTaaTis
potato

بصل
baSal
onion

فلفل
filfil
sweet pepper

فلفل حريف
filfil Hareef
chilli pepper

كوسة كبيرة
kosa kabeera
squash

المفردات al-mufradaat • vocabulary

طماطم الكرز TamaaTim al-karaz cherry tomato	كرفس karafs celeriac	مجمد mujammad frozen	مر murr bitter	كيلو بطاطس من فضلك. keelo baTaaTis min faDlak. **May I have one kilo of potatoes, please.**
جزر jazar carrot	جذر القلقاس jidhr al-qulqaas taro root	نيئ nayy' raw	صلب sulb firm	ما سعر الكيلو؟ maa siAr al-keelo? **What's the price per kilo?**
شجرة الخبز shajarat al-khubz breadfruit	كسافا kasaafaa cassava	حار Haarr hot (spicy)	لب lubb flesh	ما اسم هذه؟ maa ism haadhihi? **What are those called?**
بطاطس الموسم baTaaTis al-mawsim new potato	قسطل الماء qasTal al-maa' water chestnut	حلو Hilw sweet	جذر jidhr root	

بطاطة حلوة
baTaaTa Hulwa
sweet potato

يام
yam
yam

جذر الشوندر
jidhr ash-shuwandar
beet

كرنب لفتي
kurunb liftee
rutabaga

قلقاس رومي
qulqaas roomee
Jerusalem artichoke

فجل الخيل
fijl al-khayl
horseradish

سيسارون
seesaaroon
parsnip

زنجبيل
zanjabeel
ginger

باذنجان
baadhinjaan
eggplant

طماطم
TamaaTim
tomato

بصل أخضر
basal akhDar
green onion

كراث
kurraath
leek

كراث أندلسي
kurraath andalusee
shallot

ثوم
thoom
garlic

فص ثوم
fass thoom
clove

كما
kama'
truffle

فطر
fiTr
mushroom

خيار
khiyaar
cucumber

كوسة
koosa
zucchini

قرع جوز أرمد
qarA jooz armad
butternut squash

قرع البلوط
qarA al-balooT
acorn squash

قرع عسلي
qarA Aasalee
pumpkin

الفواكه ١ al-fawaakih waaHid • fruit 1

الموالح al-mawaaliH • citrus fruit

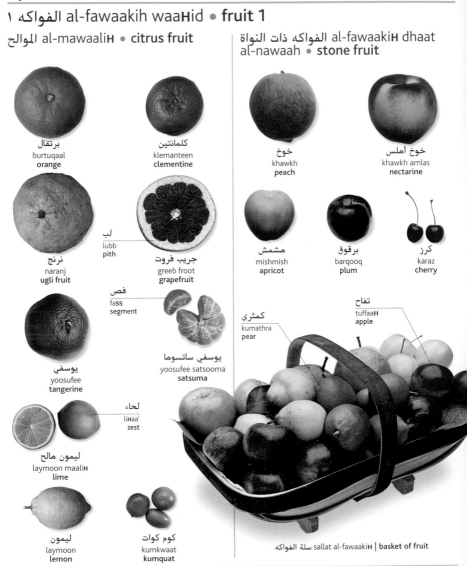

برتقال
burtuqaal
orange

كلمانتين
klemanteen
clementine

نرنج
naranj
ugli fruit

لب
lubb
pith

جريب فروت
greeb froot
grapefruit

فص
fass
segment

يوسفي
yoosufee
tangerine

يوسفي ساتسوما
yoosufee satsooma
satsuma

لحاء
liHaa'
zest

ليمون مالح
laymoon maaliH
lime

ليمون
laymoon
lemon

كوم كوات
kumkwaat
kumquat

الفواكه ذات النواة al-fawaakiH dhaat al-nawaah • stone fruit

خوخ
khawkh
peach

خوخ أملس
khawkh amlas
nectarine

مشمش
mishmish
apricot

برقوق
barqooq
plum

كرز
karaz
cherry

كمثرى
kumathra
pear

تفاح
tuffaaH
apple

سلة الفواكه sallat al-fawaakiH | **basket of fruit**

العنبيات و البطيخ al-Aanabeeyaat wal-biTTeekh • berries and melons

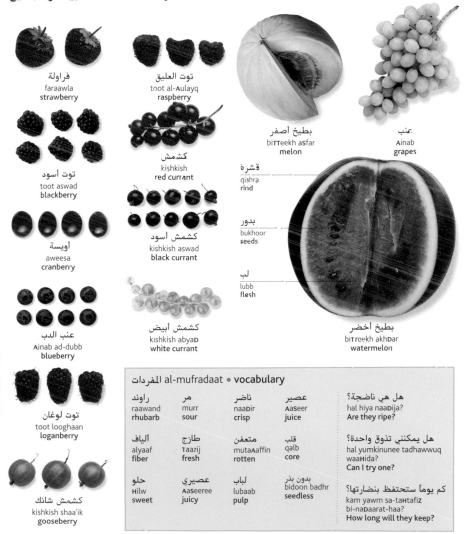

فراولة
faraawla
strawberry

توت العليق
toot al-Aulayq
raspberry

بطيخ أصفر
biTTeekh aSfar
melon

عنب
Ainab
grapes

توت أسود
toot aswad
blackberry

كشمش
kishkish
red currant

قشرة
qishra
rind

بدور
bukhoor
seeds

لب
lubb
flesh

كشمش أسود
kishkish aswad
black currant

أويسة
aweesa
cranberry

بطيخ أخضر
biTTeekh akhDar
watermelon

كشمش أبيض
kishkish abyaD
white currant

عنب الدب
Ainab ad-dubb
blueberry

توت لوغان
toot looghaan
loganberry

كشمش شائك
kishkish shaa'ik
gooseberry

المفردات al-mufradaat • vocabulary

راوند raawand **rhubarb**	مر murr **sour**	ناضر naaDir **crisp**	عصير AaSeer **juice**
الياف alyaaf **fiber**	طازج Taazij **fresh**	متعفن mutaAaffin **rotten**	قلب qalb **core**
حلو Hilw **sweet**	عصيري AaSeeree **juicy**	لباب lubaab **pulp**	بدون بذر bidoon badhr **seedless**

هل هي ناضجة؟
hal hiya naaDija?
Are they ripe?

هل يمكنني تذوق واحدة؟
hal yumkinunee tadhawwuq waaHida?
Can I try one?

كم يوماً ستحتفظ بنضارتها؟
kam yawm sa-taHtafiz bi-naDaarat-haa?
How long will they keep?

الفواكه ٢ al-fawaakih ithnaan • fruit 2

مانجو
maango
mango

أفوكادو
afokaado
avocado

خوخ
khawkh
peach

فاكهه الكيوي
faakihat al-keewee
kiwifruit

حبة
Habba
seed

جلد
jild
peel

أناناس
anaanaas
pineapple

بابايا
babaayaa
papaya

ليتشية
leetsheeya
lychee

قرنفش
qunufish
cape gooseberry

سفرجل
safarjal
quince

ثمرة زهرة الآلام
thamrat zahrat al-aalaam
passion fruit

موز
mawz
banana

جوافة
jawaafa
guava

رمان
rummaan
pomegranate

ديوسبيروس
diyoosbeeroos
persimmon

فيجوا
feejowa
feijoa

تين شوكي
teen shawkee
prickly pear

فاكهة النجمة
fakihat an-najma
starfruit

جوز جندم
jawz jandam
mangosteen

الجوزيات والفواكه الجافة al-jowzeeyaat wal-fawaakiH al-jaaffa •
nuts and dried fruit

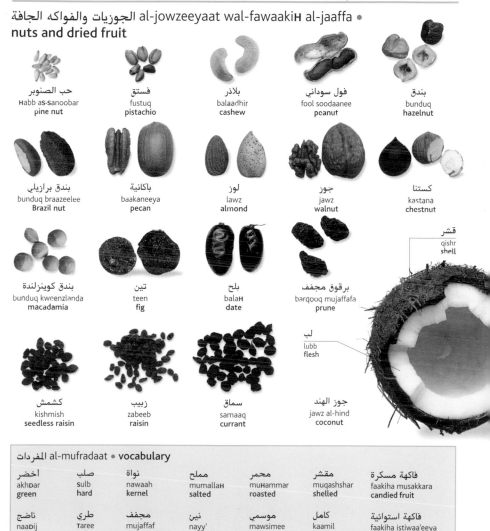

حب الصنوبر
Habb as-sanoobar
pine nut

فستق
fustuq
pistachio

بلاذر
balaadhir
cashew

فول سوداني
fool soodaanee
peanut

بندق
bunduq
hazelnut

بندق برازيلي
bunduq braazeelee
Brazil nut

باكانية
baakaneeya
pecan

لوز
lawz
almond

جوز
jawz
walnut

كستنا
kastana
chestnut

قشر
qishr
shell

بندق كوينزلندة
bunduq kweenzlanda
macadamia

تين
teen
fig

بلح
balaH
date

برقوق مجفف
barqooq mujaffafa
prune

لب
lubb
flesh

كشمش
kishmish
seedless raisin

زبيب
zabeeb
raisin

سماق
samaaq
currant

جوز الهند
jawz al-hind
coconut

المفردات al-mufradaat • vocabulary

أخضر	صلب	نواة	مملح	محمر	مقشر	فاكهة مسكرة
akhbar	sulb	nawaah	mumallaH	muHammar	muqashshar	faakiha musakkara
green	**hard**	**kernel**	**salted**	**roasted**	**shelled**	**candied fruit**
ناضج	طري	مجفف	نيئ	موسمي	كامل	فاكهة استوائية
naaDij	Taree	mujaffaf	nayy'	mawsimee	kaamil	faakiha istiwaa'eeya
ripe	**soft**	**desiccated**	**raw**	**seasonal**	**whole**	**tropical fruit**

الحبوب والبقول al-Huboob wal-buqool • grains and pulses

الحبوب al-Huboob • grains

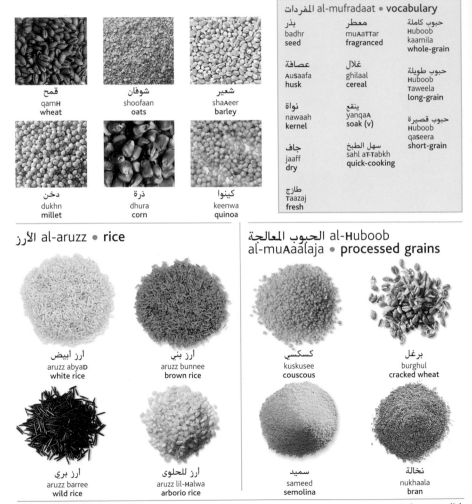

قمح
qamH
wheat

شوفان
shoofaan
oats

شعير
shaAeer
barley

دخن
dukhn
millet

ذرة
dhura
corn

كينوا
keenwa
quinoa

المفردات al-mufradaat • vocabulary

بذر
badhr
seed

عصافة
AuSaafa
husk

نواة
nawaah
kernel

جاف
jaaff
dry

طازج
Taazaj
fresh

معطر
muAaTTar
fragranced

غلال
ghilaal
cereal

ينقع
yanqaA
soak (v)

سهل الطبخ
sahl aT-Tabkh
quick-cooking

حبوب كاملة
Huboob
kaamila
whole-grain

حبوب طويلة
Huboob
Taweela
long-grain

حبوب قصيرة
Huboob
qaSeera
short-grain

الأرز al-aruzz • rice

أرز أبيض
aruzz abyaD
white rice

أرز بني
aruzz bunnee
brown rice

أرز بري
aruzz barree
wild rice

أرز للحلوى
aruzz lil-Halwa
arborio rice

الحبوب المعالجة al-Huboob al-muAaalaja • processed grains

كسكسي
kuskusee
couscous

برغل
burghul
cracked wheat

سميد
sameed
semolina

نخالة
nukhaala
bran

البقول al-buqool • pulses

فاصوليا الزبد
faSoolya az-zubd
butter beans

فازول
faazool
navy beans

فاصوليا حمراء
faSoolya Hamraa'
red kidney beans

حبوب أدوكي
Huboob adookee
adzuki beans

باقلاء
baaqilaa'
fava beans

فول الصويا
fool aS-Soyaa
soybeans

لوبيا
loobya
black-eyed beans

حبوب بنتو
Huboob binto
pinto beans

حبوب مونج
Huboob munj
mung beans

فاصوليا فرنسية
faSoolya faranseeya
flageolet beans

عدس بني
Aads bunnee
brown lentils

عدس أحمر
Aads aHmar
red lentils

بسلة خضراء
bisilla khaDraa'
green peas

حمص
Hummus
chick peas

بسلة مشقوقة
bisilla mashqooqa
split peas

البذور al-budhoor • seeds

بذور القرع
budhoor al-qarA
pumpkin seed

بذور الخردل
budhoor al-khardal
mustard seed

كراويا
karawiya
caraway

بذور السمسم
budhoor as-simsim
sesame seed

بذور عباد الشمس
budhoor Aabbaad ash-shams
sunflower seed

الأعشاب والتوابل al-aAshaab wat-tawaabil • herbs and spices

التوابل at-tawaabil • spices

فانيلا faneelaa | **vanilla**

جوز الطيب
jawz aT-Teeb
nutmeg

قشرة جوز الطيب
qishrat jawz aT-Teeb
mace

كركم
kurkum
turmeric

كمون
kammoon
cumin

باقة أعشاب
baaqat aAshaab
bouquet garni

حب البهار
Habb al-buhaar
allspice

بذور الفلفل الأسود
budhoor al-filfil al-aswad
peppercorn

حلبة
Hulba
fenugreek

فلفل حريف
filfil Hareef
chili pepper

زعفران
zaAfaraan
saffron

حب الهال
Habb al-haal
cardamom

كاري
kaaree
curry powder

كامل
kaamil
whole

مسحوق خشناً
masHooq
khashinan
crushed

مسحوق
masHooq
ground

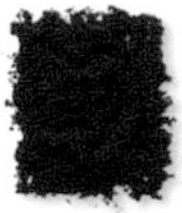

قشيرات
qushayraat
flakes

فلفل حلو
filfil Hulw
paprika

ثوم
thoom
garlic

عيدان
Aeedaan
sticks

قرفة
qirfa
cinnamon

حشيشة الليمون
Hasheeshat al-laymoon
lemon grass

قرنفل
qurunfil
cloves

أنيسون
aneesoon
star anise

زنجبيل
zanjabeel
ginger

الأعشاب al-aAshaab • herbs

شمار
shamaar
fennel

بذور الشمار
budhoor ash-shamaar
fennel seeds

ورق الغار
waraq al-ghaar
bay leaf

بقدونس
baqdoonis
parsley

ثوم معمر
thoom muAammar
chives

نعناع
niAnaaA
mint

زعتر
zaAtar
thyme

مريمية
maryameeya
sage

طرخون
tarakhoon
tarragon

مردقوش
mardaqoosh
marjoram

ريحان
rayHaan
basil

أوريجانو
oreejaano
oregano

كسبرة
kusbara
cilantro

شبت
shibitt
dill

حصا البان
HaSaa albaan
rosemary

الأغذية في زجاجات al-agh-dhiya fee zujaajaat • bottled foods

زيت عباد الشمس
zayt Aabbaad ash-shams
sunflower oil

سدادة
sidaada
cork

زيت الجوز
zayt al-jawz
walnut oil

زيت بذور العنب
zayt budhoor al-Ainab
grapeseed oil

زيت اللوز
zayt al-lawz
almond oil

زيت منكه
zayt munakkah
flavored oil

زيت بذور السمسم
zayt budhoor as-simsim
sesame seed oil

زيت البندق
zayt al-bunduq
hazelnut oil

زيت الزيتون
zayt az-zaytoon
olive oil

أعشاب
Aashaab
herbs

زيوت
zuyoot
oils

بسطات حلوة basaTaat Hulwa • sweet spreads

إناء
inaa'
jar

قرص عسل النحل
qurS Aasal al-naHl
honeycomb

عسل جامد
Aasal jaamid
set honey

خثارة الليمون
khuthaarat al-laymoon
lemon curd

مربى العليق
murabba al-Aullayq
raspberry jam

مربى النرنج
murabba an-naranj
marmalade

عسل رائق
Aasal raa'iq
clear honey

شراب القبقب
sharaab al-qabqab
maple syrup

البهارات al-bihaaraat • condiments

التفاح المخمر خل
khall at-tuffaaH
al-mukhammar
cider vinegar

مايونيز
mayonayz
mayonnaise

شطني
shuTnee
chutney

خل بلسمي
khall balsamee
balsamic vinegar

زجاجة
zujaaja
bottle

خل المولت
khall al-molt
malt vinegar

خل النبيذ
khall an-nabeedh
wine vinegar

خل
khall
vinegar

كتشب
katshab
ketchup

صوص
sawS
sauce

خردل إنجليزي
khardal injileezee
English mustard

خردل فرنسي
khardal faransee
French mustard

خردل الحبوب الكاملة
khardal al-huboob
al-kaamila
whole-grain mustard

إناء محكم القفل
inaa' muHkam
al-qafl
canning jar

زبد الفول السوداني
zubd al-fool
as-soudaanee
peanut butter

بسطة شوكولاتة
basTat shokolaata
chocolate spread

فاكهه محفوظة
faakiha maHfooza
preserved fruit

المفردات al-mufradaat • vocabulary

زيت الذرة
zayt adh-dhura
corn oil

زيت فستق العبيد
zayt fustuq
al-Aabeed
peanut oil

زيت نباتي
zayt nabaatee
vegetable oil

زيت اللفت
zayt al-lift
canola oil

زيت عصرة باردة
zayt ASra baarida
cold-pressed oil

منتجات الألبان muntajaat al-albaan • dairy produce

جبن jubn • cheese

قشرة
qishra
rind

جبن شبه جامد
jubn shibh jaamid
semihard cheese

جبن مبشور
jubn mabshoor
grated cheese

جبن جامد
jubn jaamid
hard cheese

جبن شبه طري
jubn shibh Taree
semisoft cheese

جبن منزوع الدسم
jubn manzooA
ad-dasam
cottage cheese

جبن قشدي
jubn qishdee
cream cheese

جبن أزرق
jubn azraq
blue cheese

جبن طري
jubn Taree
soft cheese

جبن طازج jubn Taazij | fresh cheese

الحليب al-Haleeb • milk

حليب كامل
Haleeb kaamil
whole milk

حليب منزوع نصف الدسم
Haleeb manzooA nisf
ad-dasam
reduced-fat milk

حليب منزوع الدسم
Haleeb manzooA
ad-dasam
fat-free milk

علبة حليب
Aulbat Haleeb
milk carton

حليب البقر Haleeb al-baqar | cow's milk

حليب الماعز
Haleeb maaAiz
goat's milk

حليب مكثف
Haleeb mukaththaf
condensed milk

زبد
zubd
butter

مرجرين
marjareen
margarine

قشدة
qishda
cream

قشدة سائلة
qishda saa'ila
light cream

قشدة كثيفة
qishda katheefa
heavy cream

قشدة مخفوقة
qishda makhfooqa
whipped cream

قشدة حامضة
qishda HaamiDa
sour cream

لبن رائب
laban raa'ib
yogurt

أيس كريم
aays kreem
ice cream

البيض al-bayD • eggs

صفار
safaar
yolk

بياض
bayaaD
egg white

قشر
qishr
shell

كوب البيض
koob al-bayD
egg cup

بيضة مسلوقة bayDa maslooqa | **boiled egg**

بيضة دجاجة
bayDat dajaaja
hen's egg

بيضة بطة
bayDat baTTa
duck egg

بيضة وزة
bayDat iwizza
goose egg

بيضة سمان
bayDat summaan
quail egg

المفردات al-mufradaat • vocabulary

مبستر mubastar **pasteurized**	شراب حليب مخفوق sharaab Haleeb makhfooq **milkshake**	مملح mumallaH **salted**	حليب الغنم Haleeb al-ghanam **sheep's milk**	لاكتوز laktooz **lactose**	متجانس mutajaanas **homogenized**
غير مبستر ghayr mubastar **unpasteurized**	لبن رائب مجمد laban raa'ib mujammad **frozen yogurt**	غير مملح ghayr mumallaH **unsalted**	لبن خض laban khaDD **buttermilk**	خالية الدسم khaaliyat ad-dasam **fat-free**	مسحوق الحليب masHooq al-Haleeb **powdered milk**

الخبز والدقيق al-khubz wad-daqeeq • breads and flours

خبز مخرط
khubz mukharraT
sliced bread

بذور الخشخاش
budhoor al-khashkhaash
poppy seeds

خبز الشيلم
khubz ash-shaylam
rye bread

خبز فرنسي
khubz faransee
baguette

مخبز makhbaz | **bakery**

صناعة الخبز SinaaAat al-khubz • making bread

دقيق أبيض
daqeeq abyaD
white flour

دقيق بني
daqeeq bunnee
brown flour

دقيق من حبوب كاملة
daqeeq min Huboob kaamila
whole-wheat flour

خميرة
khameera
yeast

يغربل yugharbil | **sift (v)**

يخلط yukhalliT | **mix (v)**

عجين
Aajeen
dough

يعجن yuAajjin | **knead (v)**

يخبز yakhbiz | **bake (v)**

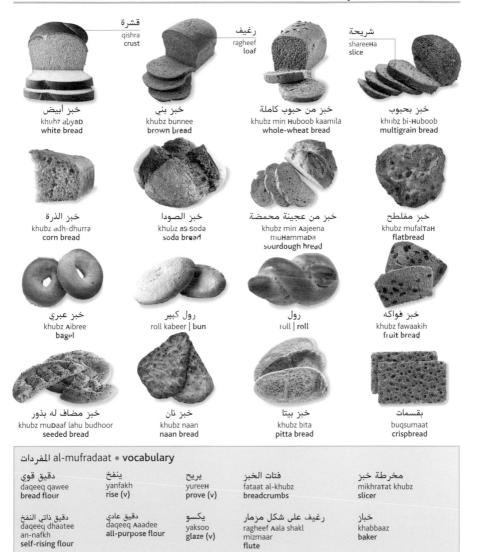

قشرة
qishra
crust

خبز أبيض
khubz abyaD
white bread

رغيف
ragheef
loaf

خبز بني
khubz bunnee
brown bread

خبز من حبوب كاملة
khubz min Huboob kaamila
whole-wheat bread

شريحة
shareeHa
slice

خبز بحبوب
khubz bi-Huboob
multigrain bread

خبز الذرة
khubz adh-dhurra
corn bread

خبز الصودا
khubz as-soda
soda bread

خبز من عجينة محمضة
khubz min Aajeena muHammaDa
sourdough bread

خبز مفلطح
khubz mufalTaH
flatbread

خبز عبري
khubz Aibree
bagel

رول كبير
roll kabeer | **bun**

رول
roll | **roll**

خبز فواكه
khubz fawaakih
fruit bread

خبز مضاف له بذور
khubz muDaaf lahu budhoor
seeded bread

خبز نان
khubz naan
naan bread

خبز بيتا
khubz bita
pitta bread

بقسمات
buqsumaat
crispbread

المفردات al-mufradaat • vocabulary

دقيق قوي
daqeeq qawee
bread flour

ينفخ
yanfakh
rise (v)

يريح
yureeH
prove (v)

فتات الخبز
fataat al-khubz
breadcrumbs

مخرطة خبز
mikhraTat khubz
slicer

دقيق ذاتي النفخ
daqeeq dhaatee an-nafkh
self-rising flour

دقيق عادي
daqeeq Aaadee
all-purpose flour

يكسو
yaksoo
glaze (v)

رغيف على شكل مزمار
ragheef Aala shakl mizmaar
flute

خباز
khabbaaz
baker

الكعك والحلويات al-kaak wal-Halaweeyaat • cakes and desserts

إكلير
iklayr
éclair

كريم
kreem
cream

حشو
Hashw
filling

عجين شو
Aajeen shoo
choux pastry

عجين بوف
Aajeen buff
puff pastry

عجين فيلو
Aajeen feelo
phyllo pastry

كعك بالفواكه
kaAk bil-fawaakih
fruit cake

تارت بالفواكه
tart bil-fawaakih
fruit tart

مرينج
mareeng
meringue

مكسو بالشوكولاتة
maksoo bish-shokolaata
chocolate-covered

موفينة
mofeena
muffin

كعك إسفنجي
kaAk isfinjee
sponge cake

كعك kaAk | **cakes**

المفردات al-mufradaat • vocabulary

كريم باتيسيري kreem batisayree **crème pâtissière**	قرص qurs **bun**	معجنات muAajjanaat **pastry**	أرز بالحليب aruzz bil-Haleeb **rice pudding**	ممكن شريحة من فضلك؟ mumkin shareeHa min faDlak? **May I have a slice, please?**
كعك شوكولاتة kaAk shokolaata **chocolate cake**	كسترد kustard **custard**	شريحة shareeHa **slice**	احتفال iHtifaal **celebration**	

زر شوكولاتة
zirr shokolaata
chocolate chip

اصابع إسفنجية
aSaabiA isfinjeeya
ladyfinger

بسكوت فلورينتين
baskoot filoorinteen
florentine

ترفيل
tarifeel
trifle

بسكوت baskoot | **cookies**

موسية
mooseeya
mousse

سوربيه
sorbayh
sherbet

فطيره القشدة
faTeerat al-qishda
cream pie

كريم كراملة
krem karamela
crème caramel

كعك الاحتفالات kaAk al-iHtifaalaat • celebration cakes

طبقة علوية
Tabaqa Aulweeya
top tier

شريط
shareeT
ribbon

زخراف
zakhraaf
decoration

شموع عيد ميلاد
shumooA Aeed meelaad
birthday candles

يطفئ بالنفخ
yuTfi' bin-nafkh
blow out (v)

طبقة سفلية
Tabaqa
sufleeya
bottom tier

كسوة
kiswa
icing

مرزبان
marzibaan
marzipan

كعكة الزفاف kaAkat al-zifaaf | **wedding cake**

كعكة عيد ميلاد kaAkat Aeed meelaad | **birthday cake**

الأطعمة الخاصة al-aTAima al-khaaSSa • delicatessen

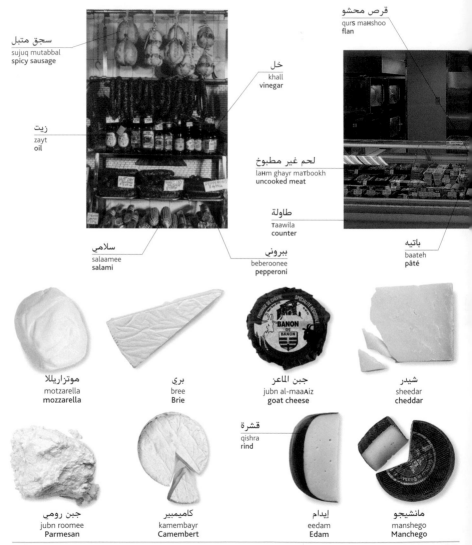

سجق متبل
sujuq mutabbal
spicy sausage

زيت
zayt
oil

خل
khall
vinegar

سلامي
salaamee
salami

ببروني
beberoonee
pepperoni

قرص محشو
qurS maHshoo
flan

لحم غير مطبوخ
laHm ghayr maTbookh
uncooked meat

طاولة
Taawila
counter

باتيه
baateh
pâté

موتزاريللا
motzarella
mozzarella

بري
bree
Brie

جبن الماعز
jubn al-maaAiz
goat cheese

شيدر
sheedar
cheddar

جبن رومي
jubn roomee
Parmesan

كاميمبير
kamembayr
Camembert

قشرة
qishra
rind

إيدام
eedam
Edam

مانشيجو
manshego
Manchego

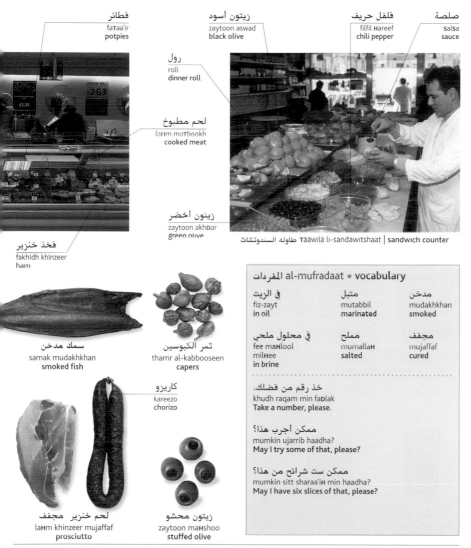

فطائر
faTaa'ir
potpies

زيتون أسود
zaytoon aswad
black olive

فلفل حريف
filfil Hareef
chili pepper

صلصة
salsa
sauce

رول
roll
dinner roll

لحم مطبوخ
laHm maTbookh
cooked meat

زيتون أخضر
zaytoon akhDar
green olive

فخذ خنزير
fakhidh khinzeer
ham

طاوله السندوتشات Taawila li-sandawitshaat | sandwich counter

سمك مدخن
samak mudakhkhan
smoked fish

تمر الكبوسين
thamr al-kabbooseen
capers

كاريزو
kareezo
chorizo

لحم خنزير مجفف
laHm khinzeer mujaffaf
prosciutto

زيتون محشو
zaytoon maHshoo
stuffed olive

المفردات al-mufradaat • vocabulary

مدخن	متبل	في الزيت
mudakhkhan	mutabbil	fiz-zayt
smoked	marinated	in oil
مجفف	مملح	في محلول ملحي
mujaffaf	mumallaH	fee maHlool milHee
cured	salted	in brine

خذ رقم من فضلك.
khudh raqam min faDlak.
Take a number, please.

ممكن أجرب هذا؟
mumkin ujarrib haadha?
May I try some of that, please?

ممكن ست شرائح من هذا؟
mumkin sitt sharaa'iH min haadha?
May I have six slices of that, please?

المشروبات mashroobaat • drinks

الماء al-maa' • water

ماء معبأ
maa' muAabba'
bottled water

فائر مكربن
faa'ir mukarban
sparkling

ساكن
saakin
still

مياه معدنية
miyaah miAdaneeya
mineral water

ماء من صنبور
maa' min Sunboor
tap water

ماء التونك
maa' al-tonik
tonic water

ماء الصودا
maa' aS-Soda
soda water

المشروبات الساخنة al-mashroobaat as-saakhina • hot drinks

كيس شاي
kees shaay
teabag

أوراق شاي
awraaq shaay
loose tea

شاي
shaay
tea

بن
bunn
beans

بن مطحون
bunn maTHoon
ground coffee

قهوة
qahwa
coffee

شوكولاتة ساخنة
shokolaata saakhina
hot chocolate

مشروب مولت
mashroob molt
malted drink

مشروب خفيف mashroob khafeef • soft drinks

عصير الطماطم
Aaseer aT-TamaaTim
tomato juice

مصاصة
maSSaaSa
straw

عصير العنب
Aaseer al-Ainab
grape juice

شراب الليمون
sharaab al-laymoon
lemonade

شراب البرتقال
sharaab al-burTuqaal
orangeade

كولا
kola
cola

المشروبات الكحولية al-mashroobaat al-kuHooleeya • alcoholic drinks

جن
jin | gin

علبة
Aulba
can

بيرة
beera
beer

سيدر
sidar
hard cider

بيرة بيتير
beera beetir
bitter

بيرة سوداء
beera sawdaa'
stout

فودكا
vodka | vodka

وسكي
wiskee | whisky

عرق السكر
Aaraq as-sukkar
rum

براندي
barandee
brandy

بورت
bort
port

جاف
jaaff
dry

شري
sheree
sherry

كمباري
kambaree
bitters

مسكر
musakkar
liqueur

تيكيلا
tekeela
tequila

شمبانيا
shambanya
champagne

(نبيذ) وردي
(nabeedh) wardee
rosé (wine)

(نبيذ) أبيض
(nabeedh) abyaD
white (wine)

(نبيذ) أحمر
(nabeedh) aHmar
red (wine)

نبيذ nabeedh | wine

الأكل خارج المنزل al-akl khaarij al-manzil
eating out

المقهى al-maqha • café

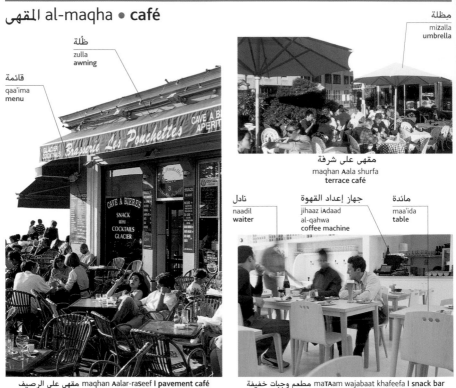

ظُلة
zulla
awning

قائمة
qaa'ima
menu

مقهى على الرصيف maqhan Aalar-raSeef **I pavement café**

مِظلة
miZalla
umbrella

مقهى على شرفة
maqhan Aala shurfa
terrace café

نادل
naadil
waiter

جهاز إعداد القهوة
jihaaz iAdaad al-qahwa
coffee machine

مائدة
maa'ida
table

مطعم وجبات خفيفة maTAam wajabaat khafeefa **I snack bar**

القهوة al-qahwa • coffee

قهوة بالحليب
qahwa bil-Haleeb
white coffee

قهوة سادة
qahwa saada
black coffee

بودرة الكاكاو
boodrat al-kakaw
cocoa powder

رغوة
raghwa
froth

قهوة أمريكية
qahwa amreekeeya
filter coffee

إسبرسو
isbreso
espresso

كابتشينو
kabatsheeno
cappuccino

قهوة مثلجة
qahwa muthallaja
iced coffee

الشاي ash-shaay • tea

شاي عشبي
shaay Aushbee
herbal tea

شاي بالبابونج
shaay bil-baboonj | camomile tea

شاي أخضر
shaay akhDar | green tea

شاي بالحليب
shaay bil-Haleeb
tea with milk

شاي، سادة
shaay saada
black tea

شاي بالليمون
shaay bil-laymoon
tea with lemon

شاي بالنعناع
shaay bin-niAnaaA
mint tea

شاي مثلج
shaay muthallaj
iced tea

العصائر والحليب المخفوق al-AaSaa'ir wal-Haleeb al-makhfooq • juices and milkshakes

شوكولاته بالحليب المخفوق
shokolaata bil-Haleeb
al-makhfooq
chocolate milkshake

فراولة بالحليب المخفوق
faraawla bil-Haleeb
al-makhfooq
strawberry milkshake

قهوة بالحليب المخفوق
qahwa bil-Haleeb
al-makhfooq
coffee milkshake

عصير البرتقال
AaSeer
al-burtuqaal
orange juice

عصير التفاح
AaSeer
at-tuffaaH
apple juice

عصير الأناناس
AaSeer
al-anaanaas
pineapple juice

عصير الطماطم
AaSeer
aT-TamaaTim
tomato juice

الغذاء al-ghidhaa' • food

كرة
kura
scoop

خبز بني
khubz bunnee
brown bread

سندوتش محمص
sandawitsh muHammaS
toasted sandwich

سلطة
salaTa
salad

ايس كريم
aayis kreem
ice cream

معجنات
muAajjinaat
pastry

البار al-baar • bar

أكواب زجاج
akwaab zujaaj
glasses
صراف بالمقاس
Sarraaf bil-maqaas
dispenser
درج نقود
durj nuqood
cash register
قيم البار
qayyim al-baar
bartender
صنبور البيرة
Sanboor al-beera
beer tap
جهاز إعداد القهوة
jihaaz iAdaad al-qahwa
coffee machine
دلو الثلج
dilw ath-thalj
ice bucket
مقعد البار
maqAad al-baar
bar stool
طفاية سجائر
Tafaayat sajaa'ir
ashtray
وسادة للأكواب
wisaada lil-akwaab
coaster
مسطح البار
musaTTaH al-baar
bar counter

فتاحة زجاجات
fattaaHat zujaajaat
bottle opener
رافعة
raafiAa
lever

بريمة
barreema | **corkscrew**

ملقط
milqaT
tongs
مرجف
murajjif
stirrer
مقياس
miqyaas
measure

خضاضة الكوكتيل
khaDDaaDat al-koktayl | **cocktail shaker**

جن وتونك
jin wa-tonik
gin and tonic

دورق
dawraq
pitcher

ويسكي سكوتش وماء
weeskee skotsh wa-maa'
Scotch and water

مكعب ثلج
mukaAAab thalj
ice cube

رم وكولا
rum wa-kola
rum and Coke

فودكا وبرتقال
vodka wa-butuqaal
screwdriver

مرتيني
marteenee
martini

كوكتيل
koktayl
cocktail

نبيذ
nabeedh
wine

بيرة
beera
beer

قدر واحد
qadr waaHid
single

قدران
qadraan
double

ثلج وليمون
thalj wa-laymoon
ice and lemon

قدر بسيط
qadr baseeT
a shot

مقياس
miqyaas
measure

بدون ثلج
bidoon thalj
without ice

بالثلج
bith-thalj
with ice

مزات بار mazzaat baar as-sareeA • bar snacks

بلاذر
balaadhir
cashewnuts

فول سوداني
fool soodaanee
peanuts

لوز
lawz
almonds

رقائق بطاطس
raqaa'iq baTaaTis | **chips**

جوزيات
jawzeeyaat | **nuts**

زيتون
zaytoon | **olives**

المطعم al-maTAam • restaurant

قسم عدم التدخين
qism Aadam at-tadkheen
nonsmoking section

منديل مائدة
mindeel maa'ida
napkin

طباخ مساعد
Tabbaakh musaaAid
commis chef

إعداد المائدة
iAdaad al-maa'ida
table setting

طباخ رئيسي
Tabbaakh ra'eesee
chef

مطبخ maTbakh | **kitchen**

كأس
ka's
glass

صينية
seneeya
tray

نادل naadil | **waiter**

المفردات al-mufradaat • vocabulary

قائمة المساء qaa'imat al-masaa' **evening menu**	أطباق خاصة aTbaaq khaaSSa **specials**	سعر siAr **price**	بقشيش baqsheesh **tip**	بوفيه boofeh **buffet**	زبون zaboon **customer**
قائمة نبيذ qaa'imat nabeedh **wine list**	أطباق من القائمة aTbaaq min al-qaa'ima **à la carte**	حساب Hisaab **check**	تتضمن الخدمة tataDamman al-khidma **service included**	بار baar **bar**	ملح milH **salt**
قائمة غداء qaa'imat ghadaa' **lunch menu**	عربة الحلويات Aarabat al-Halawiyaat **dessert cart**	إيصال eesaal **receipt**	لا تتضمن الخدمة laa tataDamman al-khidma **service not included**	قسم التدخين qism at-tadkheen **smoking section**	فلفل filfil **pepper**

قائمة
qaa'ima
menu

وجبة طفل
wajbat Tifl
child's meal

يطلب yaTlub | **order (v)**

يدفع yadfaA | **pay (v)**

أطباق الطعام aTbaaq aT-TaAaam • **courses**

بادئة
baadi'a
apéritif

مُقبّل
muqabbil
appetizer

حساء
Hisaa'
soup

طبق رئيسي
Tabaq ra'eesee
main course

طبق جانبي
Tabaq jaanibee
side order

شوكة
shawka
fork

ملعقة قهوة
milAaqat qahwa
coffee spoon

حلو Hulw | **dessert**

قهوة qahwa | **coffee**

مائدة لاثنين، من فضلك.
maa'ida li-ithnayn, min faDlak
A table for two, please.

هل يمكنني الإطلاع على قائمة الطعام/ قائمة النبيذ؟
hal yumkinunee al-iTTilaaA Aala qaa'imat aT-TaAaam/ qaa'imat an-nabeedh?
May I see the menu/winelist, please?

هل هناك قائمة طعام بسعر ثابت؟
hal hunaaka qaa'imat TaAaam bi-siAr thaabit?
Is there a fixed-price menu?

هل لديكم أي أطباق للنباتيين؟
hal ladaykum ayy aTbaaq lin-nabaateeyeen?
Do you have any vegetarian dishes?

ممكن الحساب/إيصال؟
mumkin al-Hisaab/eesaal?
May I have the check/a receipt?

هل يمكننا الدفع كل على حدة؟
hal yumkinuna ad-dafA kull Aala Hida?
Can we have separate checks?

أين دورات المياه، من فضلك؟
ayna dawraat al-miyaah, min faDlak?
Where are the restrooms, please?

المأكولات السريعة al-ma'koolaat as-sareeAa • fast food

برغر
burghur
burger

مصاصة
maSSaaSa
straw

مشروب خفيف
mashroob khafeef
soft drink

بطاطس محمرة
baTaaTis muHamarra
French fries

منديل ورق
mandeel waraq
paper napkin

صينية
Seneeya
tray

وجبة برغر wajbat burghur | **burger meal**

بيتزا
beetza
pizza

قائمة أسعار
qaa'imat asAaar
price list

مشروب معلب
mashroob muAallab
canned drink

توصيل للمنزل
tawSeel lil-manzil | **home delivery**

عربة أطعمة بالشارع
Aarabat aTAima bish-shaariA | **street stand**

المفردات al-mufradaat • vocabulary

مطعم بيتزا
maTAam beetza
pizzeria

مطعم البرغر
maTAam al-burghur
burger bar

قائمة
qaa'ima
menu

الأكل داخل المطعم
al-akl daakhil al-mmaTAam
eat-in

الاصطحاب للمنزل
al-isTiHaab lil-manzil
carry-out

يُعيد التسخين
yuAeed at-taskheen
reheat (v)

صلصة طماطم
SalSat TamaaTim
ketchup

هل يمكنني أخذ هذا للمنزل؟
hal yumkinunee akhdh haadha lil-manzil?
Can I have that to go, please?

هل توصلون للمنازل؟
hal tuwaSSiloon lil-manaazil?
Do you deliver?

قرص
qurs
bun

خردل
khardal
mustard

سجق
sujuq
sausage

برغر
burghur
hamburger

برغر دواجن
burghur dawaajin
chicken patty

برغر نباتي
burghur nabaatee
veggie burger

سندوتش سجق
sandawitsh sujuq | **hot dog**

حشو
hashw
filling

سندوتش
sandawitsh
sandwich

سندوتش متعدد الطبقات
sandawitsh mutaAaddid
aT-Tabaqaat
club sandwich

سندوتش مكشوف
sandawitsh makshoof
open-face sandwich

لفافة محشوة
laffaafa maHshoowa
wrap

صلصة
salsa
sauce

فاتح للشهية
faatiH lish-shahiya
savory

حلو
Hulw
sweet

طبقة علوية
Tabaqa
Aulweeeya
topping

كباب
kabaab
kebab

دواجن مفرومة
dawaajin mafrooma
chicken nuggets

فطيرة faTeera | **crêpes**

سمك ورقائق بطاطس
samak wa-raqaa-iq baTaaTis
fish and chips

ضلوع
dulooA
ribs

دجاج مقلي
dajjaaj maqlee
fried chicken

بيتزا
beetza
pizza

الفطور al-fuToor • breakfast

حليب
Haleeb
milk

حبوب
Huboob
cereal

مربى
murabba
jam

فواكه جافة
fawaakih jaaffa
dried fruit

فخذ خنزير
fakhidh
khinzeer
ham

جبن
jubn
cheese

بقسمات
buqsumaat
crispbread

بوفيه فطور
boofeh fuToor
breakfast buffet

مربى النرنج
murabba an-narang
marmalade

باتيه
bateh
pâté

زبد
zubd
butter

عصير فواكه
Aaseer fawaakih
fruit juice

قهوة
qahwa
coffee

شوكولاتة ساخنة
shokolaata saakhina
hot chocolate

كرواسان
karawsaan
croissant

شاي
shaay
tea

مائدة فطور maa'idat fuToor | breakfast table

مشروبات mashroobaat | drinks

بريوش
breeyosh
brioche

خبز
khubz
bread

طماطم
TamaaTim
tomato

سجق الدم
sujuq ad-dam
blood sausage

خبز محمص
khubz muHammaS
toast

سجق
sujuq
sausage

بيضة مقلية
bayDa maqleeya
fried egg

خنزير مملح
khinzeer mumallaH
bacon

فطور إنجليزي
futoor injileezee
English breakfast

رنكة مدخنة
ranka mudakhkhana
kippers

خبز محمص ومقلي
khubz muHammaS
wa-maqlee
French toast

صفار
Safaar
yolk

بيضة مسلوقة
bayDa maslooqa
boiled egg

بيض مضروب
bayD maDroob
scrambled eggs

قشدة
qishda
cream

لبن رائب بالفواكه
laban raa'ib bil-fawaakih
fruit yogurt

فطائر
faTaa'ir
pancakes

وفل
waffal
waffles

شوفان مطبوخ
shoofaan maTbookh
oatmeal

فواكه طازجة
fawaakih Taazija
fresh fruit

العشاء al-Aashaa' • dinner

حساء Hisaa' | **soup**

حساء خفيف
Hisaa' khafeef | **broth**

يخني yakhnee | **stew**

كاري kaaree | **curry**

مطبوخ في الفرن
maTbookh fil-furn
roast

فطيرة
faTeera
potpie

سوفليه
soofleh
soufflé

كباب
kabaab
kebab

كفتة بالصلصة
kofta bis-Salsa | **meatballs**

عجة
Aijja | **omelet**

نودلز
noodalz
noodles

مقل سريعاً
maqlin sareeAan | **stir-fry**

باستا basta | **pasta**

أرز
aruzz | **rice**

سلاطة مخلوطة
salaTa makhlooTa | **tossed salad**

سلاطة خضراء
salaTa khaDraa' | **green salad**

تتبيلة
tatbeela | **dressing**

الأساليب al-asaaleeb • **techniques**

محشو maHshoo | **stuffed**

بالصوص bil-saws | **in sauce**

مشوي mashwee | **grilled**

متبل mutabbil | **marinated**

مطبوخ بالماء
maTbookh bil-maa'
poached

مهروس mahroos | **mashed**

في الفرن fil-furn | **baked**

مقل في مقلاة
maqlin fee miqlaah
pan-fried

مقل maqlin | **fried**

مخلل mukhallal | **pickled**

معامل بالدخان muAaamal
bid-dukhaan | **smoked**

مقل في إناء عميق maqlin fee
inaa' Aameeq | **deep-fried**

في شراب
fee sharaab
in syrup

معامل بالتوابل والخل
muAaamal bit-tawaabil
wal-khall | **dressed**

معامل بالبخار
muAaamal bil-bukhaar
steamed

مجفف ومملح
mujaffaf wa-mumallaH
cured

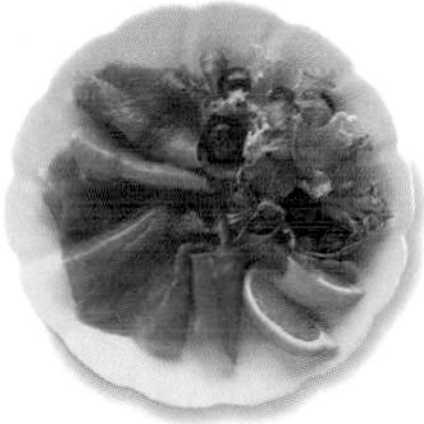

الدراسة ad-diraasa
study

المدرسة al-madrasa • **school**

مدرس
mudarris
teacher

سبورة
sabboora
blackboard

تلميذ tilmeedh I **schoolboy**

تلميذ
tilmeedh
pupil

تخت
takht
desk

طباشير
Tabaasheer
chalk

فصل fasl | **classroom**

زي مدرسي
ziyy madrasee
school uniform

حقيبة مدرسية
Haqeeba
madraseeya
school bag

تلميذة
tilmeedha
schoolgirl

المفردات al-mufradaat • **vocabulary**

تاريخ taareekh **history**	علوم Auloom **science**	طبيعة TabeeAa **physics**
لغات lughaat **languages**	فن fann **art**	كيمياء keemyaa' **chemistry**
آداب aadaab **literature**	موسيقى mooseeqa **music**	علم الأحياء Ailm al-aHyaa' **biology**
جغرافيا jughraafiya **geography**	رياضيات riyaaDiyaat **math**	تربية بدنية tarbeeya badaneeya **physical education**

الأنشطة al-anshiTa • **activities**

يقرأ yaqra' | **read (v)**

يكتب yaktub | **write (v)**

يتهجى yatahajja | **spell (v)**

يرسم yarsim | **draw (v)**

آلة عرض علوية
aalat Aard Aulweeya
overhead projector

سن
sinn
nib

قلم
qalam
pen

قلم تلوين
qalam talween
colored pencil

قلم رصاص
qalam rasaas
pencil

براية
barraaya
pencil sharpener

ممحاة
mimhaah
eraser

كراسة
kurraasa
notebook

كتاب مدرسي kitaab madrasee | **textbook**

مقلمة miqlama | **pencil case**

مسطرة misTara | **ruler**

يسأل yas'al | **question (v)**

يجيب yujeeb | **answer (v)**

يناقش yunaaqish | **discuss (v)**

يتعلم yataAallam | **learn (v)**

المفردات al-mufradaat • vocabulary

ناظر naazir **principal**	إجابة ijaaba **answer**	صف saff **grade**
درس dars **lesson**	واجب منزلي waajib manzilee **homework**	عام Aaam **year**
سؤال su'aal **question**	امتحان imtiHaan **test**	قاموس qaamoos **dictionary**
يدون ملاحظات yudawwin mulaaHazaat **take notes (v)**	مقالة maqaala **essay**	موسوعة mawsooAa **encyclopedia**

الرياضيات ar-riyaaDiyaat • math

أشكال askhkaal • shapes

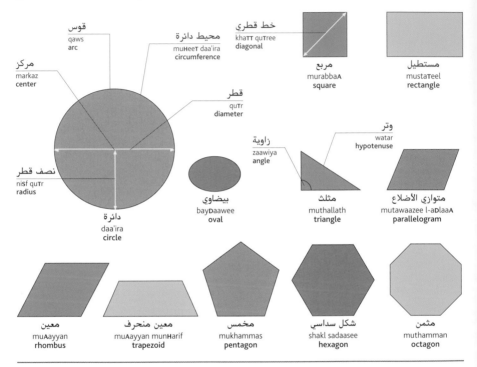

قوس
qaws
arc

خط قطري
khaTT quTree
diagonal

محيط دائرة
muHeeT daa'ira
circumference

مربع
murabbaA
square

مستطيل
mustaTeel
rectangle

مركز
markaz
center

قطر
quTr
diameter

وتر
watar
hypotenuse

زاوية
zaawiya
angle

نصف قطر
niSf quTr
radius

دائرة
daa'ira
circle

بيضاوي
bayDaawee
oval

مثلث
muthallath
triangle

متوازي الأضلاع
mutawaazee l-aDlaaA
parallelogram

معين
muAayyan
rhombus

معين منحرف
muAayyan munHarif
trapezoid

مخمس
mukhammas
pentagon

شكل سداسي
shakl sadaasee
hexagon

مثمن
muthamman
octagon

الأشكال المصمتة al-ashkaal al-muSammata • solids

جانب
jaanib
side

قمة
qimma
apex

قاعدة
qaa'idaï
base

مخروط
makhrooT
cone

اسطوانة
usTawaana
cylinder

مكعب
mukaAAab
cube

هرم
haram
pyramid

كروي
kurawee
sphere

الخطوط al-khuTooT • lines

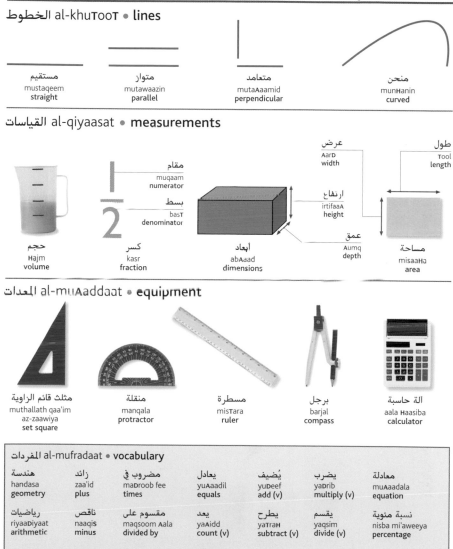

مستقيم
mustaqeem
straight

متواز
mutawaazin
parallel

متعامد
mutaAaamid
perpendicular

منحن
munHanin
curved

القياسات al-qiyaasat • measurements

حجم
Hajm
volume

كسر
kasr
fraction

مقام
muqaam
numerator

بسط
basT
denominator

أبعاد
abAaad
dimensions

عرض
AarD
width

ارتفاع
irtifaaA
height

عمق
Aumq
depth

طول
Tool
length

مساحة
misaaHa
area

المعدات al-muAaddaat • equipment

مثلث قائم الزاوية
muthallath qaa'im az-zaawiya
set square

منقلة
manqala
protractor

مسطرة
misTara
ruler

برجل
barjal
compass

آلة حاسبة
aala Haasiba
calculator

المفردات al-mufradaat • vocabulary

هندسة handasa **geometry**	**زائد** zaa'id **plus**	**مضروب في** maDroob fee **times**	**يعادل** yuAaadil **equals**	**يُضيف** yuDeef **add (v)**	**يضرب** yaDrib **multiply (v)**	**معادلة** muAaadala **equation**
رياضيات riyaaDiyaat **arithmetic**	**ناقص** naaqis **minus**	**مقسوم على** maqsoom Aala **divided by**	**يعد** yaAidd **count (v)**	**يطرح** yaTraH **subtract (v)**	**يقسم** yaqsim **divide (v)**	**نسبة مئوية** nisba mi'aweeya **percentage**

العلوم al-Auloom • science

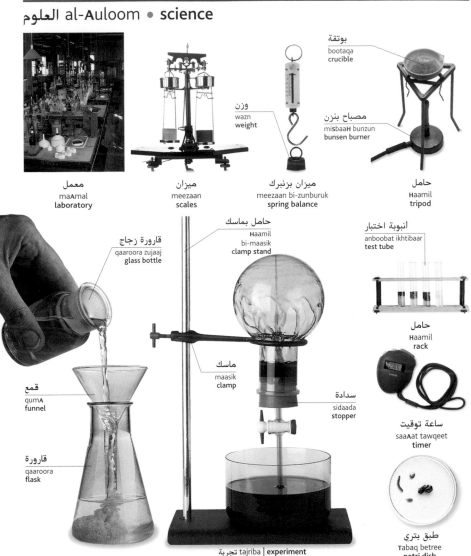

معمل
maAmal
laboratory

ميزان
meezaan
scales

وزن
wazn
weight

ميزان بزنبرك
meezaan bi-zunburuk
spring balance

بوتقة
bootaqa
crucible

مصباح بنزن
misbaaH bunzun
bunsen burner

حامل
Haamil
tripod

قارورة زجاج
qaaroora zujaaj
glass bottle

حامل بماسك
Haamil bi-maasik
clamp stand

أنبوبة اختبار
anboobat ikhtibaar
test tube

حامل
Haamil
rack

قمع
qumA
funnel

ماسك
maasik
clamp

سدادة
sidaada
stopper

ساعة توقيت
saaAat tawqeet
timer

قارورة
qaaroora
flask

طبق بتري
Tabaq betree
petri dish

تجربة tajriba | experiment

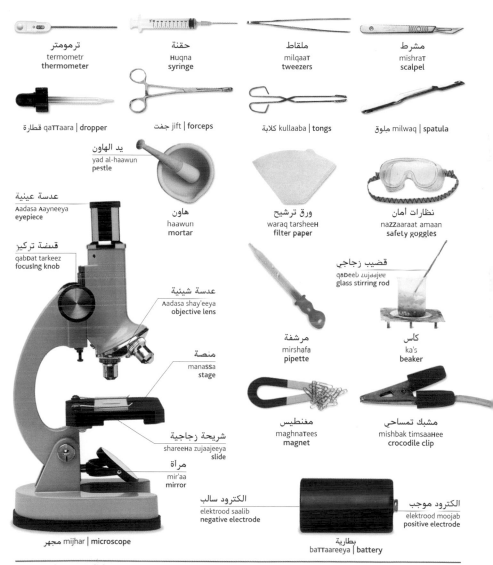

ترمومتر
termometr
thermometer

حقنة
Huqna
syringe

ملقاط
milqaaT
tweezers

مشرط
mishraT
scalpel

قطارة qaTTaara | **dropper**

جفت jift | **forceps**

كلابة kullaaba | **tongs**

ملوق milwaq | **spatula**

يد الهاون
yad al-haawun
pestle

عدسة عينية
Aadasa Aayneeya
eyepiece

قبضة تركيز
qabDat tarkeez
focusing knob

هاون
haawun
mortar

ورق ترشيح
waraq tarsheeH
filter paper

نظارات أمان
naZZaaraat amaan
safety goggles

عدسة شيئية
Aadasa shay'eeya
objective lens

قضيب زجاجي
qaDeeb zujaajee
glass stirring rod

منصة
manaSSa
stage

مرشفة
mirshafa
pipette

كأس
ka's
beaker

شريحة زجاجية
shareeHa zujaajeeya
slide

مغنطيس
maghnaTees
magnet

مشبك تمساحي
mishbak timsaaHee
crocodile clip

مراة
mir'aa
mirror

الكترود سالب
elektrod saalib
negative electrode

الكترود موجب
elektrood moojab
positive electrode

مجهر mijhar | **microscope**

بطارية
baTTaareeya | **battery**

الجامعة al-jaamiAa • college

مكتب القبول
maktab al-qubool
admissions

قاعة طعام
qaaAat taAaam
refectory

مركز صحي
markaz siHHee
health center

ساحة رياضة
saaHat riyaaDa
playing field

مبنى نوم الطلاب
mabna nawm
aT-Tullaab
residence hall

باحة baaHa | **campus**

كتالوج
katalog
card catalog

أمين مكتبة
ameen maktaba
librarian

مكتب استعارة الكتب
maktab istiAaarat
al-kutub
circulation desk

رف للكتب
raff lil-kutub
bookshelf

مطبوعة دورية
maTbooAa
dawreeya
periodical

مجلة
majalla
journal

المفردات al-mufradaat • vocabulary

بطاقة مكتبة biTaaqat maktaba **library card**	استعلامات istiAlaamaat **help desk**	استعارة istiAaara **loan**
غرفة قراءة ghurfat qiraa'a **reading room**	يستعير yastaAeer **borrow (v)**	كتاب kitaab **book**
قائمة قراءة qaa'imat qiraa'a **reading list**	يحجز yaHjiz **reserve (v)**	عنوان Aunwaan **title**
تاريخ الإرجاع taareekh al-irjaaA **return date**	يُجدد yujaddid **renew (v)**	ممر mamarr **aisle**

مكتبة maktaba | **library**

طالب لم يتخرج بعد
Taalib lam yatakharraj baAd
undergraduate

محاضر
muHaaDir
lecturer

قاعة محاضرات
qaaAat muHaaDaraat | **lecture hall**

خريج
khareej
graduate

رداء
ridaa'
robe

احتفالية تخرج
iHtifaaleeyat takharruj | **graduation ceremony**

الكليات al-kulliyaat • **schools**

موديل
modeel
model

كلية الفنون
kulleeyat al-funoon | **art college**

قسم الموسيقى
qism al-mooseeqa | **music school**

معهد الرقص
maAhad ar-raqs | **dance academy**

المفردات al-mufradaat • **vocabulary**

منحة دراسية minHa diraaseeya **scholarship**	أبحاث abHaath **research**	بحث baHth **dissertation**	طب Tibb **medicine**	فلسفة falsafa **philosophy**
دبلوم dibloom **diploma**	ماجستير majisteer **master's**	قسم qism **department**	علم الحيوان Ailm al-Hayawaan **zoology**	آداب aadaab **literature**
درجة جامعية daraja jaamiAeeya **degree**	دكتوراه doktooraah **doctorate**	الحقوق al-Huqooq **law**	طبيعة TabeeAa **physics**	تاريخ الفنون taareekh al-funoon **art history**
دراسات عليا diraasaat Aulyaa **postgraduate**	أطروحة بحثية uTrooHa baHtheeya **thesis**	هندسة handasa **engineering**	سياسة siyaasa **politics**	اقتصاد iqtisaad **economics**

العمل al-Aamal
work

المكتب ١ al-maktab waaHid • office 1

المكتب al-maktab • office

شاشة
shaasha
monitor

منظم المكتب
munaZZim al-maktab
desktop organizer

ملف
milaff
file

سلة الوارد
sallat al-waarid
in-tray

كومبيوتر
kombyootir
computer

سلة الصادر
sallat aS-Saadir
out-tray

لوحة مفاتيح
lawHat mafaateeH
keyboard

دفتر
daftar
notebook

هاتف
haatif
telephone

بطاقة
biTaaqa
label

مكتب
maktab
desk

سلة نفايات
sallat nifaayaat
wastebasket

مقعد دوار
maqAad dawwaar
swivel chair

وحدة أدراج
waHdat adraaj
drawer unit

درج
durj
drawer

خزانة حفظ ملفات
kizaanat Hifz milaffaat
filing cabinet

معدات مكتب muAaddaat al-maktab • office equipment

صينية الورق
Seneeyat al-waraq
paper tray

مرشد الورق
murshid al-waraq
paper guide

فاكس
faks
fax

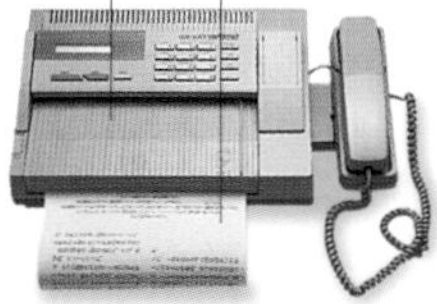

طابعة TaabiAa | **printer**

جهاز فاكس jihaaz faks | **fax machine**

المفردات al-mufradaat • vocabulary

يطبع
yaTbaA
print (v)

يُكبر
yukabbir
enlarge (v)

ينسخ
yansakh
copy (v)

يُصغر
yuSaghghir
reduce (v)

احتاج عمل بعض النسخ.
aHtaaj Aamal baAd an-nusakh
I need to make some copies.

مستلزمات المكاتب mustalzamaat al-maktab • office supplies

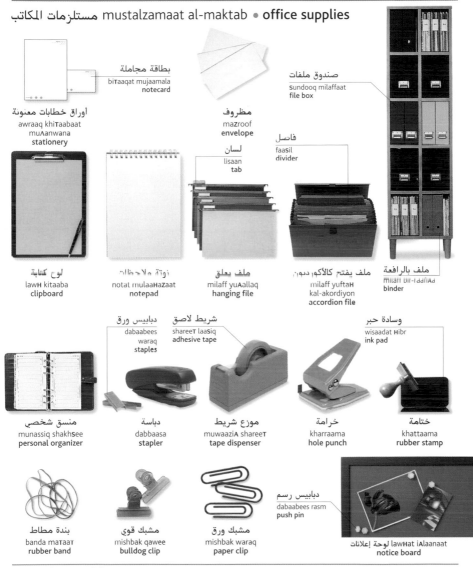

بطاقة مجاملة
biTaaqat mujaamala
notecard

أوراق خطابات معنونة
awraaq khiTaabaat muAanwana
stationery

مظروف
maZroof
envelope

صندوق ملفات
Sundooq milaffaat
file box

ملف بالرافعة
milaff bil-raafiAa
binder

لوح كتابة
lawH kitaaba
clipboard

نوتة ملاحظات
notat mulaaHaZaat
notepad

لسان
lisaan
tab

ملف يعلق
milaff yuAallaq
hanging file

فاصل
faaSil
divider

ملف يفتح كالأكورديون
milaff yuftaH kal-akordiyon
accordion file

منسق شخصي
munassiq shakhSee
personal organizer

دبابيس ورق
dabaabees waraq
staples

دباسة
dabbaasa
stapler

شريط لاصق
shareeT laaSiq
adhesive tape

موزع شريط
muwaaziA shareeT
tape dispenser

خرامة
kharraama
hole punch

وسادة حبر
wisaadat Hibr
ink pad

ختامة
khattaama
rubber stamp

بندة مطاط
banda maTaaT
rubber band

مشبك قوي
mishbak qawee
bulldog clip

مشبك ورق
mishbak waraq
paper clip

دبابيس رسم
dabaabees rasm
push pin

لوحة إعلانات lawHat iAlaanaat
notice board

المكتب ٢ al-maktab ithnaan • office 2

سبورة ورق
sabboora waraq
flipchart

وقائع
waqaa'iA
minutes

حامل
Haamil
easel

تقرير
taqreer
report

مدير
mudeer
manager

عرض
AarD
proposal

موظف تنفيذي
muwaZZaf
tanfeedhee
executive

اجتماع ijtimaaA | **meeting**

المفردات al-mufradaat • vocabulary

غرفة اجتماعات
ghurfat ijtimaaAaat
meeting room

يحضر
yaHDur
attend (v)

جدول أعمال
jadwal Aamaal
agenda

يترأس
yatara''as
chair (v)

ما موعد عقد الاجتماع؟
maa mawAid Aaqd al-ijtimaaA?
What time is the meeting?

ما ساعات عمل مكتبك؟
maa saaAaat Aamal maktabak?
What are your office hours?

متحدث
mutaHaddith
speaker

جهاز عرض
jihaaz AarD
projector

عرض AarD | **presentation**

الأعمال al-Aamaal • business

كومبيوتر محمول
kombyoortir maHmool
laptop

ملاحظات
mulaaHaZaat
notes

غداء عمل ghadaa' Aamal | **business lunch**

رجل أعمال
rajul Aamaal
businessman

سيدة أعمال
sayyidat Aamaal
businesswoman

مهمة عمل muhammat Aamal | **business trip**

موعد
mawAid
appointment

كومبيوتر كفي
kompyootir kaffee
palmtop

مفكرة mufakkira | **calendar**

عميل
Aameel
client

المدير العام
al-mudeer al-Aaamm
CEO

صفقة Safqa | **business deal**

المفردات al-mufradaat • vocabulary

شركة sharika **company**	العاملون al-Aaamiloon **staff**	قسم الحسابات qism al-Hisaabaat **accounts department**	قسم الشؤون القانونية qism ash-shu'oon al-qaanooneeya **legal department**
مركز رئيسي markaz ra'eesee **headquarters**	مرتب murattab **salary**	قسم التسويق qism at-tasweeq **marketing department**	قسم خدمة العملاء qism khidmat al-Aumalaa' **customer service department**
فرع farA **regional office**	جدول رواتب jadwal rawaatib **payroll**	قسم المبيعات qism al-mabeeAaat **sales department**	قسم شؤون الأفراد qism shu'oon al-afraad **human resources department**

الكومبيوتر al-kompyootir • computer

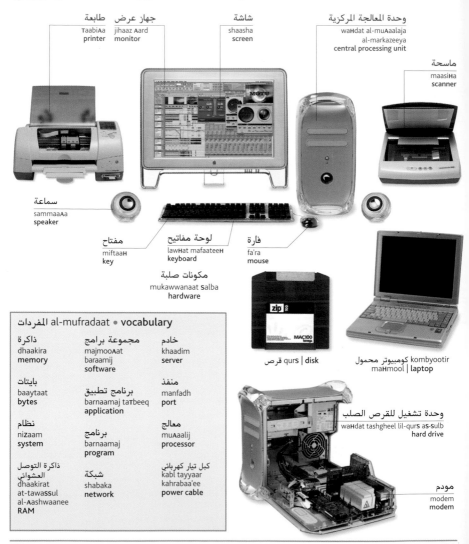

طابعة
TaabiAa
printer

جهاز عرض
jihaaz Aard
monitor

شاشة
shaasha
screen

وحدة المعالجة المركزية
waHdat al-muAaalaja
al-markazeeya
central processing unit

ماسحة
maasiHa
scanner

سماعة
sammaaAa
speaker

مفتاح
miftaaH
key

لوحة مفاتيح
lawHat mafaateeH
keyboard

فأرة
fa'ra
mouse

مكونات صلبة
mukawwanaat Salba
hardware

qurS | **disk** قرص

كومبيوتر محمول kombyootir
maHmool | **laptop**

وحدة تشغيل للقرص الصلب
waHdat tashgheel lil-qurS aS-Sulb
hard drive

مودم
modem
modem

المفردات al-mufradaat • vocabulary

ذاكرة dhaakira **memory**	مجموعة برامج majmooAat baraamij **software**	خادم khaadim **server**
بايتات baaytaat **bytes**	برنامج تطبيق barnaamaj taTbeeq **application**	منفذ manfadh **port**
نظام niZaam **system**	برنامج barnaamaj **program**	معالج muAaalij **processor**
ذاكرة التوصل العشوائي dhaakirat at-tawaSSul al-Aashwaanee **RAM**	شبكة shabaka **network**	كبل تيار كهربائي kabl tayyaar kahrabaa'ee **power cable**

سطح المكتب sat-H al-maktab • desktop

شريط القائمة
shareeT al-qaa'ima
menubar

شريط الأدوات
shareeT al-adawaat
toolbar

ورق حائط
waraq Haa'it
wallpaper

بنط/خط
bunT/khaTT
font

أيقونة
ayqoona
icon

شريط تمرير
shareeT tamreer
scrollbar

نافذة
naafidha
window

ملف
milaff
file

ضبارة
Dubaara
folder

نفايات
nifaayaat
trash

الإنترنت al-internet • internet

مستعرض
mustaAriD
browser

موقع الوارد
mawqiA
al-waarid
inbox

موقع بالإنترنت
mawqiA bil-internet
website

يستعرض yastaArid | **browse (v)**

البريد الإليكتروني al-bareed al-ileektronee • email

عنوان البريد الإلكتروني
Aunwaan al-bareed al-ileektronee
email address

المفردات al-mufradaat • vocabulary

يتصل yattasil **connect (v)**	مقدم خدمة muqaddim khidma **service provider**	يُسجل الدخول yusajjil ad-dukhool **log on (v)**	يُحمل yuHammil **download (v)**	يُرسل yursil **send (v)**	يحفظ yaHfaz **save (v)**
يُركب yurakkib **install (v)**	حساب بريد إليكتروني hisaab bareed ileektronee **email account**	متصل بالانترنت mutassal bil-internet **online**	ملحق mulHaq **attachment**	يستقبل yastaqbil **receive (v)**	يبحث yabHath **search (v)**

الوسائط الإعلامية al-wasaa'iT al-iAlaameeya • media

أستوديو تليفزيون istoodiyo tileefizyon • television studio

مقدم
muqaddim
presenter

إضاءة
iDaa'a
light

تصميم إستوديو
tasmeem istoodiyo
set

آلة تصوير
aalat taSweer
camera

حامل آلة تصوير
Haamil aalat taSweer
camera crane

فني آلة تصوير
fannee aalat taSweer
camera operator

المفردات al-mufradaat • vocabulary

قناة qanaat **channel**	أخبار akhbaar **news**	صحافة saHaafa **press**	قصة مسلسلة qissa musalsala **soap**	صور متحركة Suwar mutaHarrika **cartoon**	حي Hayy **live**
برمجة barmaja **programming**	وثائقي wathaa'iqee **documentary**	سلسلة silsila **series**	برنامج ألعاب barnaarmij alAaab **game show**	سبق تسجيله sabaqa tasjeeluhu **prerecorded**	يُذيع yudheeA **broadcast (v)**

محاور muHaawir | interviewer

صحفي saHafee | reporter

جهاز تلقين آلي
jihaaz talqeen aalee
teleprompter

قارئ الأخبار
qaari' al-akhbaar
news anchor

ممثلون
mumaththiloon
actors

حامل الميكروفون
Haamil al-mikrofoon
sound boom

لوح الكلابير
lawH al-clapper
clapper board

تصميم مناظر
tasmeem manaazir
movie set

الراديو ar-raadyo • radio

مكتب الخلط
maktab al-khalT
mixing desk

ميكروفون
mikrofoon
microphone

فني صوت
fannee SawT
sound technician

أستوديو التسجيل
istoodiyo at-tasjeel | recording studio

المفردات al-mufradaat • vocabulary

محطة إذاعة
mahaTTat idhaaAa
radio station

بث
bathth
broadcast

طول موجي
Tool mawjee
wavelength

موجة طويلة
mawja Taweela
long wave

موجة قصيرة
mawja qaseera
short wave

موجة متوسطة
mawja mutawassiTa
medium wave

تردد
taraddud
frequency

حجم الصوت
Hajm aS-SawT
volume

يضبط
yaDbuT
tune (v)

مقدم برنامج موسيقي
muqaddim barnaamij mooseeqee
DJ

القانون al-qaanoon • law

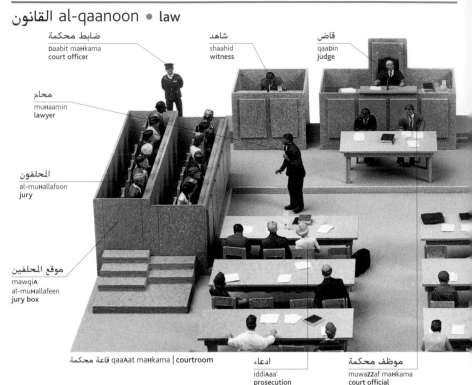

ضابط محكمة
Daabit maHkama
court officer

شاهد
shaahid
witness

قاض
qaaDin
judge

محام
muHaamin
lawyer

المحلفون
al-muHallafoon
jury

موقع المحلفين
mawqiA
al-muHallafeen
jury box

قاعة محكمة qaaAat maHkama | courtroom

ادعاء
iddiAaa'
prosecution

موظف محكمة
muwaZZaf maHkama
court official

المفردات al-mufradaat • vocabulary

مكتب محام maktab muHaamin lawyer's office	**استدعاء** istidAaa' summons	**أمر محكمة** amr maHkama writ	**قضية محكمة** qaDeeyat maHkama court case
مشورة قانونية mashoora qaanooneeya legal advice	**بيان** bayaan statement	**تاريخ أمام محكمة** taareekh amaam maHkama court date	**تهمة** tuhma charge
موكل muwakkil client	**إذن** idhn warrant	**دفع** dafA plea	**متهم** mutahham accused

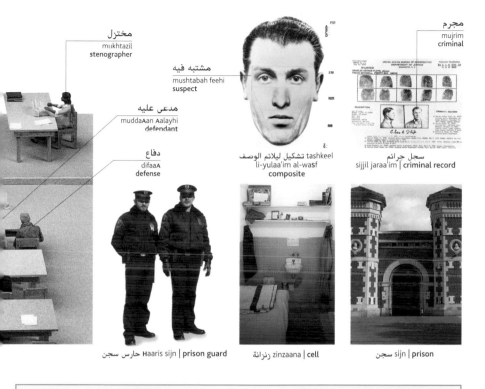

مختزل
mukhtazil
stenographer

مشتبه فيه
mushtabah feehi
suspect

مدعى عليه
muddaAan Aalayhi
defendant

دفاع
difaaA
defense

مجرم
mujrim
criminal

تشكيل ليلائم الوصف tashkeel
li-yulaa'im al-wasf
composite

سجل جرائم
sijjil jaraa'im | criminal record

حارس سجن Haaris sijn | prison guard

زنزانة zinzaana | cell

سجن sijn | prison

المفردات al-mufradaat • vocabulary

دليل daleel **evidence**	مذنب mudhnib **guilty**	كفالة kafaala **bail**
قرار محلفين qaraar muHallafeen **verdict**	بُرِّئ burri' **acquitted**	استئناف isti'naaf **appeal**
بَريء baree' **innocent**	حكم Hukm **sentence**	إفراج مشروط ifraaj mashrooT **parole**

أريد أن أقابل محاميًا.
ureed an uqaabil muHaamiyan
I want to see a lawyer.

أين المحكمة؟
ayna l-maHkama?
Where is the courthouse?

هل يمكنني تقديم ضمان مالي؟
hal yumkinunee taqdeem Damaan
maalee?
Can I post bail?

المزرعة ١ al-mazraAa waaHid • farm 1

مزارع
muzaariA
farmer

أرض زراعية
arD ziraaAeeya
farmland
فناء مزرعة
finaa' mazraAa
farmyard
مبنى على الأطراف
mabna Aalal-aTraaf
outbuilding
منزل المزارع
manzil
al-muzaariA
farmhouse
حقل
Haql
field
حظيرة
HaZeera
barn
رقعة خضراوات
riqA'at khuDrawaat
vegetable garden
سياج
siyaaj
hedge
بوابة
bawaaba
gate
سور
soor
fence
مرعى
marAa
pasture
مواش
muwaashin
livestock

مِسلفة
mislafa
cultivator

جرار jarraar | **tractor**

حصادة درّاسة HaSSaada darraasa | **combine**

أنواع المزارع anwaaA al-mazaariA • types of farm

محصول
maHsool
crop

مزرعة زراعية
mazraAa ziraaAeeya
crop farm

مزرعة ألبان
mazraAat albaan
dairy farm

قطيع
qaTeeA
flock

مزرعة أغنام
mazraAat aghnaam
sheep farm

مزرعة دواجن
mazraAat dawaajin
poultry farm

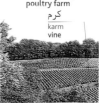

مزرعة خنازير
mazraAat khanaazeer
pig farm

مزرعة سمكية
mazraAa samakeeya
fish farm

مزرعة فواكه
mazraAat fawaakih
fruit farm

كرم
karm
vine

مزرعة عنب
mazraAat Ainab
vineyard

العمليات al-Aamaleeyaat • actions

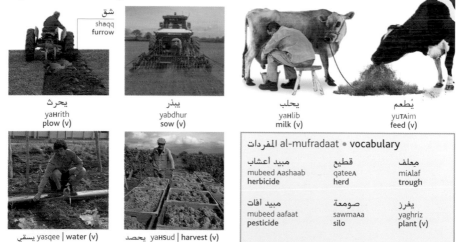

شق
shaqq
furrow

يحرث
yaHrith
plow (v)

يبذر
yabdhur
sow (v)

يحلب
yaHlib
milk (v)

يُطعم
yuTAim
feed (v)

يسقي yasqee | **water (v)**

يحصد yaHSud | **harvest (v)**

المفردات al-mufradaat • vocabulary

مبيد أعشاب mubeed Aashaab **herbicide**	قطيع qateeA **herd**	مِعلف miAlaf **trough**
مبيد آفات mubeed aafaat **pesticide**	صومعة sawmaAa **silo**	يغرز yaghriz **plant (v)**

المزرعة ٢ al-mazraAa ithnaan • **farm 2**

محاصيل maHaaseel • crops

قمح
qamH
wheat

ذرة
dhurra
corn

شعير
shaAeer
barley

لفت
lift
rapeseed

عباد الشمس
Aabbaad ash-shams
sunflower

بالة
baala
bale

تبن
tibn
hay

برسيم حجازي
barseem Hijaazee
alfalfa

تبغ
tabgh
tobacco

أرز
aruzz
rice

شاي
shaay
tea

بن
bunn
coffee

كتان
kattaan
flax

قصب السكر
qaSab as-sukkar
sugarcane

قطن
quTn
cotton

نُطار
nuTTaar
scarecrow

المواشي al-mawaashee • livestock

ولد الخنزير
wild al-khinzeer
piglet

خنزير
khinzeer
pig

عجل
Aijl
calf

بقرة
baqara
cow

ثور
thawr
bull

خروف
kharoof
sheep

حمل
Hamal
lamb

جدي
jady
kid

معزة
maAza
goat

مُهر
muhr
foal

حصان
HiSaan
horse

حمار
Himaar
donkey

katkoot
chick

دجاجة
dajaaja
chicken

ديك
deek
rooster

ديك رومي
deek roomee
turkey

بطبطة
baTbaTa
duckling

بطة
baTTa
duck

إسطبل
isTabl
stable

حظيرة
HaZeera
pen

حظيرة دواجن
HaZeerat dawaajin
chicken coop

زريبة خنازير
zareebat khanaazeer
pigsty

البناء al-binaa' • construction

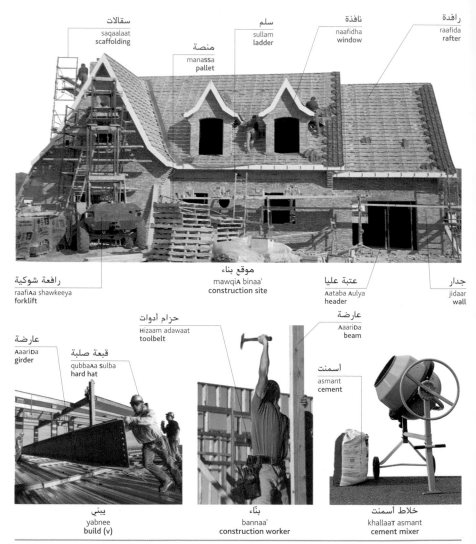

سقالات
saqaalaat
scaffolding

منصة
manaSSa
pallet

سلم
sullam
ladder

نافذة
naafidha
window

رافدة
raafida
rafter

رافعة شوكية
raafiAa shawkeeya
forklift

موقع بناء
mawqiA binaa'
construction site

عتبة عليا
Aataba Aulya
header

جدار
jidaar
wall

عارضة
AaariDa
girder

قبعة صلبة
qubbaAa Sulba
hard hat

حزام أدوات
Hizaam adawaat
toolbelt

عارضة
AaariDa
beam

أسمنت
asmant
cement

يبني
yabnee
build (v)

بنّاء
bannaa'
construction worker

خلاط أسمنت
khallaaT asmant
cement mixer

الخامات al-khaamaat • materials

طوب
Toob
brick

خشب
khashab
lumber

قرميد السقف
qarmeed as-saqf
roof tile

كتلة مسلح
kutla musallaH
concrete block

الأدوات al-adawaat • tools

ملاط
milaaT
mortar

مالج
maalij
trowel

ميزان تسوية
meezaan taswiya
level

مقبض
miqbaD
handle

مطرقة ثقيلة
miTraqa thaqeela
sledgehammer

حداة
Hada'a
pickax

مجرفة
mijrafa
shovel

الماكينات al-makeenaat • machinery

هراسة
harraasa
roller

عربة الإلقاء
Aarabat al-ilqaa'
dump truck

دعم
daAm
support

خطاف
khuTTaaf
hook

ونش winsh | crane

أعمال الطرق Aamaal aT-Turuq • roadwork

أسفلت
asfalt
asphalt

مخروط
makhrooT
cone

مثقاب ضغط هوائي
mithqaab DaghT hawaa'ee
jackhammer

إعادة رصف
iAaadat rasf
resurfacing

حفار ميكانيكي
Haffaar meekaneekee
excavator

المهن ١ al-mihan waaHid • occupations 1

نجار
najjaar
carpenter

كهربائي
kahrabaa'ee
electrician

سباك
sabbaak
plumber

بنّاء
bannaa'
construction worker

بستاني
bustaanee
gardener

مكنسة كهربائية
miknasa
kahrabaa'eeya
vacuum cleaner

منظف
munaZZif
cleaner

ميكانيكي
mekaneekee
mechanic

جزار
jazzaar
butcher

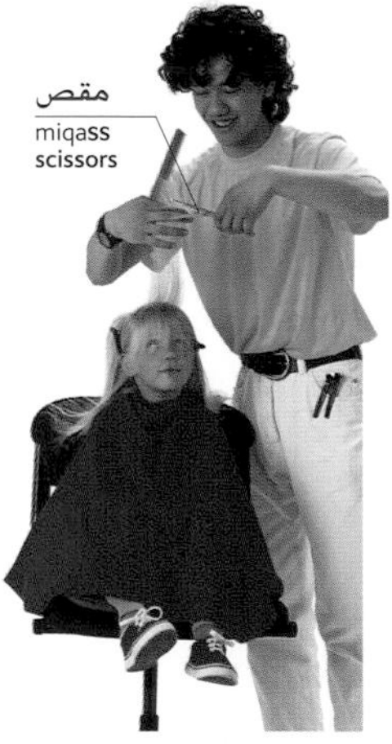

مقص
miqaSS
scissors

بائع سمك
baa'iA samak
fishmonger

خضري
khuDaree
greengrocer

بائع زهور
baa'iA zuhoor
florist

مزين
muzayyin
hair stylist

حلاق
Hallaaq
barber

تاجر جواهر
taajir jawaahir
jeweler

بائع
baa'iA
store clerk

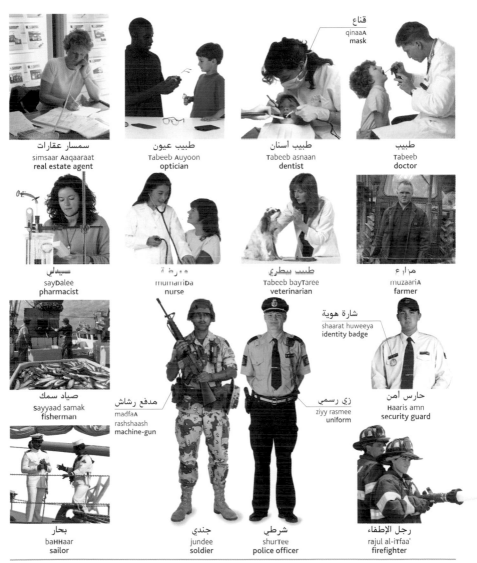

سمسار عقارات
simsaar Aaqaaraat
real estate agent

طبيب عيون
Tabeeb Auyoon
optician

قناع
qinaaA
mask

طبيب أسنان
Tabeeb asnaan
dentist

طبيب
Tabeeb
doctor

صيدلي
sayDalee
pharmacist

ممرضة
mumarriDa
nurse

طبيب بيطري
Tabeeb bayTaree
veterinarian

مزارع
muzaariA
farmer

صياد سمك
Sayyaad samak
fisherman

مدفع رشاش
madfaA
rashshaash
machine-gun

زي رسمي
ziyy rasmee
uniform

شارة هوية
shaarat huweeya
identity badge

حارس أمن
Haaris amn
security guard

بحار
baHHaar
sailor

جندي
jundee
soldier

شرطي
shurTee
police officer

رجل الإطفاء
rajul al-iTfaa'
firefighter

المهن ٢ al-mihan ithnaan • occupations 2

نموذج
namoodhaj
model

muhandis miAmaaree مهندس معماري | **architect**

محام
muHaamin
lawyer

محاسب
muHaasib
accountant

عالم
Aaalim
scientist

مدرس
mudarris
teacher

أمين مكتبة
ameen maktaba
librarian

موظف استقبال
muwazzaf istiqbaal
receptionist

حقيبة بريد
Haqeebat
bareed
mailbag

ساعي بريد
saaAee bareed
mail carrier

سائق حافلة
saa'iq Haafila
bus driver

سائق شاحنة
saa'iq shaaHina
truck driver

سائق تاكسي
saa'iq taksee
cab driver

طيار
Tayyaar
pilot

مضيفة طائرة
muDeefat Taa'ira
flight attendant

وكيل سفر
wakeel safar
travel agent

قبعة طباخ
qubbaAat
Tabbaakh
chef's hat

طباخ
Tabbaakh
chef

زي الباليه
ziyy al-baaleh
tutu

موسيقار
mooseeqaar
musician

راقصة
raaqisa
dancer

ممثل
mumaththil
actor

مغن
mughghanin
singer

نادلة
naadila
food server

قيم البار
qayyim al-baar
bartender

رياضي
riyaaDee
athlete

نحات
naHHaat
sculptor

ملاحظات
mulaaHaZaat
notes

رسام
rassaam
painter

مصور
muSawwir
photographer

قارئ أخبار
qaari' akhbaar
news anchor

صحفي
SaHafee
journalist

محرر
muharrir
editor

مصمم
muSammim
designer

خياطة
khayyaaTa
textile worker

خياط
khayyaaT
tailor

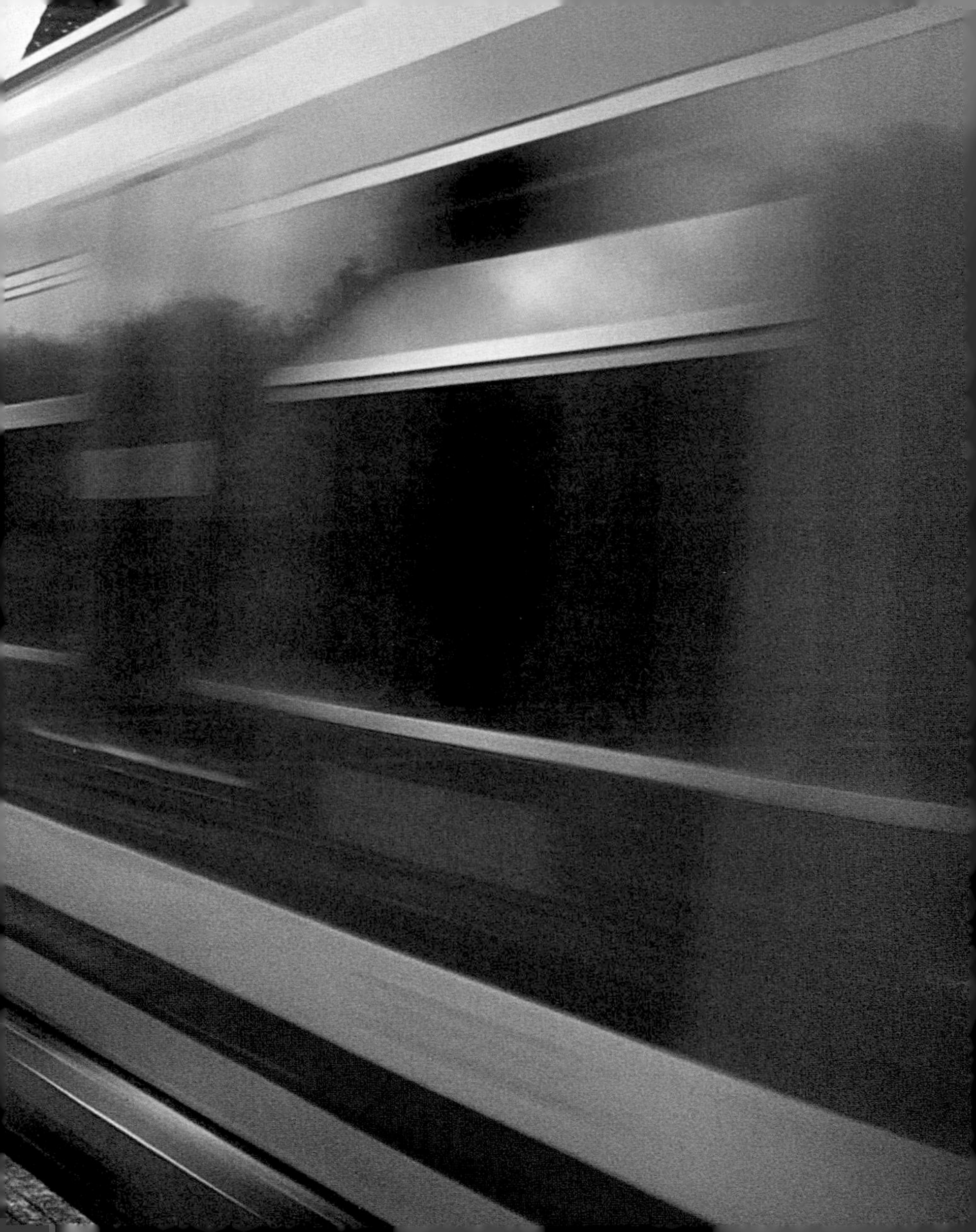

المواصلات al-muwaasalaat
transportation

الطرق aT-Turuq • roads

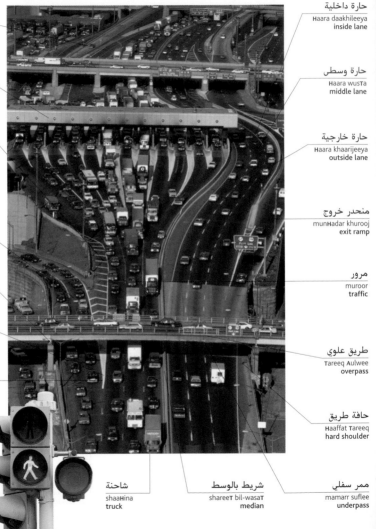

طريق سريع
Tareeq sareeA
highway

بوابات الرسوم
bawwaabaat ar-rusoom
toll booth

علامات الطريق
Aalaamaat aT-Tareeq
road markings

مدخل
madkhal
on-ramp

اتجاه واحد
ittijaah waaHid
one-way

فاصل
faaSil
divider

مفترق طرق
muftaraq Turuq
intersection

إشارة مرور
ishaarat muroor
traffic light

حارة داخلية
Haara daakhileeya
inside lane

حارة وسطى
Haara wusTa
middle lane

حارة خارجية
Haara khaarijeeya
outside lane

منحدر خروج
munHadar khurooj
exit ramp

مرور
muroor
traffic

طريق علوي
Tareeq Aulwee
overpass

حافة طريق
Haaffat Tareeq
hard shoulder

ممر سفلي
mamarr suflee
underpass

شاحنة
shaaHina
truck

شريط بالوسط
shareeT bil-wasaT
median

معبر مشاة
maAbar mushaah
pedestrian crossing

هاتف طوارئ
haatif tawaari'
emergency phone

موقف معاقين
mawqaf muAaaqeen
disabled parking

تكدس مرور
takaddus muroor
traffic jam

خريطة
khareeTa
map

شرطي مرور
shurTee muroor
traffic police officer

عداد موقف
Aaddaad mawqaf
parking meter

المفردات al mufradaat • vocabulary

ميدان
meedaan
traffic circle

تحويل
taHweel
diversion

أعمال طرق
Aamaal Turuq
roadwork

حاجز تصادم
Haajiz taSaaDum
crash barrier

طريق ثنائي الاتجاه
Tareeq thunaa'ee al-ittijaah
divided highway

يصف
yasuff
park (v)

يقود
yaqood
drive (v)

يرتد للخلف
yartadd lil-khalf
back up (v)

يتعدى
yataAadda
pass (v)

يجر
yajurr
tow away (v)

هل هذا الطريق إلى...؟
hal haadha aT-Tareeq ila...?
Is this the road to...?

أين أصف سيارتي؟
ayna asuff sayyaaratee?
Where can I park?

إشارات طريق ishaaraat Tareeq • road signs

ممنوع الدخول
mamnooA ad-dukhool
do not enter

حد السرعة
Hadd as-surAa
speed limit

خطر
khaTar
hazard

ممنوع التوقف
mamnooA at-tawaqquf
no stopping

ممنوع الدوران لليمين
mamnooA ad-dawaraan lil-yameen
no right turn

الحافلة al-Haafila • bus

مقعد السائق
maqAad as-saa'iq
driver's seat

درابزين
darabzeen
handrail

باب أوتوماتيكي
baab otomateekee
automatic door

عجلة أمامية
Aajala amaameeya
front wheel

مخزن الأمتعة
makhzan al-amtiAa
luggage hold

باب baab | door

مركبة markaba | charter bus

أنواع الحافلات Anwaaa al-Haafilaat • types of buses

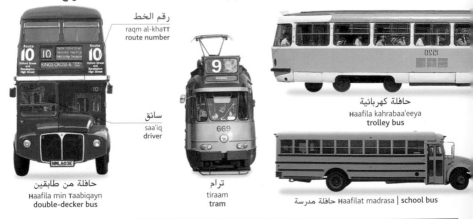

رقم الخط
raqm al-khaTT
route number

سائق
saa'iq
driver

حافلة من طابقين
Haafila min Taabiqayn
double-decker bus

ترام
tiraam
tram

حافلة كهربائية
Haafila kahrabaa'eeya
trolley bus

حافلة مدرسة Haafilat madrasa | school bus

عجلة خلفية
Aajala khalfeeya
rear wheel

نافذة
naafidha
window

زر توقف
zirr tawaqquf
stop button

تذكرة حافلة
tadhkarat Haafila
bus ticket

جرس
jaras
bell

محطة حافلات
maHaTTat Haafilaat
bus station

موقف حافلات
mawqaf Haafilaat
bus stop

المفردات al-mufradaat • vocabulary

أجرة ujra **fare**	إتاحة كرسي بعجل itaaHat kursee bi-Aajal **wheelchair access**
جدول المواعيد jadwal al-mawaaAeed **schedule**	ماوى حافلات ma'waa Haafilaat **bus shelter**
هل تتوقف عند...؟ hal tatawaqqaf Ainda...? **Do you stop at...?**	أية حافلة تذهب إلى...؟ ayya Haafila tadh-hab ila...? **Which bus goes to...?**

حافلة صغيرة
Haafila Sagheera
minibus

حافلة سياح Haafilat suyyaaH | **tourist bus**

حافلة مكوكية Haafila makkookeeya | **shuttle bus**

السيارة ١ as-sayyaara waaHid • car 1

من الخارج min al-khaarij • exterior

مراة جانبية
mir'aah jaanibeeya
side mirror

شباك أمامي
shubbaak amaamee
windshield

مراة رؤية خلفية
mir'aah ru'ya khalfeeya
rearview mirror

مساحة شباك أمامي
masaaHat shubbaak amaamee
windshield wiper

باب
baab
door

حقيبة أمتعة
Haqeebat amtiAa
trunk

غطاء محرك
ghiTaa' muHarrik
hood

مؤشر
mua'shshir
turn signal

لوحة رقم السيارة
lawHat raqm as-sayyaara
license plate

مصدم
maSdam
bumper

كشافات أمامية
kashshaafaat amaameeya
headlight

عجلة
Aajala
wheel

إطار
iTaar
tire

أمتعة
amtiAa
luggage

حامل علوي
Haamil Aulawee
roofrack

باب خلفي
baab khalfee
tailgate

حزام أمان
Hizaam amaan
seat belt

مقعد طفل
maqAad Tifl
child seat

الأنواع al-anwaaA • types

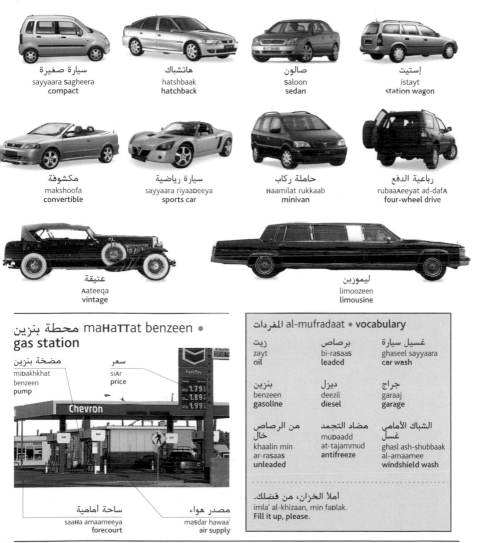

سيارة صغيرة
sayyaara Sagheera
compact

هاتشباك
hatshbaak
hatchback

صالون
Saloon
sedan

إستيت
istayt
station wagon

مكشوفة
makshoofa
convertible

سيارة رياضية
sayyaara riyaaDeeya
sports car

حاملة ركاب
Haamilat rukkaab
minivan

رباعية الدفع
rubaaAeeyat ad-dafA
four-wheel drive

عتيقة
Aateeqa
vintage

ليموزين
limoozeen
limousine

محطة بنزين maHaTTat benzeen • gas station

مضخة بنزين
miDakhkhat benzeen
pump

سعر
siAr
price

Chevron

ساحة أمامية
saaHa amaameeya
forecourt

مصدر هواء
masdar hawaa'
air supply

المفردات al-mufradaat • vocabulary

زيت zayt **oil**	برصاص bi-raSaaS **leaded**	غسيل سيارة ghaseel sayyaara **car wash**
بنزين benzeen **gasoline**	ديزل deezil **diesel**	جراج garaaj **garage**
من الرصاص خال khaalin min ar-raSaaS **unleaded**	مضاد التجمد muDaadd at-tajammud **antifreeze**	الشباك الأمامي غسل ghasl ash-shubbaak al-amaamee **windshield wash**

أملأ الخزان، من فضلك.
imla' al-khizaan, min faDlak.
Fill it up, please.

السيارة ٢ as-sayyaara ithnaan • car 2

من الداخل min ad-daakhil • interior

| مقعد خلفي
maqAad khalfee
backseat | مسند للذراع
masnad lidh-dhiraaA
armrest | مسند للرأس
masnad lir-ra's
headrest | قفل الباب
qufl al-baab
door lock | مقبض
miqbaD
handle |

المفردات al-mufradaat • vocabulary

ذات بابين dhaat baabayn two-door	أربعة أبواب arbaAa abwaab four-door	أوتوماتيكي otomateekee automatic	فرملة farmala brake	دواسة تسريع dawwaasat tasreeA accelerator
ذات ثلاثة أبواب dhaat thalaatat abwaab three-door	يدوي yadawee manual	إدارة المحرك idaarat al-muHarrik ignition	دبرياج dibriyaaj clutch	تكييف هواء takyeef hawaa' air-conditioning

| كيف أصل إلى...؟
kayfa asil ila...?
Can you tell me the way to...? | أين موقف السيارات؟
ayna mawqaf as-sayyaaraat?
Where is the parking lot? | هل بإمكاني التوقف هنا؟
hal bi-imkaanee at-tawaqquf huna?
Can I park here? |

أدوات التحكم adawaat at-taHakkum • controls

عجلة قيادة
Aajalat qiyaada
wheel

بوق
booq
horn

لوحة أجهزة
lawHat ajhiza
dashboard

أضواء تحذير
aDwaa' taHdheer
hazard lights

الملاحة بالأقمار الصناعية
al-milaaHa bil-aqmaar
as-sinaaAeeya
satellite navigation

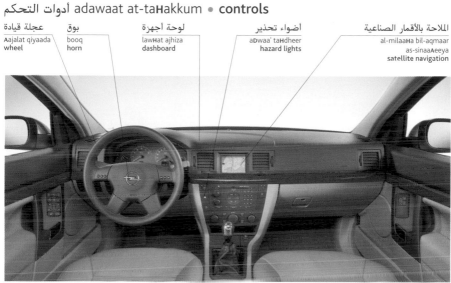

قيادة من اليسار qiyaada min al-yasaar | **left-hand drive**

مقياس درجة الحرارة
miqyaas darajat
al-Haraara
temperature gauge

عداد دورات
Aaddaad dawraat
tachometer

عداد سرعة
Aaddaad surAa
speedometer

مقياس الوقود
miqyaas al-wuqood
fuel gauge

ستريو السيارة
stereo as-sayyaara
car stereo

مفتاح المصابيح
miftaaH al-maSaabeeH
lights switch

أداة التحكم في السخان
adaat at-taHakkum fis-sakhkhaan
heater controls

مقياس مسافة رحلة
miqyaas masaafat riHla
odometer

ذراع التعشيق
dhiraaA at-taAsheeq
gearshift

كيس هواء
kees hawaa'
air bag

قيادة من اليمين qiyaada min al-yameen | **right-hand drive**

السيارة ٣ as-sayyaara thalaatha • car 3

الميكانيكا al-meekaaneeka • mechanics

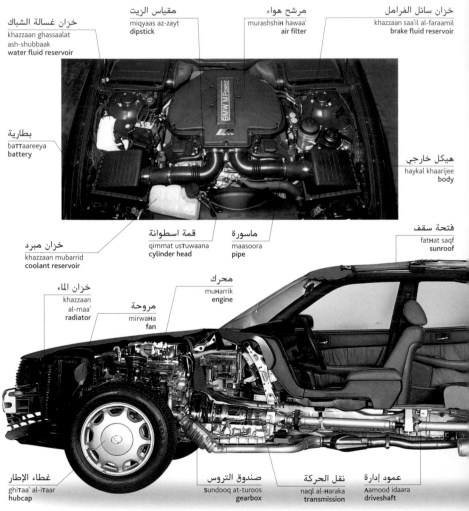

خزان غسالة الشباك
khazzaan ghassaalat
ash-shubbaak
water fluid reservoir

مقياس الزيت
miqyaas az-zayt
dipstick

مرشح هواء
murashshiH hawaa'
air filter

خزان سائل الفرامل
khazzaan saa'il al-faraamil
brake fluid reservoir

بطارية
baTTaareeya
battery

هيكل خارجي
haykal khaarijee
body

خزان مبرد
khazzaan mubarrid
coolant reservoir

قمة اسطوانة
qimmat usTuwaana
cylinder head

ماسورة
maasoora
pipe

فتحة سقف
fatHat saqf
sunroof

خزان الماء
khazzaan al-maa'
radiator

مروحة
mirwaHa
fan

محرك
muHarrik
engine

غطاء الإطار
ghiTaa' al-iTaar
hubcap

صندوق التروس
sundooq at-turoos
gearbox

نقل الحركة
naql al-Haraka
transmission

عمود إدارة
Aamood idaara
driveshaft

الثقب ath-thuqb • **puncture**

إطار إضافي
iTaar iDaafee
spare tire
مفتاح إنكليزي
miftaaH inkileezee
tire iron
صواميل عجلة
sawaameel Aajala
lug nuts
رافعة
raafiAa
jack
يغير عجلة
yughayyir Aajala
change a tire (v)

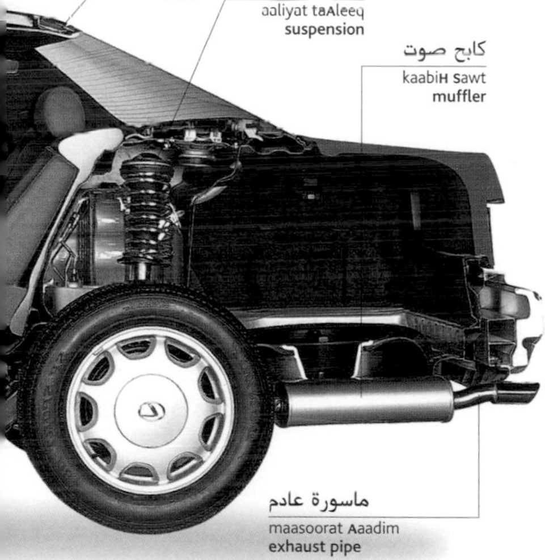

سقف
saqf
roof
آلية تعليق
aaliyat taAleeq
suspension
كابح صوت
kaabiH sawt
muffler
ماسورة عادم
maasoorat Aadim
exhaust pipe

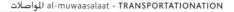

المفردات al-mufradaat • **vocabulary**

حادث سيارة
Haadith sayyaara
car accident

عُطل
AuTl
breakdown

تأمين
ta'meen
insurance

مركبة جر
markabat jarr
tow truck

ميكانيكي
meekaneekee
mechanic

ضغط الإطار
daghT al-iTaar
tire pressure

صندوق مصاهر
sundooq masaahir
fuse box

شمعة إشعال
shamAat ishAaal
spark plug

سير مروحة
sayr mirwaHa
fan belt

خزان بنزين
khazzaan benzeen
gas tank

توقيت
tawqeet
timing

شاحن تربيني
shaaHin turbeenee
turbocharger

موزع
muwazziA
distributor

هيكل
haykal
chassis

فرملة يد
farmalat yad
parking brake

مولد تيار متناوب
muwallid tayyaar mutanaawib
alternator

سير كامة
sayr kaama
cam belt

حدث عُطل لسيارتي.
Hadath AuTl li-sayyaaratee
I've had a breakdown.

محرك سيارتي لا يعمل.
muHarrik sayyaaratee laa yaAmal
My car won't start.

هل تقوم بإصلاحات؟
hal taqoom bi-islaaHaat?
Do you do repairs?

المحرك يسخن جدا.
al-muHarrik yaskhun jiddan
The engine is overheating.

الدراجة البخارية ad-darraaja al-bukhaareeya •
motorbike

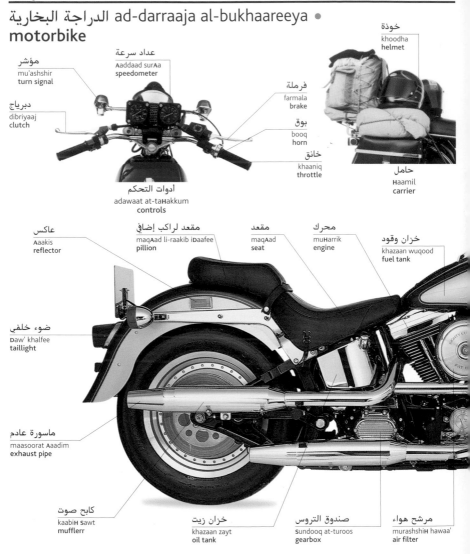

خوذة
khoodha
helmet

مؤشر
mu'ashshir
turn signal

عداد سرعة
Aaddaad surAa
speedometer

فرملة
farmala
brake

دبرياج
dibriyaaj
clutch

بوق
booq
horn

خانق
khaaniq
throttle

حامل
Haamil
carrier

أدوات التحكم
adawaat at-taHakkum
controls

عاكس
Aaakis
reflector

مقعد لراكب إضافي
maqAad li-raakib iDaafee
pillion

مقعد
maqAad
seat

محرك
muHarrik
engine

خزان وقود
khazaan wuqood
fuel tank

ضوء خلفي
Daw' khalfee
taillight

ماسورة عادم
maasoorat Aaadim
exhaust pipe

كابح صوت
kaabiH Sawt
mufflerr

خزان زيت
khazaan zayt
oil tank

صندوق التروس
Sundooq at-turoos
gearbox

مرشح هواء
murashshiH hawaa'
air filter

قناع
qinaaA
visor
جلود
julood
leathers
حزام عاكس
Hizaam Aaakis
reflector strap
وسادة للركبة
wisaada lir-rukba
knee pad

زي ziyy | clothing

كشافات أمامية
kashshaafaat amaameeya
headlight
آلية تعليق
aaliyat taAleeq
suspension
واق من الطين
waaqin min aT-Teen
mudguard
دواسة فرامل
dawwaasat faraamil
brake pedal
محور
miHwar
axle
إطار
iTaar
tire

الأنواع al-anwaaA • types

دراجة سباق darraajat sibaaq | racing bike

حاجز هواء
Haajiz hawaa'
windshield

جوالة jawwaala | tourer

دراجة للطرق الوعرة
darraaja liT-Turuq al-waAra | dirt bike

مسند
masnad
stand

سكوتر sikootir | scooter

الدراجة ad-darraaja • bicycle

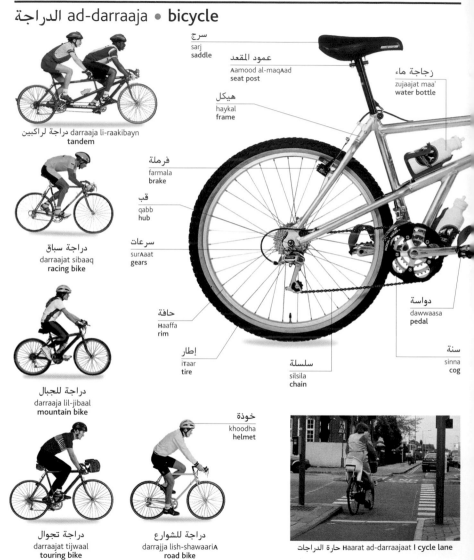

دراجة لراكبين darraaja li-raakibayn
tandem

دراجة سباق
darraajat sibaaq
racing bike

دراجة للجبال
darraaja lil-jibaal
mountain bike

دراجة تجوال
darraajat tijwaal
touring bike

دراجة للشوارع
darrajja lish-shawaariA
road bike

سرج
sarj
saddle

عمود المقعد
Aamood al-maqAad
seat post

زجاجة ماء
zujaajat maa'
water bottle

هيكل
haykal
frame

فرملة
farmala
brake

قب
qabb
hub

سرعات
surAaat
gears

حافة
Haaffa
rim

إطار
iTaar
tire

دواسة
dawwaasa
pedal

سنة
sinna
cog

سلسلة
silsila
chain

خوذة
khoodha
helmet

حارة الدراجات Haarat ad-darraajaat **I cycle lane**

عارضة
AaariDa
crossbar
عارضة قيادة
AaariDat qiyaada
handlebar
منظم السرعة
munaZZim as-surAa
gear lever
مقبض الفرامل
miqbaD al-faraamil
brake lever
قضيب عجلة
qaDeeb Aajala
fork
شعاع
shuAaaA
spokes
عجلة
Aajala
wheel
صمام
Simaam
valve
دوس
daws
tread

عتلة إطارات
Aatalat iTaaraat
tire lever
رقعة
ruqAa
patch

عدة الإصلاح Aiddat al-iSlaaH
repair kit

منفاخ
minfaakh
pump

مفتاح
miftaaH
key

قفل
qufl
lock

إطار داخلي
iTaar dakhilee
inner tube

مقعد طفل
maqAad Tifl
child seat

المفردات al-mufradaat • vocabulary

مصباح misbaaH **headlight**	مسند دراجة masnad darraaja **kickstand**	وسادة فرملة wisaadat farmala **brake block**	سلة salla **basket**	ماسك القدم maasik al-qadam **toe clip**	يُفرمل yufarmil **brake (v)**
مصباح خلفي misbaaH khalfee **rear light**	موقف ركن mawqaf rukn **bike rack**	كبل kabl **cable**	ثقب thuqb **flat tire**	مولد كهربائي muwallid kahrabaa'ee **generator**	يقود دراجة yaqood darraaja **cycle (v)**
عاكس Aaakis **reflector**	موازن muwaazin **training wheels**	سن ترس sinn turs **sprocket**	حزام القدم Hizaam al-qadam **toe strap**	يدوس الدواسة yadoos ad-dawwaasa **pedal (v)**	يُغير السرعة yughayyir as-surAa **change gear (v)**

القطار al-qiTaar • train

عربة
Aaraba
car

رصيف
raSeef
platform

عربة حقائب
Aaraba
haqaa'ib
cart

رقم رصيف
raqam raSeef
platform number

مسافر يومي
musaafir yawmee
commuter

محطة قطار mahaTTat qiTaar | train station

أنواع القطارات anwaaA al-qiTaaraat • types of train

محرك
muHarrik
engine

كابينة سائق
kabeenat saa'iq
engineer's cab

قضبان
quDbaan
rail

قطار بخاري
qiTaar bukhaaree
steam train

قطار ديزل qiTaar deezil | diesel train

قطار كهربائي
qiTaar kahrabaa'ee
electric train

قطار عالي السرعة
qiTaar Aaalee as-surAa
high-speed train

خط أحادي
khaTT uHaadee
monorail

قطار أنفاق
qiTaar anfaaq
subway

ترام
tiraam
tram

قطار بضائع
qiTaar baDaa'iA
freight train

رف أمتعة
raff amtiAa
luggage rack

نافذة
naafidha
window

خط قضبان
khaTT quDbaan
track

باب
baab
door

مقعد
maqAad
seat

مقصورة maqsoora
compartment

حاجز فحص تذاكر
Haajiz faHS tadhaakir | ticket gates

نظام مخاطبة الجمهور
niZaam mukhaaTabat
al-jumhoor
public address system

جدول مواعيد
jadwal mawaaAeed
timetable

41213
KUPONG 7.00 kr
Typ 1109
Serie 964

تذكرة
tadhkara
ticket

عربة المطعم Aarabat al-maTAam | dining car

ساحة saaHa | concourse

مقصورة نوم
maqSoorat nawm
sleeping compartment

المفردات al-mufradaat • vocabulary

شبكة خطوط قطارات
shabakat khuTooT qiTaaraat
rail network

خريطة قطارات الأنفاق
khareeTat qiTaaraat al-anfaaq
subway map

مكتب تذاكر
maktab tadhaakir
ticket office

قضيب مكهرب
qaDeeb mukahrab
third rail

قطار بين المدن
qiTaar bayna l-mudun
intercity train

تأخر
ta'akhkhur
delay

مفتش تذاكر
mufattish tadhaakir
conductor

إشارة
ishaara
signal

ذروة
adh-dhurwa
rush hour

أجرة
ujra
fare

يُغير
yughayyir
change trains (v)

مقبض طوارئ
miqbaD Tawaari'
emergency handle

الطائرات aT-Taa'iraat • aircraft

الطائرة aT-Taa'ira • airliner

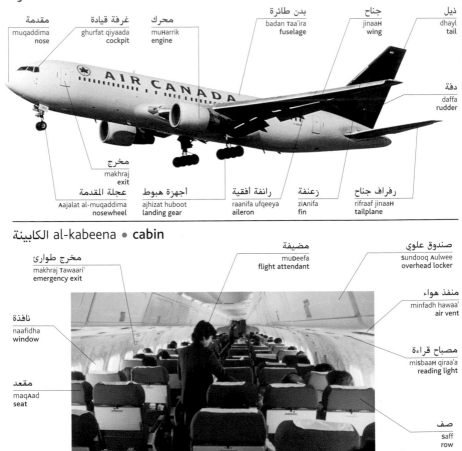

مقدمة
muqaddima
nose

غرفة قيادة
ghurfat qiyaada
cockpit

محرك
muHarrik
engine

بدن طائرة
badan Taa'ira
fuselage

جناح
jinaaH
wing

ذيل
dhayl
tail

دفة
daffa
rudder

مخرج
makhraj
exit

عجلة المقدمة
Aajalat al-muqaddima
nosewheel

أجهزة هبوط
ajhizat huboot
landing gear

رانفة أفقية
raanifa ufqeeya
aileron

زعنفة
ziAnifa
fin

رفراف جناح
rifraaf jinaaH
tailplane

الكابينة al-kabeena • cabin

مخرج طوارئ
makhraj Tawaari'
emergency exit

مضيفة
muDeefa
flight attendant

صندوق علوي
Sundooq Aulwee
overhead locker

منفذ هواء
minfadh hawaa'
air vent

نافذة
naafidha
window

مصباح قراءة
misbaaH qiraa'a
reading light

مقعد
maqAad
seat

صف
Saff
row

مسند ذراع
masnad dhiraaA
armrest

ممر
mamarr
aisle

مسند صينية
masnad Seneeya
tray-table

ظهر مقعد
Zahr maqAad
seat back

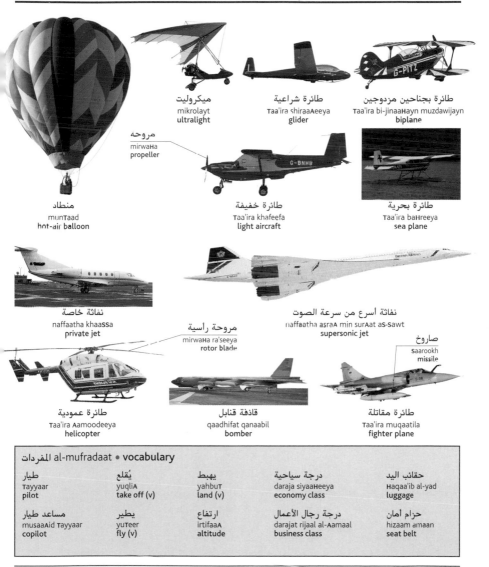

منطاد
munTaad
hot-air balloon

ميكروليت
mikrolayt
ultralight

طائرة شراعية
Taa'ira shiraaAeeya
glider

طائرة بجناحين مزدوجين
Taa'ira bi-jinaaHayn muzdawijayn
biplane

مروحه
mirwaHa
propeller

طائرة خفيفة
Taa'ira khafeefa
light aircraft

طائرة بحرية
Taa'ira baHreeya
sea plane

نفاثة خاصة
naffaatha khaaSSa
private jet

نفاثة أسرع من سرعة الصوت
naffaatha asraA min surAat aS-Sawt
supersonic jet

مروحة رأسية
mirwaHa ra'seeya
rotor blade

طائرة عمودية
Taa'ira Aamoodeeya
helicopter

قاذفة قنابل
qaadhifat qanaabil
bomber

صاروخ
Saarookh
missile

طائرة مقاتلة
Taa'ira muqaatila
fighter plane

المفردات al-mufradaat • vocabulary

طيار
Tayyaar
pilot

مساعد طيار
musaaAid Tayyaar
copilot

يُقلع
yuqliA
take off (v)

يطير
yuTeer
fly (v)

يهبط
yahbuT
land (v)

ارتفاع
irtifaaA
altitude

درجة سياحية
daraja siyaaHeeya
economy class

درجة رجال الأعمال
darajat rijaal al-Aamaal
business class

حقائب اليد
Haqaa'ib al-yad
luggage

حزام أمان
Hizaam amaan
seat belt

المطار al-maTaar • airport

ممر
mamarr
apron

مقطورة أمتعة
maqToorat amtiAa
baggage trailer

محطة
maHaTTa
terminal

مركبة خدمات
markabat khidmaat
service vehicle

ممشى
mamsha
walkway

طائرة Taa'ira **airliner**

المفردات al-mufradaat • vocabulary

مدرج madraj **runway**	رقم رحلة raqam riHla **flight number**	سير الأمتعة sayr al-amtiAa **carousel**	عطلة AuTla **vacation**
رحلة دولية riHla duwaleeya **international flight**	فحص الجوازات faHS al-jawaazaat **immigration**	أمن amn **security**	يسجل yusajjil **check in (v)**
رحلة داخلية riHla daakhileeya **domestic flight**	جمارك jamaarik **customs**	جهاز أشعة أكس jihaaz ashiAAat aks **X-ray machine**	برج التحكم burj at-taHakkum **control tower**
وصلة waSla **connection**	تجاوز وزن الأمتعة tajaawuz wazn al-amtiAa **excess baggage**	كتالوج عطلات kataalog AaTlaat **travel brochure**	يحجز رحلة yaHjiz riHla **book a flight (v)**

حقائب اليد
Haqaa'ib al-yad
carry-on luggage

أمتعة
amtiAa
luggage

عربة
Aaraba
cart

مكتب التسجيل
maktab at-tasjeel
check-in desk

مراقبة الجوازات
muraaqabat al-jawaazaat
passport control

تأشيرة
ta'sheera
visa

جواز سفر jawaaz safar I passport

تصريح ركوب
taSreeH rukoob
boarding pass

تذكرة
tadhkara
ticket

رقم بوابة
raqam bawwaaba
gate number

قاعة مغادرة
qaaAat mughaadara
departure lounge

مغادرة
mughaadara
departures

شاشة معلومات
shaashat maAloomaat
information screen

الجهة المقصودة
al-jiha al-maqSooda
destination

وصول
wuSool
arrivals

متجر سوق حرة
matjar sooq Hurra
duty-free shop

استعادة أمتعة
istiAaadat amtiAa
baggage claim

موقف تاكسيات
mawqaf taksiyaat
cab stand

تأجير سيارة
ta'jeer sayyaara
car rental

الباخرة al-baakhira • ship

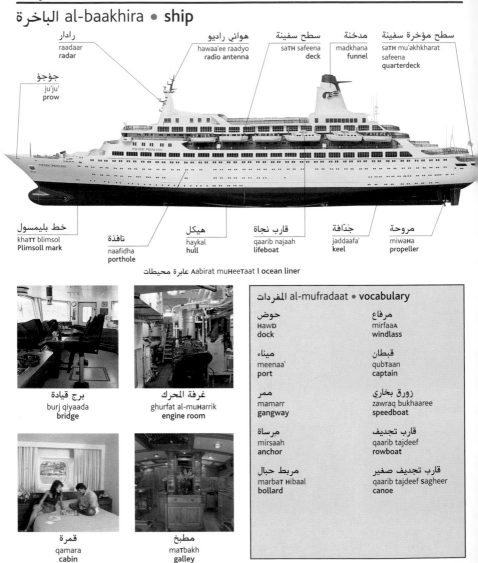

رادار
raadaar
radar
هوائي راديو
hawaa'ee raadyo
radio antenna
سطح سفينة
saTH safeena
deck
مدخنة
madkhana
funnel
سطح مؤخرة سفينة
saTH mu'akhkharat safeena
quarterdeck
جؤجؤ
ju'ju'
prow
خط بليمسول
khaTT blimsol
Plimsoll mark
نافذة
naafidha
porthole
هيكل
haykal
hull
قارب نجاة
qaarib najaah
lifeboat
جَدّافة
jaddaafa'
keel
مروحة
miwaHa
propeller

عابرة محيطات Aabirat muHeeTaat I ocean liner

برج قيادة
burj qiyaada
bridge

غرفة المحرك
ghurfat al-muHarrik
engine room

قمرة
qamara
cabin

مطبخ
maTbakh
galley

المفردات al-mufradaat • vocabulary

حوض
HawD
dock

ميناء
meenaa'
port

ممر
mamarr
gangway

مِرساة
mirsaah
anchor

مربط حبال
marbaT Hibaal
bollard

مرفاع
mirfaaA
windlass

قبطان
qubTaan
captain

زورق بخاري
zawraq bukhaaree
speedboat

قارب تجديف
qaarib tajdeef
rowboat

قارب تجديف صغير
qaarib tajdeef Sagheer
canoe

البواخر الأخرى al-bawaakhir al-ukhra • other ships

معدية
maAdeeya
ferry

محرك قابل للفصل
muHarrik qaabil lil-fasl
outboard motor

زورق مطاطي قابل للنفخ
zawraq maTaaTee qaabil lin-nafkh
inflatable dinghy

هيدروفويل
hidrofoyil
hydrofoil

يخت
yakht
yacht

كاتامران
katamaraan
catamaran

عوّافة
Aawwaafa
tugboat

حوامة
Hawwaama
hovercraft

سفينة حاويات
safeenat Haawiyaat
container ship

حبال تثبيت
Hibaal tathbeet
rigging

مركبة شراعية
markaba shiraaAeeya
sailboat

مخزن بضائع
makhzan baDaa'iA
hold

ناقلة بضائع
naaqilat baDaa'iA
freighter

ناقلة بترول
naaqilat betrool
oil tanker

حاملة طائرات
Haamilat Taa'iraat
aircraft carrier

سفينة حربية
safeena Harbeeya
battleship

برج مراقبة
burj muraaqaba
conning tower

غواصة
ghawwaasa
submarine

الميناء al-meenaa' • port

مستودع
mustawdaA
warehouse

ونش
winsh
crane

رافعة شوكية
raafiAa shawkeeya
fork-lift

شارع يتيح الدخول
shaariA yuteeH ad-dukhool
access road

دار الجمارك
daar al-jamaarik
customs house

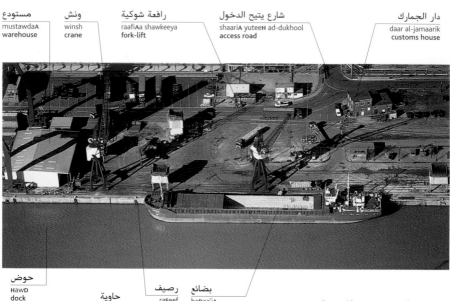

حوض
HawD
dock

حاوية
Haawiya
container

رصيف
raSeef
quay

بضائع
baDaa'iA
cargo

محطة معدية
maHaTTat maAdeeya
ferry terminal

معدية
maAdeeya
ferry

مكتب تذاكر
maktab
tadhaakir
ticket office

راكب
raakib
passenger

ميناء حاويات meenaa' Haawiyaat | container port

ميناء ركاب meenaa' rukkaab | passenger port

شبك
shabak
net

مركب صيد
markab sayd
fishing boat

مربط بالمرسى marbaT bil-marsa
mooring

مرسى marsaa | marina

ميناء صيد
meenaa' sayd | fishing port

ميناء meenaa' | harbor

جسر داخل البحر
jisr daakhil al-baHr | pier

لسان داخل البحر
lisaan daakhil al-baHr
jetty

حوض بناء السفن
HawD binaa' as-sufun
shipyard

مصباح
misbaaH
beacon

منارة
manaara
lighthouse

عوامة
Aawwaama
buoy

المفردات al-mufradaat • vocabulary

حرس سواحل Haras sawaaHil coastguard	حوض جاف HawD jaaff dry dock	يصعد yasAad board (v)
مدير الميناء mudeer al-meenaa' harbor master	يرسي yursee moor (v)	ينزل yanzil disembark (v)
يسقط المرساة yasquT al-mirsaah drop anchor (v)	يحاذي الرصيف yuHaadhee ar-raseef dock (v)	يبحر yubHir set sail (v)

ULTRA
3
DUNLOP
DDH
4
DUNLOP
TOUR EDITION
1
ProStaff
4
GOLF CLUB
TOP-FLITE
HOT XL
4
ProStaff
4
RAM TOUR
1
MAXFLI
TOP-FLITE
STRATA
3
DISTANCE

كرة القدم الأمريكية kurat al-qadam al-amreekeeya • football

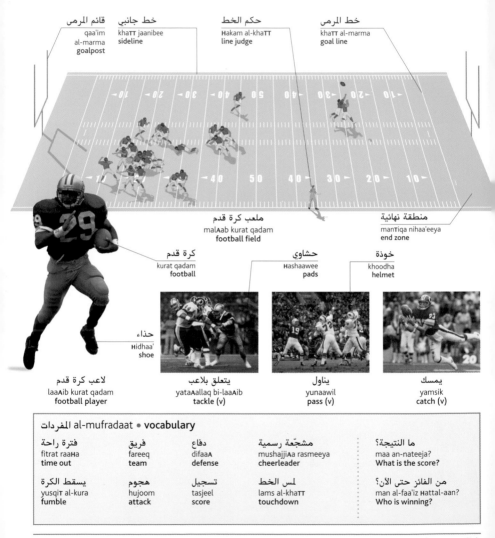

قائم المرمى
qaa'im al-marma
goalpost

خط جانبي
khaTT jaanibee
sideline

حكم الخط
Hakam al-khaTT
line judge

خط المرمى
khaTT al-marma
goal line

ملعب كرة قدم
malAab kurat qadam
football field

منطقة نهائية
manTiqa nihaa'eeya
end zone

كرة قدم
kurat qadam
football

حشاوي
Hashaawee
pads

خوذة
khoodha
helmet

حذاء
Hidhaa'
shoe

لاعب كرة قدم
laaAib kurat qadam
football player

يتعلق بلاعب
yataAallaq bi-laaAib
tackle (v)

يناول
yunaawil
pass (v)

يمسك
yamsik
catch (v)

المفردات al-mufradaat • vocabulary

فترة راحة
fitrat raaHa
time out

يسقط الكرة
yusqiT al-kura
fumble

فريق
fareeq
team

هجوم
hujoom
attack

دفاع
difaaA
defense

تسجيل
tasjeel
score

مشجّعة رسمية
mushajjiAa rasmeeya
cheerleader

لمس الخط
lams al-khaTT
touchdown

ما النتيجة؟
maa an-nateeja?
What is the score?

من الفائز حتى الآن؟
man al-faa'iz Hattal-aan?
Who is winning?

الرجبي ar-rugbee • rugby

مرمى
marma
goal

منطقة المرمي
manTiqat al-marma
in-goal area

خط اللمس
khaTT al-lams
touch line

علم
Aalam
flag

خط وراء المرمى
khaTT waraa' al-marma
dead ball line

ملعب رجبي malAab rugbee | rugby field

كرة
kura
ball

يرمي
yarmee
throw (v)

زي رجبي
ziyy rugbee
rugby uniform

يركل
yarkul
kick (v)

يناول
yunaawil
pass (v)

يتعلق بلاعب
yataAallaq bi-laaAib
tackle (v)

تجاوز خط مرمى بالكرة
tajaawuz khaTT marma bil-kura
try

لاعب
laaAib
player

تجمهر مهاجمين صغير tajamhur muhaajimeen Sagheer | ruck

تجمهر مهاجمين tajamhur muhaajimeen | scrum

لعبة كرة القدم laAbat kurat al-qadam • soccer

كرة قدم
kurat qadam
soccer ball

زي كرة قدم
ziyy kurat qadam
soccer uniform

لاعب كرة القدم
laaAib kurat qadam
soccer player

مهاجم
muhaajim
forward

حكم
Hakam
referee

دائرة وسط
daa'irat wasaT
center circle

حارس مرمى
Haaris marma
goalkeeper

ملعب كرة قدم
malAab kurat qadam
football field

قائم مرمى
qaa'im marma
goalpost

شباك
shibaak
net

عارضة
AaariDa
crossbar

هدف hadaf | **goal**

يجري بالكرة yajree bil-kura |
dribble (v)

يضرب الكرة بالرأس
yadrib al-kura bir-ra's
head (v)

حائط
Haa'it
wall

ضربة حرة Darba Hurra | **free kick**

منطقة الجزاء
manTiqat al-jazaa'
penalty area

خط المرمى
khaTT al-marma
goal line

منطقة المرمى
manTiqat al-marma
goal area

هدف
hadaf
goal

مدافع
mudaafiA
defender

مراقب خط
muraaqib khaTT
linesman

علم ركن
Aalam rukn
corner flag

رمية تماس ramyat tamaass
throw-in

يركل yarkul **kick (v)**

حذاء
Hidhaa'
shoe

يمرر
yumarrir
pass (v)

يسدد
yusaddid
shoot (v)

ينقذ
yanqidh
save (v)

يراوغ
yuraawigh
tackle (v)

المفردات al-mufradaat • **vocabulary**

استاد
istaad
stadium

فاول
faawil
foul

بطاقة صفراء
biTaaqa Safraa'
yellow card

دوري
dawree
league

وقت إضافي
waqt iDaafee
extra time

يسجل هدف
yusajjil hadaf
score a goal (v)

ضربة ركنية
Darba rukneeya
corner

متسلل
mutasallil
off-side

تعادل
taAaadul
draw

لاعب احتياطي
laaAib iHtiyaaTee
substitute

ضربة جزاء
Darbat jazaa'
penalty

بطاقة حمراء
biTaaqa Hamraa'
red card

طرد
Tard
send off

فترة ما بين الشوطين
fitra maa bayn
ash-shooTayn
half time

استبدال
istibdaal
substitution

لعبة الهوكي laAbat al-hokee • hockey

هوكي جليد hokee jaleed • ice hockey

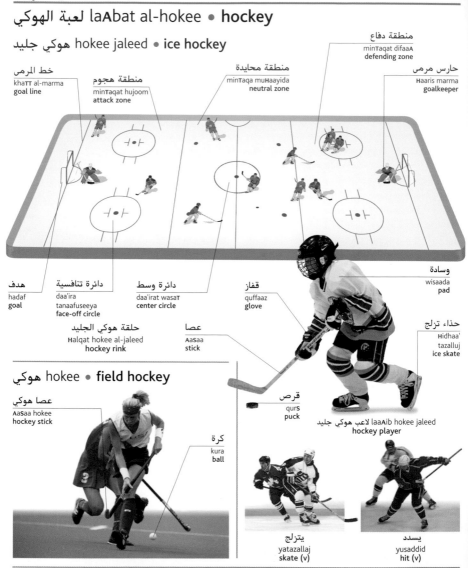

خط المرمى
khaTT al-marma
goal line

منطقة هجوم
minTaqat hujoom
attack zone

منطقة محايدة
minTaqa muHaayida
neutral zone

منطقة دفاع
minTaqat difaaA
defending zone

حارس مرمى
Haaris marma
goalkeeper

هدف
hadaf
goal

دائرة تنافسية
daa'ira tanaafuseeya
face-off circle

دائرة وسط
daa'irat wasaT
center circle

حلقة هوكي الجليد
Halqat hokee al-jaleed
hockey rink

قفاز
quffaaz
glove

عصا
AaSaa
stick

وسادة
wisaada
pad

حذاء تزلج
Hidhaa' tazalluj
ice skate

قرص
qurs
puck

لاعب هوكي جليد laaAib hokee jaleed
hockey player

هوكي hokee • field hockey

عصا هوكي
AaSaa hokee
hockey stick

كرة
kura
ball

يتزلج
yatazallaj
skate (v)

يسدد
yusaddid
hit (v)

لعبة الكريكيت laAbat al-kreeket • cricket

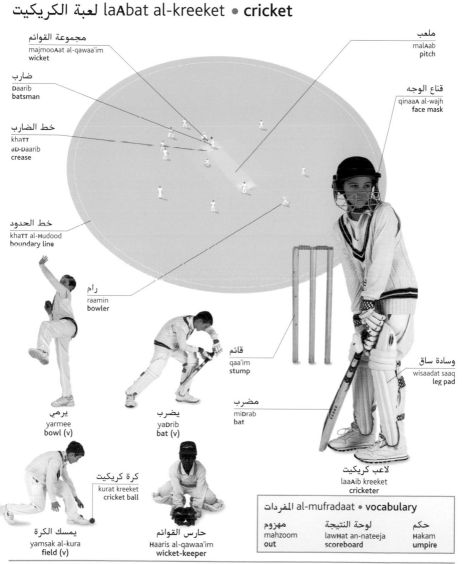

مجموعة القوائم
majmooAat al-qawaa'im
wicket

ملعب
malAab
pitch

ضارب
Daarib
batsman

قناع الوجه
qinaaA al-wajh
face mask

خط الضارب
khaTT
aD-Daarib
crease

خط الحدود
khaTT al-Hudood
boundary line

رام
raamin
bowler

قائم
qaa'im
stump

وسادة ساق
wisaadat saaq
leg pad

مضرب
miDrab
bat

يرمي
yarmee
bowl (v)

يضرب
yaDrib
bat (v)

لاعب كريكيت
laaAib kreeket
cricketer

كرة كريكيت
kurat kreeket
cricket ball

يمسك الكرة
yamsak al-kura
field (v)

حارس القوائم
Haaris al-qawaa'im
wicket-keeper

المفردات al-mufradaat • vocabulary

حكم	لوحة النتيجة	مهزوم
Hakam	lawHat an-nateeja	mahzoom
umpire	scoreboard	out

لعبة كرة السلة laAbat kurat as-salla • basketball

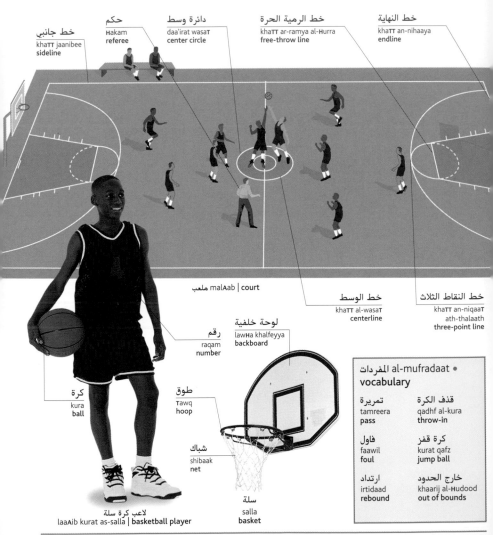

خط جانبي
khaTT jaanibee
sideline
حكم
Hakam
referee
دائرة وسط
daa'irat wasaT
center circle
خط الرمية الحرة
khaTT ar-ramya al-Hurra
free-throw line
خط النهاية
khaTT an-nihaaya
endline
ملعب malAab | court
خط الوسط
khaTT al-wasaT
centerline
خط النقاط الثلاث
khaTT an-niqaaT
ath-thalaath
three-point line

رقم
raqam
number
كرة
kura
ball
لاعب كرة سلة
laaAib kurat as-salla | basketball player

لوحة خلفية
lawHa khalfeyya
backboard
طوق
Tawq
hoop
شباك
shibaak
net
سلة
salla
basket

المفردات al-mufradaat • vocabulary

تمريرة tamreera **pass**	قذف الكرة qadhf al-kura **throw-in**
فاول faawil **foul**	كرة قفز kurat qafz **jump ball**
ارتداد irtidaad **rebound**	خارج الحدود khaarij al-Hudood **out of bounds**

الحركات al-Harakaat • actions

يرمي
yarmee
throw (v)

يمسك
yumsik
catch (v)

يصوب
yasawwib
shoot (v)

يقفز
yaqfiz
jump (v)

يلاصق
yulaasiq
mark (v)

يعترض
yaAtariD
block (v)

ينطط
yunaTTiT
bounce (v)

يدفع من أعلى
yadfaA min aAla
dunk (v)

لعبة الكرة الطائرة laAbat al-kura aT-Taa'ira • volleyball

يعترض
yaAtariD
block (v)

شباك
shibaak
net

يرفع الكرة لأعلى
yarfaA al-kura li-aAla
dig (v)

حكم
Hakam
referee

دعامة ركبة
diAaamat rukba
knee support

ملعب malAab | court

لعبة البيسبول laAbat al-baysbool • baseball

الملعب al-malAab • field

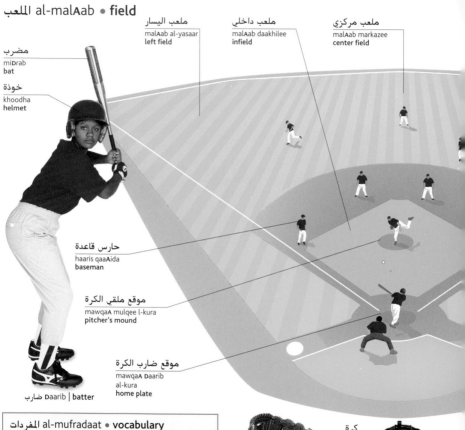

ملعب اليسار
malAab al-yasaar
left field
ملعب داخلي
malAab daakhilee
infield
ملعب مركزي
malAab markazee
center field
مضرب
bat
خوذة
khoodha
helmet
حارس قاعدة
haaris qaaAida
baseman
موقع ملقي الكرة
mawqaA mulqee l-kura
pitcher's mound
موقع ضارب الكرة
mawqaA Daarib
al-kura
home plate
ضارب Daarib | batter

المفردات al-mufradaat • vocabulary

مجموعة majmooAa **inning**	يصل لقاعدة yasil li-qaaAida **safe**	فشل الضربة fashl aD-Darba **foul ball**
نقطة nuqTa **run**	مهزوم mahzoom **out**	ضربة Darba **strike**

كرة
kura
ball

قفاز quffaaz
glove

قناع qinaaA
mask

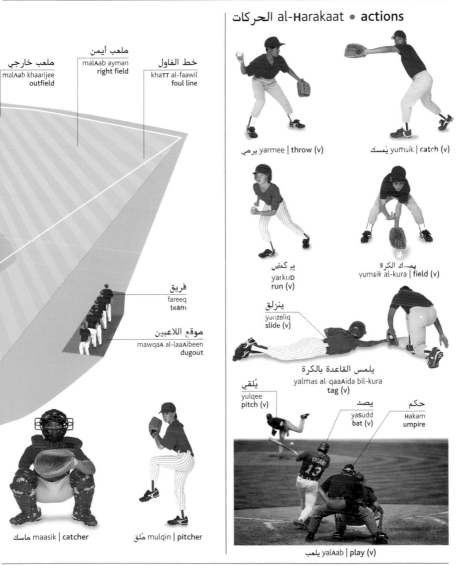

ملعب خارجي
malAab khaarijee
outfield
ملعب أيمن
malAab ayman
right field
خط الفاول
khaTT al-faawil
foul line
فريق
fareeq
team
موقع اللاعبين
mawqaA al-laaAibeen
dugout

ماسك maasik | catcher

مُلق mulqin | pitcher

الحركات al-Harakaat • actions

يرمي yarmee | throw (v)

يُمسك yumsik | catch (v)

يركض
yarkuD
run (v)

يمسك الكرة
yumsik al-kura | field (v)

ينزلق
yanzaliq
slide (v)

يلمس القاعدة بالكرة
yalmas al-qaaAida bil-kura
tag (v)

يُلقي
yulqee
pitch (v)
يصد
yaSudd
bat (v)
حكم
Hakam
umpire

يلعب yalAab | play (v)

لعبة التنس laAbat at-tenis • tennis

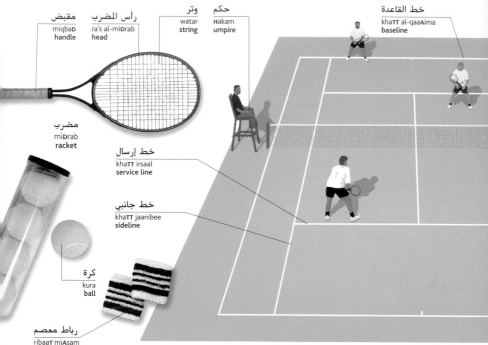

مقبض
miqbaD
handle
رأس المضرب
ra's al-miDrab
head
وتر
watar
string
حكم
umpire
خط القاعدة
khaTT al-qaaAima
baseline
مضرب
racket
خط إرسال
khaTT irsaal
service line
خط جانبي
khaTT jaanibee
sideline
كرة
kura
ball
رباط معصم
ribaaT miAsam
wristband

ملعب تنس malAab tenis | tennis court

المفردات al-mufradaat • vocabulary

مباراة فردية mubaaraah fardeeya **singles**	مجموعة majmooAa **set**	صفر Sifr **love**	خطأ khaTaa' **fault**	ضربة بزاوية Darba bi-zaawiya **slice**	مراقب خط muraaqib khaTT **linesman**
مباراة زوجية mubaaraah zawjeeya **doubles**	مباراة mubaaraah **match**	تعادل taAaadul **deuce**	كرة إرسال فائزة kurat irsaal faa'iza **ace**	ضربة لا تحتسب Darba laa tuHtasab **let**	شوط التعادل shawT at-taAaadul **tiebreak**
شوط shawT **game**	بطولة buToola **championship**	متقدم mutaqaddim **advantage**	كرة ساقطة kura saaqiTa **dropshot**	تبادل عدة ضربات tabaadul Aiddat Darabaat **rally**	لف laff **spin**

شبكة
shabaka
net

صبي جمع الكرات
sabiyy jamA al-kuraat
ballboy

يرسل
yursil
serve (v)

ضربة قوية
Darba qawiya
smash

حذاء تنس
Hidhaa' tenis
tennis shoes

لاعب laaAib | player

الضربات aD-Darabaat • strokes

إرسال
irsaal
serve

ضربة مباشرة
Darba mubaashira
volley

صد
sadd
return

ضربة في قوس علوي
Darba fee qaws Aulwee
lob

ضربة أمامية
Darba amaameeya
forehand

ضربة خلفية
Darba khalfeeya
backhand

ألعاب المضرب alAaab al-miDrab • racquet games

ريشة
reesha
shuttlecock

مضرب
miDrab
bat

تنس الريشة
tenis ar-reesha
badminton

تنس طاولة
tenis Taawila
table tennis

سكواش
skwaash
squash

لعبة الراكيت
laAbat ar-raaket
racquetball

الجولف al-golf • golf

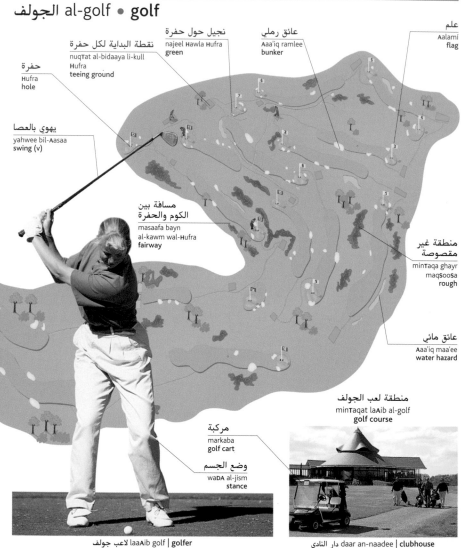

نقطة البداية لكل حفرة
nuqTat al-bidaaya li-kull Hufra
teeing ground
نجيل حول حفرة
najeel Hawla Hufra
green
عائق رملي
Aaa'iq ramlee
bunker
علم
Aalam
flag
حفرة
Hufra
hole
يهوي بالعصا
yahwee bil-Aasaa
swing (v)
مسافة بين الكوم والحفرة
masaafa bayn al-kawm wal-Hufra
fairway
منطقة غير مقصوصة
minTaqa ghayr maqSooSa
rough
عائق مائي
Aaa'iq maa'ee
water hazard

مركبة
markaba
golf cart
وضع الجسم
waDA al-jism
stance

لاعب جولف laaAib golf | golfer

منطقة لعب الجولف
minTaqat laAib al-golf
golf course

دار النادي daar an-naadee | clubhouse

المعدات al-muAiddaat • equipment

كرة الجولف
kurat al-golf
golf ball

مظلة
mizalla
umbrella

حقيبة الجولف
Haqeebat al-golf
golf bag

مسامير
masaameer
spikes

قمزة
qamza
tee

قفاز
quffaaz
glove

حامل معدات
Haamil maAiddaat
golf cart

حذاء جولف
Hidhaa' golf
golf shoe

عصي الجولف AuSee al-golf • golf clubs

خشب
khashab
wood

مُسقط
musqiT
putter

حديد
Hadeed
iron

إسفين
isfeen
wedge

الأوضاع al-awDaaA • actions

يُسدد من قمزة
yusaddid min qamza
tee-off (v)

يدفع
yadfaA
drive (v)

يُسقط في حفرة
yusqiT fee Hufra
putt (v)

يُسقط عن قرب
yusqiT Aan qurb
chip (v)

المفردات al-mufradaat • vocabulary

سوية sawiya **par**	فوق السوية fawq as-sawiya **over par**	معادلة muAaadala **handicap**	حمال الجولف Hammaal al-golf **caddy**	ضربة تدريب Darba tadreeb **practice swing**	ضربة Darba **stroke**
دون السوية doon as-sawiya **under par**	اسقاط بضربة واحدة isqaaT bi-Darba waaHida **hole in one**	مسابقة musaabaqa **tournament**	متفرجون mutafarrijoon **spectators**	ضربة طويلة من الخلف Darba Taweela min al-khalf **backswing**	اتجاه مقصود ittijaah maqsood **line of play**

ألعاب القوى aLAaab al-quwa • track and field

حارة
Haara
lane

مضمار
miDmaar
track

خط النهاية
khaTT an-nahaaya
finish line

خط البداية
khaTT al-bidaaya
starting line

ملعب
malAab
field

كتل البداية
kutal al-bidaaya
starting blocks

عداء
Aaddaa'
sprinter

رياضي
riyaaDee
athlete

رمي القرص
ramy al-qurS
discus

رمي الجلة
ramy al-julla
shotput

رمي الرمح
ramy ar-ramH
javelin

المفردات al-mufradaat • vocabulary

سباق
sibaaq
race

زمن
zaman
time

رقم قياسي
raqm qiyaasee
record

يحطم رقم قياسي
yuHaTTim raqm qiyaasee
break a record (v)

ماراثون
maarathon
marathon

تحديد الفائز بالتصوير
taHdeed al-faa'iz bit-taSweer
photo finish

قفز بالزانة
qafz biz-zaana
pole vault

رقم شخصي
raqm shakhSee
personal best

ساعة توقيت
saaAat tawqeet
stopwatch

عصا
Aasaa
baton

سباق تتابع
sibaaq tataabuA
relay race

عارضة
AaariDa
crossbar

الوثب العالي
al-wathb al-Aalee
high jump

الوثب الطويل
al-wathb aT-Taweel
long jump

حواجز
Hawaajiz
hurdles

جمباز jumbaaz • **gymnastics**

حصان
Hisaan
horse

أداء على حصان
adaa' Aala Hisaan
vault

مقفز
maqfaz
springboard

رأساً على عقب
ra'san Aala Auqb
somersault

لاعب جمباز
laaAib jumbaaz
gymnast

عارضة AaariDa | **beam**

سجادة
sajjaada
mat

تمارين أرضية
tamaareen arDeeya
floor exercises

شقلبة
shaqlaba
tumble

شريط
shareeT
ribbon

جمباز إيقاعي
jumbaaz eeqaaAee
rhythmic gymnastics

المفردات al-mufradaat • **vocabulary**

عارضة أفقية
AaariDa ufuqeeya
horizontal bar

عارضتان موازيتان
AaariDataan muwaaziyataan
parallel bars

حصان توازن
Hisaan tawaazun
pommel horse

عوارض غير متناظرة
AawaariD ghayr mutanaazira
asymmetric bars

أطواق
aTwaaq
rings

منصة
minassa
podium

ميداليات
meedaalyaat
medals

ذهب
dhahab
gold

فضة
fiDDa
silver

برونز
bironz
bronze

ألعاب النزال alAaab an-nizaal • combat sports

خصم
khiṣm
opponent

واق
waaqin
guard

حزام
ḥizaam
belt

قفاز
quffaaz
glove

كراتيه karaateh | **karate**

تي كوندو tai kwondo | **tae-kwon-do**

قناع
qinaaA
mask

جودو joodo | **judo**

سيف
sayf
sword

ايكيدو aykeedo | **aikido**

كيندو kendo | **kendo**

كونفو kunfoo | **kung fu**

ملاكمة بالأرجل
mulaakama bil-arjul
kickboxing

مصارعة muṣaaraAa | **wrestling**

ملاكمة mulaakama | **boxing**

الحركات al-Harakaat • actions

وقوع wuqooA | **fall**

مسك mask | **hold**

رمي ramy | **throw**

تثبيت tathbeet | **pin**

ركل rakl | **kick**

لكم lakm | **punch**

ضرب Darb | **strike**

قفز qafz | **jump**

صد Sadd | **block**

ضربة قاطعة
Darba qaaTiAa | **chop**

المفردات al-mufradaat • vocabulary

حلقة ملاكمة Halqat mulaakama **boxing ring**	جولة jawla **round**	قبضة يد qabDat yad **fist**	حزام أسود Hizaam aswad **black belt**	كابورا kaboora **capoeira**
واقي الفم waaqee l-fam **mouth guard**	مباراة mubaaraah **bout**	ضربة قاضية Darba qaaDiya **knock out**	دفاع عن النفس difaaA Aan an-nafs **self defense**	تي شي tai shee **tai-chi**
قفازات ملاكمة quffaazaat mulaakama **boxing gloves**	تدريب الملاكم tadreeb al-mulaakim **sparring**	كيس معلق للتدريب kees muAallaq lit-tadreeb **punch bag**	فنون القتال funoon al-qitaal **martial arts**	مصارعة يابانية musaaraAa yaabaaneeya **sumo wrestling**

السباحة as-sibaaHa • swimming

المعدات al-muAiddaat • equipment

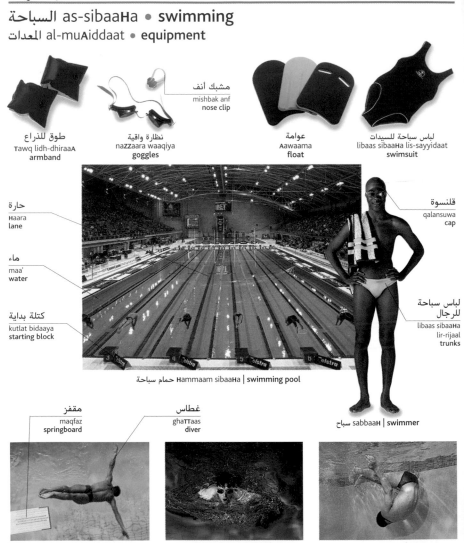

طوق للذراع
Tawq lidh-dhiraaA
armband

مشبك أنف
mishbak anf
nose clip

نظارة واقية
naZZaara waaqiya
goggles

عوامة
Aawaama
float

لباس سباحة للسيدات
libaas sibaaHa lis-sayyidaat
swimsuit

حارة
Haara
lane

ماء
maa'
water

كتلة بداية
kutlat bidaaya
starting block

حمام سباحة Hammaam sibaaHa | **swimming pool**

قلنسوة
qalansuwa
cap

لباس سباحة للرجال
libaas sibaaHa lir-rijaal
trunks

سباح sabbaaH | **swimmer**

مقفز
maqfaz
springboard

غطاس
ghaTTaas
diver

يغطس yaghTas | **dive (v)**

يسبح yasbaH | **swim (v)**

دوران dawaraan | **turn**

الأساليب al-asaaleeb • styles

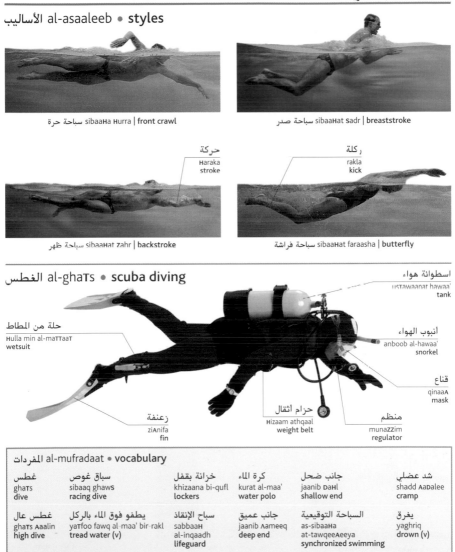

سباحة حرة sibaaHa Hurra | front crawl

سباحة صدر sibaaHat Sadr | breaststroke

حركة
Haraka
stroke

ركلة
rakla
kick

سباحة ظهر sibaaHat zahr | backstroke

سباحة فراشة sibaaHat faraasha | butterfly

الغطس al-ghaTs • scuba diving

اسطوانة هواء
usTawaanat hawaa'
tank

حلة من المطاط
Hulla min al-maTTaaT
wetsuit

انبوب الهواء
anboob al-hawaa'
snorkel

قناع
qinaaA
mask

زعنفة
ziAnifa
fin

حزام أثقال
Hizaam athqaal
weight belt

منظم
munaZZim
regulator

المفردات al-mufradaat • vocabulary

غطس ghaTs dive	سباق غوص sibaaq ghawS racing dive	خزانة بقفل khizaana bi-qufl lockers	كرة الماء kurat al-maa' water polo	جانب ضحل jaanib DaHl shallow end	شد عضلي shadd AaDalee cramp
غطس عال ghaTs Aaalin high dive	يطفو فوق الماء بالركل yaTfoo fawq al-maa' bir-rakl tread water (v)	سباح الإنقاذ sabbaaH al-inqaadh lifeguard	جانب عميق jaanib Aameeq deep end	السباحة التوقيعية as-sibaaHa at-tawqeeAeeya synchronized swimming	يغرق yaghriq drown (v)

الإبحار al-ibHaar • sailing

بوصلة
boSla
compass

مِرساة
mirsaah
anchor

صار
Saarin
mast

حبال تثبيت
Hibaal tathbeet
rigging

شراع رئيسي
shiraaA ra'eesee
mainsail

عارضة
AaariᴅA
boom

مؤخرة
mu'akhkhara
stern

ركاسة
rikaasa
cleat

ظهر جانبي
zahr jaanibee
sidedeck

شراع أمامي
shiraaA amaamee
headsail

مقدم
muqaddam
bow

ذراع الدفة
dhiraaA
ad-daffa
tiller

هيكل
haykal
hull

يبحر yubHir | navigate (v)

يخت yakht | **yacht**

سلامة salaama • safety

شهاب
shihaab
flare

عوامة إنقاذ
Aawaamat inqaadh
lifebuoy

سترة إنقاذ
sutrat inqaadh
life jacket

رمث نجاة
ramath najaah
life raft

الرياضات المائية al-riyaaDaat al-maa'eeya • watersports

جداف
jaddaaf
rower

مجداف
mijdaaf
oar

يجدف yujaddif | **row (v)**

قايق
qaayaq
kayak

مدرا
midra'
paddle

ركوب كنو
rukoon kanoo
canoeing

شراع
shiraaA
sail

راكب لوح
raakib lawH
windsurfer

لوح
lawH
board

حزام القدم
Hizaam al-qadam
footstrap

ركوب الرياح rukoob ar-riyaaH | **windsurfing**

لوحة ركوب الأمواج
lawHat rukoob al-amwaaj
surfboard

ركوب الأمواج
rukoob al-amwaaj
surfing

زحلوقة
zaHlooqa
ski

تزحلق على الماء
tazaHluq Aalal-maa'
waterskiing

ركوب مراكب السرعة
rukoob maraakib as surAa
speed boating

ركوب رمث
rukoob ramath
rafting

تزحلق نفاث
tazaHluq naffaath
jet skiing

المفردات al-mufradaat • vocabulary

متزحلق على الماء mutazaHliq Aalal-maa' **waterskier**	ملاحون mallaaHoon **crew**	هواء hawaa' **wind**	أمواج amwaaj **surf**	شراع shiraaA **sheet**	لوحة وسطية lawHa wasaTeeya **centerboard**
راكب الأمواج raakib al-amwaaj **surfer**	يتعرج في إبحاره yataAarraj fee ibHaarihi **tack (v)**	موجة mawja **wave**	خرخار kharkhaar **rapids**	دفة daffa **rudder**	ينقلب yanqalib **capsize (v)**

ركوب الخيل rukoob al-khayl • horseback riding

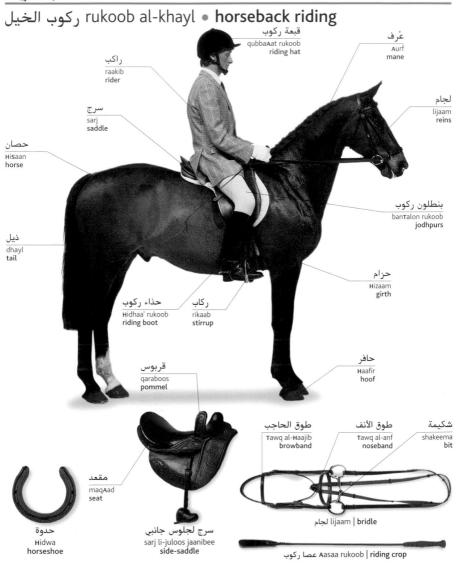

قبعة ركوب
qubbaAat rukoob
riding hat

عُرف
Aurf
mane

راكب
raakib
rider

لجام
lijaam
reins

سرج
sarj
saddle

حصان
HiSaan
horse

بنطلون ركوب
banTalon rukoob
jodhpurs

ذيل
dhayl
tail

حزام
Hizaam
girth

حذاء ركوب
Hidhaa' rukoob
riding boot

ركاب
rikaab
stirrup

حافر
Haafir
hoof

قربوس
qaraboos
pommel

طوق الحاجب
Tawq al-Haajib
browband

طوق الأنف
Tawq al-anf
noseband

شكيمة
shakeema
bit

مقعد
maqAad
seat

حدوة
Hidwa
horseshoe

سرج لجلوس جانبي
sarj li-juloos jaanibee
side-saddle

لجام lijaam | **bridle**

عصا ركوب Aasaa rukoob | **riding crop**

المباريات al-mubaariyaat • events

حصان سباق
HiSaan sibaaq
racehorse

سياج
siyaaj
fence

سباق خيول
sibaaq khuyool
horse race

سباق حوائل
sibaaq Hawaa'il
steeplechase

سباق عربات ذات عجلتين
sibaaq Aarabaat dhaat Aajalatayn
harness race

روديو
roodyo
rodeo

مباراة قفز
mubaraat qafz
showjumping

سباق مركبة
sibaaq markaba
carriage race

رحلة بالحصان
riHla bil-HuSaan | trekking

الراكب يُحرك الحصان ar-raakib yuHarrik
al-HiSaan | dressage

بولو
bolo | polo

المفردات al-mufradaat • vocabulary

مشي mashy walk	خبب khabab canter	قفز qafz jump	لجام lijaam halter	حقل ترويض Haql tarweeⅮ paddock	سباق على أرض مستوية sibaaq Aala arⅮ mustawiya flat race
هرولة harwala trot	جري jary gallop	سائس saa'is groom	إسطبل isTabl stable	ميدان تنافس meedaan tanaafus arena	مضمار miⅮmaar racecourse

صيد السمك Sayd as-samak • fishing

ثقل thiql | **weight**

شوكة
shawka
barb
عين
Aayn
eye

خطاف سمك
khuTTaaf samak
fishhook

طعم TuAm | **bait**

شبكة صيد
shabakat Sayd
landing net

طوافة
Tawwaafa
float

شرك
sharak
lure

ذبابة اصطناعية
dhubaaba iSTinaaAeeya
fly

صندوق عدة
Sundooq Aidda
tackle box

شبكة حفظ
shabakat Hifz
keep net

خيط
khayT
line
سنارة
sinnaara
fishing rod
بكرة
bakara
reel
خواضات
khawwaaDaat
waders

صائد سمك Saa'id samak | **angler**

أنواع صيد السمك anwaaᴀ Sayd as-samak • types of fishing

صيد سمك من ماء حلو
Sayd samak min maa' Hulw
freshwater fishing

صيد بذبابة اصطناعية
sayd bi-dhubaaba iᴤᴛinaaᴀeeya
fly fishing

رياضة صيد السمك
riyaaᴅat Sayd as-samak
sport fishing

صيد في البحار العميقة
Sayd fil-biHaar al-Aameeqa
deep sea fishing

صيد من الشاطئ
Sayd min ash-shaaᴛi'
surfcasting

الأنشطة al-anshiᴛa • activities

يرمي
yarmee
cast (v)

يصطاد
yaᴤᴛaad
catch (v)

يجر للخارج
yajurr lil-khaarij
reel in (v)

يصطاد في شبكة
yaᴤᴛaad fee shabaka
net (v)

يطلق سراح
yuᴛliq saraaH
release (v)

المفردات al-mufradaat • vocabulary

يُطعم yuTaAAim bait (v)	عدة Aidda tackle	زي مقاوم للماء ziyy muqaawim lil-maa' waterproofs	تصريح صيد taSreeH Sayd fishing license	سلة salla creel
يلتقط الطعم yaltaqiT aT-TuAm bite (v)	بكرة خيط bakrat khayT spool	سنارة sinnaara pole	صيد بحري Sayd baHree marine fishing	صيد بالحراب Sayd bil-Hiraab spearfishing

التزلج at-tazalluq • skiing

منحدر تزلج
munHadar tazalluq
ski slope

مصعد بكرسي
masAad
bi-kursee
chairlift

عربة كبل
Aarabat kabal
cable car

بذلة تزلج
badhlat tazalluj
ski suit

عصا تزلج
AaSaa tazalluj
ski pole

قفاز
quffaaz
glove

مجرى تزلج
majra tazalluj
ski run

حذاء تزلج
Hidhaa' tazalluj
ski boot

حاجز أمان
Haajiz amaan
safety barrier

زحلوقة
zaHlooqa
ski

حافة
Haafa
edge

متزلج
mutazallij
skier

طرف
Tarf
tip

المباريات al-mubaariyaat • events

حد المسار
Hadd al-masaar
gate

تزلج نحو السفح
tazalluj naHw as-safH
downhill skiing

تزلج متعرج
tazalluj mutaAarrij
slalom

تزلج مع القفز
tazalluj maAa l-qafz
ski jump

تزلج لمسافات طويلة
tazalluj li-masaafaat Taweela
cross-country skiing

رياضات الشتاء riyaaDaat ash-shitaa' • winter sports

نظارات واقية
naZZaaraat waaqiya
goggles

حذاء تزلج
HiDHaa' tazalluj
skate

صعود الجليد
SuAood al-jaleed
ice climbing

تزلج على الجليد
tazalluj Aala l-jaleed
ice skating

رقص على الجليد
raqS Aala l-jaleed
figure skating

تزلج على لوحة
tazalluj Aala lawH
snowboarding

تزلج في مركبة
tazalluj fee markaba
bobsleigh

تزلج في وضع الجلوس
tazalluj fee waDA al-juloos
luge

المفردات al-mufradaat • vocabulary

تزلج ترفيهي tazalluj tarfeehee **alpine skiing**	كرلنج kurling **curling**
تزلج متعرج طويل tazalluj mutaAarrij Taweel **giant slalom**	تزلج السرعة tazalluj as-surAa **speed skating**
خارج المجرى khaarij al-majra **off-piste**	انهيار inhiyaar **avalanche**
استعانة بكلاب للتزلج istiAaanat bi-kilaab lit-tazalluj **dog sledding**	رياضة الرماية والتزلج riyaaDat ar-rimaaya wat-tazalluj **biathlon**

عربة الثلوج
Aarabat ath-thulooj
snowmobile

استعمال مزالج
istiAmaal mazaalij
sledding

رياضات أخرى riyaaᴅaat ukhra • other sports

طائرة شراعية
ᴛaa'ira shiraaᴀeyya
glider

شراع طائر
shiraaᴀ ᴛaa'ir
hang-glider

طيران بطائرة شراعية
ᴛayaraan bi-ᴛaa'ira shiraaᴀeeya
gliding

مظلة هبوط
mizallat hubooᴛ
parachute

طيران بشراع طائر
ᴛayaraan bi-shiraaᴀ ᴛaa'ir
hang-gliding

حبل
ᴴabl
rope

صعود الصخور
suᴀood as-sukhoor
rock climbing

قفز بمظلات
qafz bi-mazallaat
parachuting

تعلق على شراع
taᴀalluq ᴀala shiraaᴀ
paragliding

سباحة في الفضاء
sibaaᴴa fil-faᴅaa'
skydiving

هبوط عبر حبل ثابت
hubooᴛ ᴀabra ᴴabl thaabit
rappelling

قفز بالبنجي
qafz bil-banjee
bungee jumping

سباق الطرق الوعرة
sibaaq aT-Turuq al-waAra
rally driving

سائق سباق
saa'iq sibaaq
racing driver

سباق سيارات
sibaaq sayyaaraat
auto racing

سباق الطرق الوعرة بدراجات
sibaaq aT-Turuq al-waAra bi-darraajaat
motorcross

سباق دراجات بخارية
sibaaq darraajaat bukhaareeya
motorcycle racing

ألواح بعجل
alwaaH bi-Aajal
skateboard

ركوب ألواح بعجل
rukoob alwaaH bi-Aajal
skateboarding

حذاء بعجل
Hidhaa' bi-Aajal
rollerskate

تزلج بحذاء ذات عجل
tazalluj bi-Hidhaa' dhaat Aajal
roller skating

عصا
AaSaa
stick

لعبة لاكروس
laAbat lakros
lacrosse

قناع
qinaaA
mask

سلاح
silaaH
foil

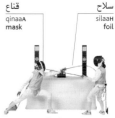

مبارزة
mubaaraza
fencing

وتد
watad
pin

كرة البولينج
kurat al-bohling
bowling ball

لعبة بولينج
laAbat bohling
bowling

قوس
qaws
bow

سهم
sahm
arrow

حامل السهام
Haamil as-sihaam
quiver

رماية بالقوس والسهم
rimaaya bil-qaws was-sahm
archery

هدف
hadaf
target

رماية نحو هدف
rimaaya naHwa hadaf
target shooting

بلياردو
bilyaardo
pool

سنوكر
snookir
snooker

اللياقة البدنية al-liyaaqa al-badaneeya • fitness

دراجة تمرينات
darraajat
tamreenaat
exercise bike

جهاز جمنازيوم
jihaaz jimnaazyum
gym machine

مقعد طويل
maqAad Taweel
bench

أثقال حرة
athqaal Hurra
free weights

عارضة
AaariDa
bar

جمنازيوم
jimnaazyum
gym

جهاز تجديف
jihaaz tajdeef
rowing machine

مشاية
mashshaaya
treadmill

جهاز تمرين شامل
jihaaz tamreen shaamil
cross trainer

مدرب شخصي
mudarrib shakhSee
personal trainer

جهاز تدرب على درج
jihaaz tadarrub Aala daraj
step machine

حمام سباحة
Hammaam sibaaHa
swimming pool

ساونا
saawna
sauna

التمارين الرياضية at-tamaareen ar-riyaaDeeyaat • exercises

جوارب
jawaarib
tights

مد
madd
stretch

تحرك للأمام
taHarruk lil-amaam
lunge

رفع وخفض الجسم
rafA wa-khafD al-jism
push-up

قضيب بكرتين
qaDeeb bi-kuratayn
dumb bell

قرفصاء
qurfuSaa'
squat

رفع الرأس والصدر
rafA ar-ra's waS-Sadr
sit-up

تدريب عضلة الذراع
tadreeb AaDalat adh-dhiraaA
bicep curl

دفع بالأرجل
dafA bil-arjul
leg press

حذاء تدريب
Hidhaa' tadreeb
trainers

قضيب أثقال
qadeeb athqaal
weight bar

صدرة
Sudra
vest

ضغط الصدر
daghT aS-Sadr
chest press

تدريب على رفع الأثقال
tadreeb Aala rafA al-athqaal
weight training

عدو
Aadw
jogging

تمارين رياضية إيقاعية
tamaareen riyaaDeeya eeqaaAeeya
aerobics

المفردات al-mufradaat • vocabulary

يتدرب yatadarrab **train (v)**	يعدو على الواقف yaAdoo Aalal-waaqif **run in place (v)**	يمد yamudd **extend (v)**	بيلاتس bilaatis **Pilates**	لياقة من جهاز لجهاز liyaaqa min jihaaz li-jihaaz **circuit training**
يسخن العضلات yusakhkhin al-Aadalaat **warm up (v)**	يثني yathnee **flex (v)**	يرفع yarfaA **pull up (v)**	تدريب ملاكمة tadreeb mulaakama **boxercise**	نط الحبل naTT al-Habl **jumping rope**

الترفيه at-tarfeeh
leisure

المسرح al-masraH • theater

ستارة
sitaara
curtain

أجنحة
ajniHa
wings

مشهد
mash-had
set

مشاهدون
mushaahidoon
audience

اوركسترا
orkestra
orchestra

مسرح masraH | stage

مقعد
maqAad
seat

دور علوي
door Aulawee
upper circle

صف
saff
row

مقصورة
maqSoora
box

شرفة دائرية
shurfa
daa'ireeya
circle

شرفة
shurfa
balcony

ممر
mamarr
aisle

مقاعد أمامية
maqaaAid
amaameeya
orchestra seats

أماكن الجلوس amaakin al-juloos | seating

المفردات al-mufradaat • vocabulary

ممثل	نص	ليلة الافتتاح
mumaththil	naSS	laylat al-iftitaaH
actor	script	first night
ممثلة	خلفية	استراحة
mumaththila	khalfeeya	istiraaHa
actress	backdrop	interval
مسرحية	مخرج	برنامج
masraHeeya	mukhrij	barnaamij
play	director	program
شخصيات رواية	منتج	موضع للاوركسترا
shakhSeeyaat	muntij	mawDaA
riwaaya	producer	lil-orkestra
cast		orchestra pit

حفلة موسيقية
Hafla moosiqeeya | concert

مسرحية موسيقية
masraHeeya moosiqeeya | musical

زي
ziyy
costume

باليه baalleh | ballet

المفردات al-mufradaat • vocabulary

مرشد لمقاعد
murshid li-maqaaAid
usher

موسيقى كلاسيكية
moosiqa kelaasikeeya
classical music

نوتة موسيقية
noota moosiqeeya
musical score

يصفق
yussfiq
applaud (v)

استعادة
istiAaada
encore

الموسيقى المصاحبة
al-moosiqa al-musaaHiba
soundtrack

متى تبدأ؟
mata tabda'?
What time does it start?

أريد تذكرتين لبرنامج الليلة.
ureed tadhkaratayn li-barnaamij al-layla
I'd like two tickets for tonight's performance.

اوبرا obera | opera

السينما as-seenimaa • cinema

فشار
fishaar
popcorn

ردهة
radha
lobby

مكتب الحجز
maktab al-Hajz
box office

إعلان
iAlaan
poster

قاعة سينما
qaaAat seenimaa
movie theater

شاشة
shaasha
screen

المفردات al-mufradaat • vocabulary

فيلم هزلي
film hazalee
comedy

فيلم إثارة
film ithaara
thriller

فيلم رعب
film raAb
horror movie

فيلم رعاة بقر
film ruAaah baqar
Western

فيلم غرامي
film gharaamee
romance

فيلم خيال علمي
film khayaal Ailmee
science fiction movie

فيلم مغامرات
mughaamara
adventure

رسوم متحركة
rusoom mutaHarrika
animated film

الاوركسترا al-orkestra • orchestra

آلات وترية aalaat watareeya • strings

قيثارة
qeethaara
harp

قائد اوركسترا
qaa'id orkestra
conductor

كونترباص تشيللو
kawntirbaas tshello
double bass

كمان
kamaan
violin

منصة عالية
minaSSa
Aaalya
podium

فيولا
fiyoola
viola

تشيللو
tshello
cello

نوتة موسيقية
nota moosiqeeya
score

مفتاح "صول"
miftaaH "sol"
treble clef

نغمة
naghma
note

مدرج
madraj
staff

مفتاح "فا" (باص)
miftaaH "faa" (baaS)
bass clef

بيانو biyaano | **piano**

تدوين النوتة tadween an-nota | **notation**

المفردات al-mufradaat • vocabulary

مقدمة muqaddama **overture**	سوناتة sonaata **sonata**	سكتة sakta **rest**	علامة الزيادة Aalaamat az-ziyaada **sharp**	علامة الطبيعة Aalaamat aT-TabeeAa **natural**	سلم sullam **scale**
سيمفونية seemfoneeya **symphony**	آلات aalaat **instruments**	طبقة الصوت Tabaqat as-sawt **pitch**	علامة التنقيص Aalaamat at-tanqees **flat**	حاجز Haajiz **bar**	عصا قائد AaSaa qaa'id **baton**

الات النفخ aalaat an-nafkh • **woodwind**

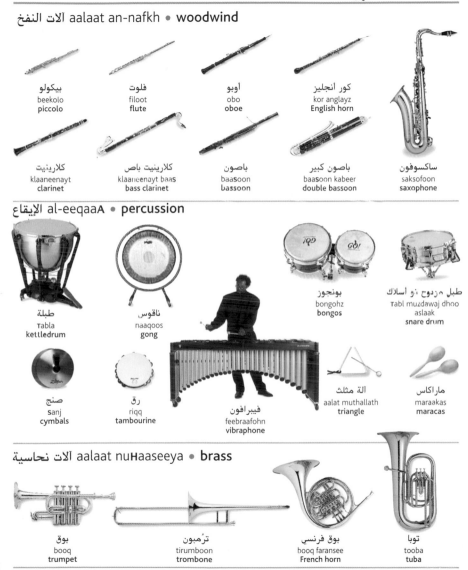

بيكولو
beekolo
piccolo

فلوت
filoot
flute

أوبو
obo
oboe

كور أنجليز
kor anglayz
English horn

كلارينيت
klaaneenayt
clarinet

كلارينيت باص
klaaneenayt baas
bass clarinet

باصون
baasoon
bassoon

باصون كبير
baasoon kabeer
double bassoon

ساكسوفون
saksofoon
saxophone

الإيقاع al-eeqaaA • **percussion**

طبلة
Tabla
kettledrum

ناقوس
naaqoos
gong

بونجوز
bongohz
bongos

طبل مزدوج ذو أسلاك
Tabl muzdawaj dhoo aslaak
snare drum

صنج
sanj
cymbals

رق
riqq
tambourine

فيبرافون
feebraafohn
vibraphone

آلة مثلث
aalat muthallath
triangle

ماراكاس
maraakas
maracas

آلات نحاسية aalaat nuHaaseeya • **brass**

بوق
booq
trumpet

ترُمبون
tirumboon
trombone

بوق فرنسي
booq faransee
French horn

توبا
tooba
tuba

الحفلة الموسيقية al-Hafla al-mooseeqeeya • concert

مطرب رئيسي
muTrib ra'eesee
lead singer

ميكروفون
meekrofohn
microphone

طبال
Tabbaal
drummer

عازف القيثارة
Aaazif
al-qeethaara
guitarist

معجبون
muAjaboon
fans

عازف باس
Aaazif baas
bass guitarist

سماعة
sammaaAa
speaker

حفل موسيقى الروك Hafl mooseeqa ar-rok | **rock concert**

الآلات al-aalaat • instruments

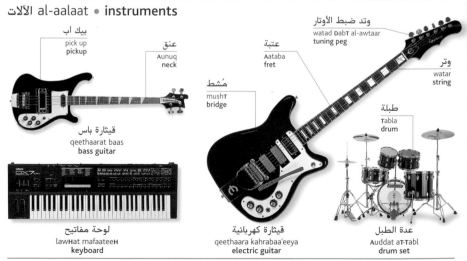

بيك اب
pick up
pickup

عنق
Aunuq
neck

عتبة
Aataba
fret

وتد ضبط الأوتار
watad DabT al-awtaar
tuning peg

وتر
watar
string

مُشط
mushT
bridge

طبلة
Tabla
drum

قيثارة باس
qeethaarat baas
bass guitar

لوحة مفاتيح
lawHat mafaateeH
keyboard

قيثارة كهربائية
qeethaara kahrabaa'eeya
electric guitar

عدة الطبل
Auddat aT-Tabl
drum set

الأساليب الموسيقية al-asaaleeb al-mooseeqeeya • **musical styles**

جاز jaaz | **jazz**

بلوز blooz | **blues**

بونك punk | **punk**

موسيقى شعبية mooseeqa shaAbeeya
folk music

أغاني شباب aghaanee shabaab | **pop**

موسيقى رقص mooseeqa raqs | **dance**

موسيقى راب mooseeqa rap | **rap**

موسيقى روك صاخبة
mooseeqa rok saakhiba
heavy metal

موسيقى كلاسيكية
mooseeqa kalaaseekeeya
classical music

المفردات al-mufradaat • **vocabulary**

أغنية	كلمات أغنية	لحن	إيقاع	ريجي	ريفية أمريكية	ضوء المسرح
ughniya	kalimaat ughniya	laHn	eeqaaA	raygay	reefeeya amreekeeya	Daw' al-masraH
song	**lyrics**	**melody**	**beat**	**reggae**	**country**	**spotlight**

مشاهدة المعالم mushaahadat al-maAaalim • sightseeing

سائح
saa'iH
tourist

برنامج رحلة
barnaamij riHla
itinerary

دور علوي مكشوف
door Aulwee makshoof
open-top

حافلة سياحية Haafila siyaaHeeya | tour bus

مزار سياحي mazaar siyaaHee | tourist attraction

مرشد سياحي
murshid siyaaHee
tour guide

جولة مع مرشد
jawla maAa murshid
guided tour

تمثال صغير
timthaal Sagheer
statuette

تذكارات
tidhkaaraat
souvenirs

المفردات al-mufradaat • vocabulary

مفتوح maftooH open	كتيب إرشاد kutayb irshaad guide book	آلة تصوير فيديو aalat tasweer fidyo camcorder	يسار yasaar left	أين الـ...؟ ayna-l...? Where is...?
مغلق mughlaq closed	فيلم film film	آلة تصوير aalat tasweer camera	يمين yameen right	لقد ضللت الطريق. laqad Dalaltu T-Tareeq. I'm lost.
رسم دخول rasm dukhool admission charge	بطاريات baTTaareeyaat batteries	إرشادات irshaadaat directions	إلى الأمام ilal-amaam straight ahead	هل ممكن إرشادي إلى...؟ hal mumkin irshaadee ila...? Can you tell me the way to...?

المزارات al-mazaaraat • **attractions**

لوحة فنية
lawHa fanneeya
painting

أحد المعروضات
aHad al-maAroobaat
exhibit

معرض
maAraD
exhibition

أطلال مشهورة
aTlaal mash-hoora
famous ruin

قاعة فنون
qaaAat funoon
art gallery

صرح
SarH
monument

متحف
matHaf
museum

مبنى أثري
mabna atharee
historic building

ناد للقمار
naadee lil-qumaar
casino

حدائق
Hadaa'iq
gardens

منتزه قومي
muntazah qawmee
national park

المعلومات al-maAloomaat • **information**

مواعيد
mawaaAeed
times

خريطة لمبنى
khareeTa li-mabna
floor plan

خريطة
khareeTa
map

جدول مواعيد
jadwal mawaaAeed
timetable

معلومات سياحية
maAloomaat siyaaHeeya
tourist information

الأنشطة خارج المنزل al-anshiTa khaarij al-manzil •
outdoor activities

ممر مشاة
mamarr mushaah
footpath

ساعة شمسية
saaAa shamseeya
sundial

مقهى
maqhan
café

منتزه muntazah | **park**

نجيل
najeel
grass

مقعد طويل
maqAad Taweel
bench

حدائق رسمية
Hadaaiq rasmeeya
formal gardens

قطار مرتفع
qiTaar murtafiA
roller coaster

مدينة الملاهي
madeenat al-malaahee
fairground

منتزه بموضوع مشترك
muntazah bi-mawDooA
mushtarik
theme park

حديقة رحلة سفاري
Hadeeqat riHlat safaaree
safari park

حديقة حيوانات
Hadeeqat Hayawaanaat
zoo

الأنشطة al-anshiTa • activities

ركوب الدراجات
rukoob ad-darraajaat
cycling

عدو
Aadw
jogging

ركوب الواح بعجل
rukoob alwaaH bi-Aajal
skateboarding

تنزه باحذية بعجل
tanazzuh bi-aHdhiya bi-Aajal
rollerblading

مسار لركوب الخيل
masaar li-rukoob al-khayl
bridle path

مشاهدة الطيور
mushaahadat aT-Tuyoor
bird watching

ركوب الخيل
rukoob al-khayl
horseback riding

المشي لمسافات طويلة
al mashy li-masaafaat
Taweela
hiking

سلة طعام
sallat TaAaam
hamper

نزهة
nuzha
picnic

ملعب أطفال malAab aTfaal • playground

ملعب رملي
malAab ramlee
sandpit

بركة خوض
birkat khawD
paddling pool

أرجوحة
urjooHa
swings

زحلوفة zaHloofa | **seesaw**

منزلق munzaliq | **slide**

هيكل تسلق haykal tasalluq
climbing frame

الشاطئ ash-shaaTi' • beach

| فندق
funduq
hotel | شمسية
shamseeya
beach umbrella | كوخ شاطئ
kookh shaaTi'
beach hut | رمل
raml
sand | موجة
mawja
wave | بحر
baHr
sea |

حقيبة شاطئ
Haqeebat shaaTi'
beach bag

بيكيني
bikeenee
bikini

يتشمس yatashammas | **sunbathe (v)**

عربي Aarabee

سباح الإنقاذ
sabbaaH al-inqaadh
lifeguard

برج سباح الإنقاذ
burj sabbaaH al-inqaadh
lifeguard tower

مصد ريح
maSadd reeH
windbreak

ممشى ساحلي
mamsha saaHilee
promenade

كرسي شاطئ
kursee shaaTi'
deck chair

نظارة شمس
naZZaarat shams
sunglasses

قبعة شمس
qubbaAat shams
sun hat

كريم للسمار
kreem lis-samaar
suntan lotion

حاجب لأشعة الشمس
Haajib li-ashiAat ash-shams
sunblock

كرة شاطئ
kurat shaaTi'
beach ball

عوامة أطفال
Aawwaamat aTfaa
rubber ring

لباس سباحة
libaas sibaaHa
swimsuit

جاروف
jaaroof
shovel

دلو
dalw
bucket

قصر من الرمل
qaSr min ar-raml
sandcastle

صدف
Sadaf
shell

منشفة شاطئ
minshafat shaaTi'
beach towel

التخييم at-takhyeem • camping

دورات المياه
dawraat al-miyaah
toilets

التخلص من النفايات
at-takhallus min an-nifaayaat
waste disposal

مبنى الأدشاش
mabna al-adshaash
shower block

مصدر كهربائي
masdar kahrabee'ee
electric hook-up

إطار خارجي
iTaar khaarijee
flysheet

وتد خيمة
watad khayma
tent peg

حبل
Habl
guy rope

بيت متنقل
bayt mutanaqqil
camper

مخيم mukhayyam | campsite

المفردات al-mufradaat • vocabulary

يخيم yukhayyim **camp (v)**	**موقع نصب خيمة** mawqaA nasb khayma **pitch**	**مقعد نزهة** maqAad nuzha **picnic bench**	**فحم** faHm **charcoal**
مكتب مدير الموقع maktab mudeer al-mawqaA **site manager's office**	**ينصب خيمة** yansub khayma **pitch a tent (v)**	**أرجوحة مشبوكة** urjooHa mashbooka **hammock**	**وقيد** waqqeed **firelighter**
أماكن متوفرة amaakin mutawaffira **pitches available**	**عمود خيمة** Aamood khayma **tent pole**	**مقطورة للبيات** maqToora lil-bayaat **camper van**	**يشعل نارا** yushAil naaran **light a fire (v)**
كامل العدد kaamil al-Aadad **full**	**سرير معسكر** sareer muAaskar **camp bed**	**مقطورة** maqToora **trailer**	**نار مخيم** naar mukhayyam **campfire**

هيكل
haykal
frame

مفرش للأرض
mafrash al-arD
tarp

حقيبة ظهر
Haqeebat Zahr
backpack

ثرموس
thirmos
vacuum flask

زجاجة للماء
zujaajat lil-maa'
water bottle

خيمة
khayma
tent

شبكة للبعوض
shabaka lil-baAood
mosquito net

طارد للحشرات
Taarid lil-Hasharaat
insect repellent

بطارية إضاءة
baTTaareeyat iDaa'a
flashlight

ملابس حافظة للحرارة
mallabis HaafiZa lil-Haraara
thermals

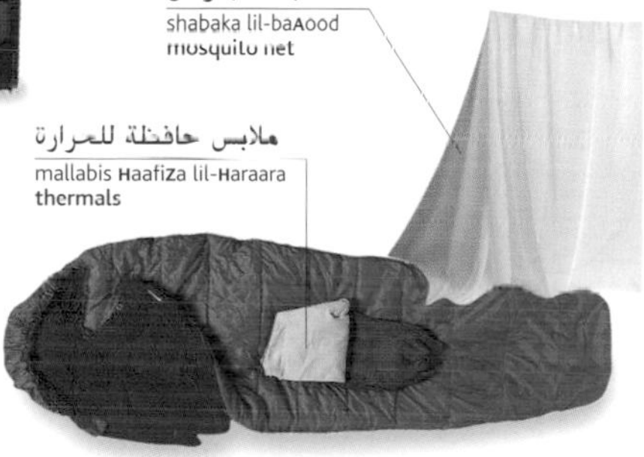

حذاء للمشي
Hidhaa' lil-mashy
hiking boots

ملابس مقاومة للماء
malaabis muqaawama
lil-maa'
rain slickers

كيس للنوم
kees lin-nawm
sleeping bag

سجادة للنوم
sajaada lin-nawm
sleeping mat

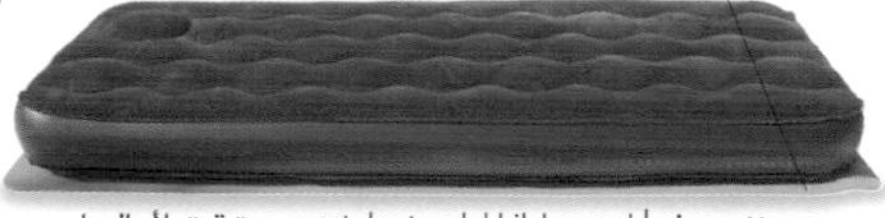

فرن للمخيمات
furn lil-mukhayyamaat
camping stove

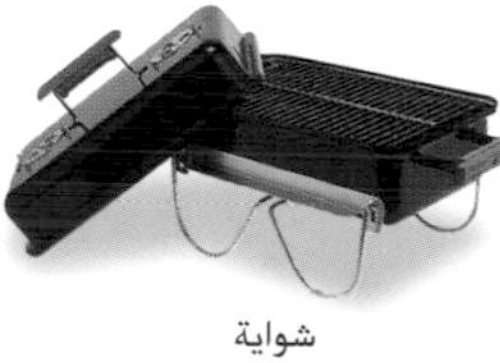

شواية
shawwaaya
barbecue

مرتبة تملأ بالهواء martaba tumla' bil-hawaa' | **air mattress**

الترفيه المنزلي at-tarfeeh al-manzilee • home entertainment

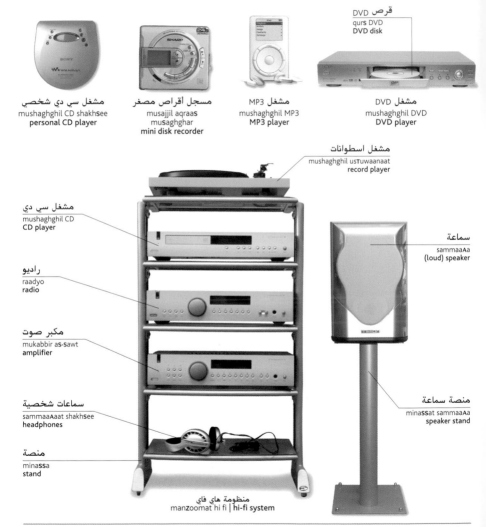

مشغل سي دي شخصي
mushaghghil CD shakhsee
personal CD player

مسجل أقراص مصغر
musajjil aqraas musaghghar
mini disk recorder

مشغل MP3
mushaghghil MP3
MP3 player

قرص DVD
qurs DVD
DVD disk

مشغل DVD
mushaghghil DVD
DVD player

مشغل اسطوانات
mushaghghil usTuwaanaat
record player

مشغل سي دي
mushaghghil CD
CD player

راديو
raadyo
radio

مكبر صوت
mukabbir as-sawt
amplifier

سماعات شخصية
sammaaAaat shakhsee
headphones

منصة
minassa
stand

منظومة هاي فاي
manzoomat hi fi | **hi-fi system**

سماعة
sammaaAa
(loud) speaker

منصة سماعة
minassat sammaaAa
speaker stand

شريط فيديو
shareeT feedyo
video tape

مسجل فيديو
musajjil feedyo
video recorder

شاشة
shaasha
screen

فتحة للعين
fatHa lil-Aayn
eyecup

آلة تصوير فيديو
aalat taSweer feedyo
camcorder

طبق استقبال الفضائيات
Tabaq istiqbaal al-faDaa'eeyaat
satellite dish

تليفزيون بشاشة عريضة
tileefizyon bi-shaasha AareeDa
widescreen television

خزانة
khizaana
console

مُنظم
munaZZim
controller

لعبة فيديو laAbat feedyo | **video game**

تشغيل للأمام
tashgheel lil-amaam
fast forward

وقفة
waqfa
pause

تسجيل
tasjeel
record

حجم الصوت
Hajm aS-Sawt
volume

إعادة اللف
iAaadat al-laff
rewind

تشغيل
tashgheel
play

إيقاف
eeqaaf
stop

تحكم عن بعد taHakkum Aan buAd | **remote control**

المفردات al-mufradaat • **vocabulary**

قرص سي دي
qurs CD
compact disc

شريط كاسيت
shareeT kaaset
cassette tape

مشغل كاسيت
mushaghghil kaaset
cassette player

فيلم رئيسي
film ra'eesee
feature film

إعلان
iAlaan
advertisement

رقمي
raqamee
digital

برنامج
barnaamij
program

ستريو
steriyo
stereo

بث عبر كابلات
bathth Aabra kablaat
cable television

يشاهد التليفزيون
yushaahid at-tileefizyon
watch television (v)

يقفل التليفزيون
yuqfil at-tileefizyon
turn the television off (v)

يضبط الراديو
yaDbiT ar-raadyo
tune the radio (v)

يُغير القناة
yughayyir al-qanaah
change channel (v)

يشغل التليفزيون
yushaghghil at-tileefizyon
turn the television on (v)

قناة الدفع لقاء كل مشاهدة
qanaat ad-dafa liqaa' kull mushaahada
pay per view channel

التصوير at-taSweer • photography

عداد صور
Aaddaad Suwar
frame counter

فلاش
flaash
flash

تحكم في الفتحة
taHakkum fil-fatHa
aperture dial

مرشح
murashshiH
filter

تحرير مغلاق العدسة
taHreer mighlaaq al-Aadasa
shutter release

غطاء عدسة
ghaTaa' Aadasa
lens cap

عدسة
Aadasa
lens

تحكم في سرعة المغلاق
taHakkum fee surAat
al-mighlaaq
shutter-speed dial

SLR كاميرا kameera SLR | **SLR camera**

فلاش منفصل
flaash munfaSil
flash gun

عداد الضوء
Aaddaad aD-Daw'
lightmeter

عدسة تزويم
Aadasat tazweem
zoom lens

حامل ثلاثي
Haamil thulaathee
tripod

أنواع الكاميرات anwaaA al-kameeraat • types of camera

كاميرا رقمية
kameera raqameeya
digital camera

كاميرا بمنظومة التصوير المتقدم
kameera bi-manzoomat
at-taSweer al-mutaqaddim
APS camera

كاميرا فورية
kameera fawreeya
instant camera

كاميرا للرمي
kameera lir-ramy
disposable camera

يصور yuSawwir • photograph (v)

بكرة فيلم
bakarat film
roll of film

فيلم
film
film

يضبط البؤرة
yaDbiT al-bu'ra
focus (v)

يحمض
yuHammiD
develop (v)

صورة سلبية
Soora salbeeya
negative

أفقي
ufuqee
landscape

راسي
ra'see
portrait

صورة Soora | **photograph**

ألبوم صور
alboom Suwar
photo album

إطار صورة
iTaar Soora
photo frame

المشاكل al-mashaakil • problems

لم يتعرض لضوء كاف
lam yataAarraD li-Daw' kaafin
underexposed

تعرض لضوء أكثر من اللازم
taAarraD li-Daw' akthar min al-laazim | **overexposed**

ببؤرة خاطئة
bi-bu'ra khaaTi'a
out of focus

عين حمراء
Aayn Hamraa'
red eye

المفردات al-mufradaat • vocabulary

رؤية المنظر
ru'yat al-manzar
viewfinder

حقيبة كاميرا
Haqeebat kameera
camera case

تعرض للضوء
taAarruD liD-Daw'
exposure

غرفة مظلمة
ghurfa muzlima
darkroom

طبع
TabA
print

غير لامع
ghayr laamiA
matte

لامع
laamiA
gloss

تكبير
takbeer
enlargement

أريد طبع هذا الفيلم.
ureed TabA haadha l-film.
I'd like this film processed.

اللُعب al-luAab • games

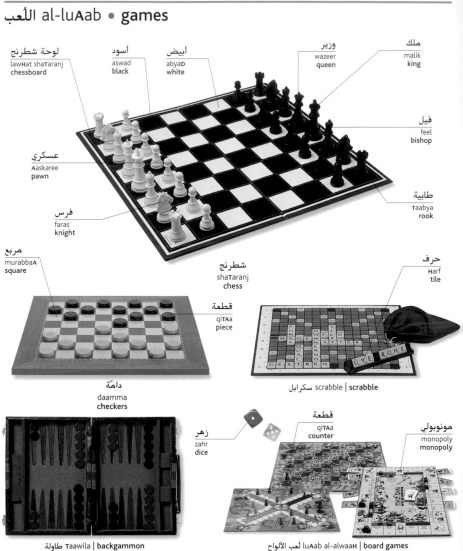

لوحة شطرنج lawHat shaTaranj **chessboard**

أسود aswad **black**

ابيض abyaD **white**

وزير wazeer **queen**

ملك malik **king**

فيل feel **bishop**

عسكري Aaskaree **pawn**

طابية Taabya **rook**

فرس faras **knight**

مربع murabbaA **square**

شطرنج shaTaranj **chess**

حرف Harf **tile**

قطعة qiTAa **piece**

دامّة daamma **checkers**

سكرابل scrabble | **scrabble**

طاولة Taawila | **backgammon**

زهر zahr **dice**

قطعة qiTAa **counter**

مونوبولي monopoly **monopoly**

لعب الألواح luAab al-alwaaH | **board games**

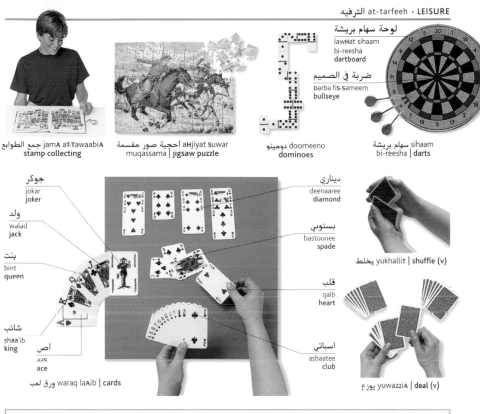

جمع الطوابع jamA aT-TawaabiA
stamp collecting

أحجية صور مقسمة aHjiyat Suwar muqassama | **jigsaw puzzle**

دومينو doomeeno
dominoes

لوحة سهام بريشة
lawHat sihaam
bi-reesha
dartboard
ضربة في الصميم
Darba fiS-Sameem
bullseye

سهام بريشة sihaam bi-reesha | **darts**

جوكر
jokar
joker
ولد
walad
jack
بنت
bint
queen
شائب
shaa'ib
king
اص
aas
ace
ديناري
deenaaree
diamond
بستوني
bastoonee
spade
قلب
qalb
heart
اسباتي
asbaatee
club

ورق لعب waraq laAib | **cards**

يخلط yukhalliT | **shuffle (v)**

يوزع yuwazziA | **deal (v)**

المفردات al-mufradaat • vocabulary

حركة Haraka **move**	يفوز yafooz **win (v)**	خاسر khaasir **loser**	نقطة nuqTa **point**	بريدج breedj **bridge**
يلعب yalAab **play (v)**	فائز faa'iz **winner**	لعبة luAba **game**	نتيجة nateeja **score**	طقم ورق اللعب Taqm waraq al-laAib **deck of cards**
لاعب laaAib **player**	يخسر yakhsar **lose (v)**	رهان rihaan **bet**	بوكر poker **poker**	نقش واحد naqsh waaHid **suit**

ارمي الزهر.
irmee az-zahr.
Roll the dice.

من عليه الدور؟
man Aalayhi ad-door?
Whose turn is it?

الدور عليك.
ad-door Aalayk(i).
It's your move.

الفنون والحِرَف ١ al-funoon wal-Hiraf waaHid • arts and crafts 1

فنان
fannaan
artist

حامل
Haamil
easel

لوحة
lawHa
painting

قماش للرسم
qumaash
lir-rasm
canvas

فرشاة
furshaah
brush

لوحة ألوان
lawHat
alwaan
palette

رسم وتلوين صور فنية rasm wa-talween suwar fanneeya | painting

الألوان al-alwaan • paints

ألوان زيتية
alwaan zayteeya
oil paints

ألوان مائية
alwaan maa'eeya
watercolor paints

بستيل
bastel
pastels

ألوان أكريلية
alwaan akreeleeya
acrylic paint

ألوان برابط صمغي
alwaan bi-raabiT samghee
poster paint

ألوان alwaan • colors

أحمر aHmar | red

أزرق azraq | blue

أصفر asfar | yellow

أخضر akhDar | green

برتقالي burtuqaalee
orange

أرجواني urjoowaanee
purple

أبيض abyaD | white

أسود aswad | black

رمادي ramaadee | gray

وردي wardee | pink

بني bunnee | brown

نيلي neelee | indigo

الحِرف الأخرى al-Hiraf al ukhra • other crafts

كراسة رسم تخطيطي
kuraasat rasm takhTeeTee
sketch pad

قلم رصاص
qalam raSaaS
pencil

تخطيط
takhTeeT
sketch

حبر
Hibr
ink

فحم
faHm
charcoal

رسم rasm | drawing

طبع TabA | printing

حفر Hafr | engraving

حجر
Hajar
stone

مطرقة
miTraqa
mallet

إزميل
izmeel
chisel

خشب
khashab
wood

نحت
naHt
sculpting

تشكيل الخشب
tashkeel al-khashab
woodworking

أداة تشكيل
adaat tashkeel
modeling tool

دولاب خزّاف
doolaab khazzaaf
potter's wheel

صمغ
samgh
glue

كرتون
karton
cardboard

كولاج kolaaj | collage

صلصال
SalSaal
clay

مصنع خزف maSnaA khazaf | pottery

صناعة المجوهرات
SinaaAat al-mujawharaat
jewelry making

ورق كوريشة
waraq kooreysha
papier-mâché

طي الورق
Tayy al-waraq
origami

عمل نماذج
Aamal namaadhij
model making

الفنون والحِرف ٢ al-funoon wal-Hiraf ithnaan • arts and crafts 2

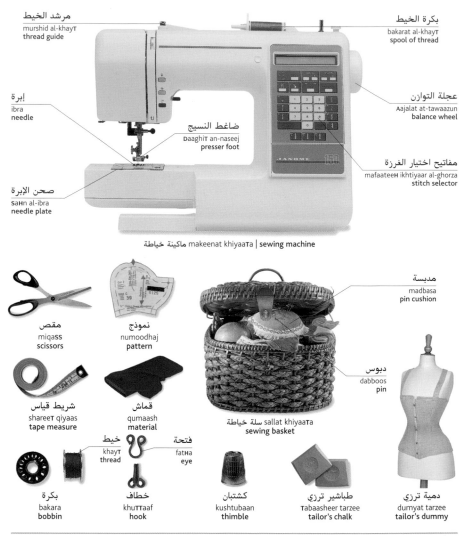

مرشد الخيط
murshid al-khayT
thread guide

بكرة الخيط
bakarat al-khayT
spool of thread

إبرة
ibra
needle

عجلة التوازن
Aajalat at-tawaazun
balance wheel

ضاغط النسيج
DaaghiT an-naseej
presser foot

صحن الإبرة
SaHn al-ibra
needle plate

مفاتيح اختيار الغرزة
mafaateeH ikhtiyaar al-ghorza
stitch selector

ماكينة خياطة makeenat khiyaaTa | sewing machine

مقص
miqaSS
scissors

نموذج
numoodhaj
pattern

مدبسة
madbasa
pin cushion

شريط قياس
shareeT qiyaas
tape measure

قماش
qumaash
material

دبوس
dabboos
pin

سلة خياطة sallat khiyaaTa
sewing basket

خيط
khayT
thread

فتحة
fatHa
eye

بكرة
bakara
bobbin

خطاف
khuTTaaf
hook

كشتبان
kushtubaan
thimble

طباشير ترزي
Tabaasheer tarzee
tailor's chalk

دمية ترزي
dumyat tarzee
tailor's dummy

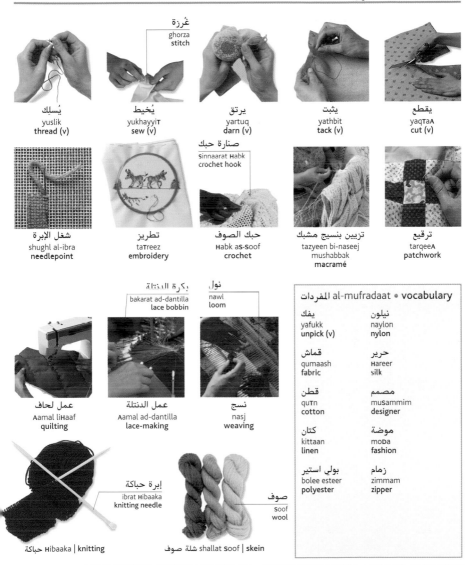

غُرزة
ghorza
stitch

يُسلِك
yuslik
thread (v)

يُخيّط
yukhayyiT
sew (v)

يرتق
yartuq
darn (v)

يثبت
yathbit
tack (v)

يقطع
yaqTaA
cut (v)

شغل الإبرة
shughl al-ibra
needlepoint

تطريز
taTreez
embroidery

صنارة حبك
sinnaarat Habk
crochet hook

حبك الصوف
Habk aS-Soof
crochet

تزيين بنسيج مشبك
tazyeen bi-naseej
mushabbak
macramé

ترقيع
tarqeeA
patchwork

بكرة الدنتلة
bakarat ad-dantilla
lace bobbin

نول
nawl
loom

عمل لحاف
Aamal liHaaf
quilting

عمل الدنتلة
Aamal ad-dantilla
lace-making

نسج
nasj
weaving

المفردات al-mufradaat • **vocabulary**

يفك
yafukk
unpick (v)

نيلون
naylon
nylon

قماش
qumaash
fabric

حرير
Hareer
silk

قطن
quTn
cotton

مصمم
muSammim
designer

كتان
kittaan
linen

موضة
moDa
fashion

بولي استير
bolee esteer
polyester

زمام
zimmam
zipper

إبرة حباكة
ibrat Hibaaka
knitting needle

صوف
Soof
wool

حباكة Hibaaka | **knitting**

شلة صوف shallat Soof | **skein**

البيئة al-bee'a
environment

الفضاء al-faDaa' • space

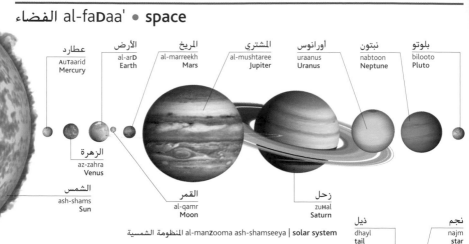

عطارد
AuTaarid
Mercury

الأرض
al-arD
Earth

المريخ
al-marreekh
Mars

المشتري
al-mushtaree
Jupiter

أورانوس
uraanus
Uranus

نبتون
nabtoon
Neptune

بلوتو
bilooto
Pluto

الزهرة
az-zahra
Venus

الشمس
ash-shams
Sun

القمر
al-qamr
Moon

زحل
zuHal
Saturn

المنظومة الشمسية al-manZooma ash-shamseeya | **solar system**

ذيل
dhayl
tail

نجم
najm
star

مجرة
majarra
galaxy

غمامة
ghammaama
nebula

كويكب
kuwaykib
asteroid

مذنب
mudhannab
comet

المفردات al-mufradaat • vocabulary

الكون al-kawn **universe**	ثقب أسود thuqb aswad **black hole**	بدر badr **full Moon**
مدار madaar **orbit**	كوكب kawkab **planet**	قمر جديد qamr jadeed **new Moon**
جاذبية jaadhibeeya **gravity**	شهاب shihaab **meteor**	هلال hilaal **crescent moon**

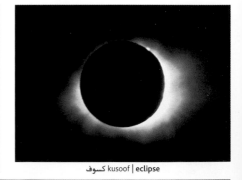

كسوف kusoof | **eclipse**

ارتياد الفضاء irtiyaad al-faDaa' • space exploration

رادار
raadaar
radar

باب الطاقم
baab aT-Taaqim
crew hatch

صاروخ انطلاق
saarookh inTilaaq
thruster

مكوك فضاء
makkook faDaa'
space shuttle

حلة فضاء
Hullat faDaa'
space suit

معزز
muAazziz
booster

رائد فضاء raa'id faDaa'
astronaut

سفينة نقل للقمر
safeenat naql lil-qamr | lunar module

منصة إطلاق
minaSSat iTlaaq
launch pad

إطلاق
iTlaaq
launch

قمر صناعي
qamr SinaaAee
satellite

محطة فضاء
maHaTTat faDaa'
space station

علم الفلك Ailm al-falak • astronomy

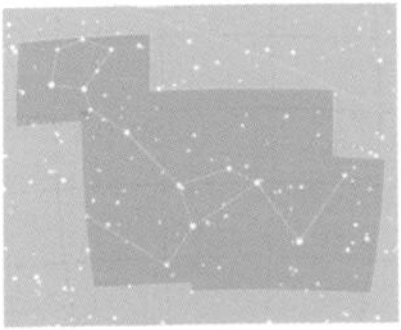

مجموعة من النجوم
majmooAa min an-nujoom
constellation

ناظور مزدوج
naaZoor muzdawij
binoculars

تلسكوب
tiliskob
telescope

حامل ثلاثي
Haamil thulaathee
tripod

الكرة الأرضية al-kura al-arDeeya • Earth

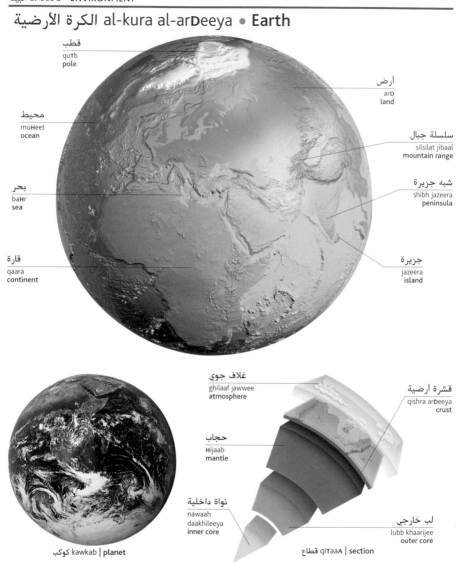

قطب
quTb
pole

محيط
muHeet
ocean

بحر
baHr
sea

قارة
qaara
continent

أرض
arD
land

سلسلة جبال
silsilat jibaal
mountain range

شبه جزيرة
shibh jazeera
peninsula

جزيرة
jazeera
island

غلاف جوي
ghilaaf jawwee
atmosphere

قشرة أرضية
qishra arDeeya
crust

حجاب
Hijaab
mantle

نواة داخلية
nawaah daakhileeya
inner core

لب خارجي
lubb khaarijee
outer core

كوكب kawkab | planet

قطاع qiTaaA | section

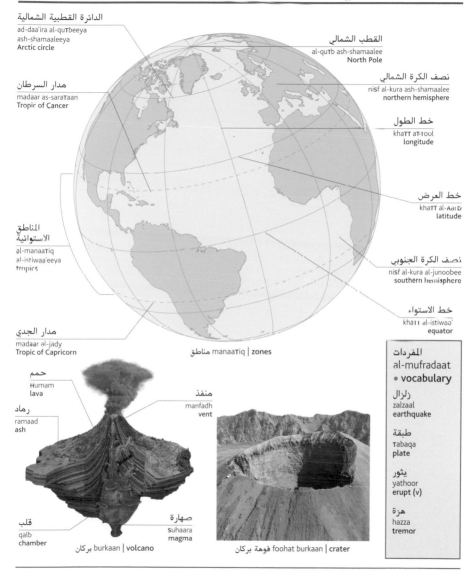

الدائرة القطبية الشمالية
ad-daa'ira al-quтbeeya
ash-shamaaleeya
Arctic circle

القطب الشمالي
al-quтb ash-shamaalee
North Pole

مدار السرطان
madaar as-saraтaan
Tropic of Cancer

نصف الكرة الشمالي
nisf al-kura ash-shamaalee
northern hemisphere

خط الطول
khaтт aт-тool
longitude

خط العرض
khaтт al-Aaгд
latitude

المناطق الاستوائية
al-manaaтiq
al-istiwaa'eeya
tropics

نصف الكرة الجنوبي
nisf al-kura al-junoobee
southern hemisphere

خط الاستواء
khaтт al-istiwaa'
equator

مدار الجدي
madaar al-jady
Tropic of Capricorn

مناطق manaaтiq | zones

حمم
нumam
lava

منفذ
manfadh
vent

رماد
ramaad
ash

قلب
qalb
chamber

صهارة
suhaara
magma

بركان burkaan | volcano

فوهة بركان foohat burkaan | crater

المفردات
al-mufradaat
• vocabulary

زلزال
zalzaal
earthquake

طبقة
тabaqa
plate

يثور
yathoor
erupt (v)

هزة
hazza
tremor

المناظر الطبيعية al-manaazir aT-TabeeAeeya • landscape

جبل
jabal
mountain

منحدر
munHadar
slope

ضفة
Daffa
bank

نهر
nahr
river

منحدر نهري
munHadar nahree
rapids

صخور
sukhoor
rocks

نهر جليدي
nahr jaleedee
glacier

واد waadin | **valley**

تل
tall
hill

هضبة
haDba
plateau

ممر جبلي
mamarr jabalee
gorge

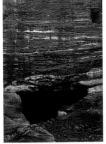

كهف
kahf
cave

سهل sahl | **plain**

صحراء saHraa' | **desert**

غابة ghaaba | **forest**

غابة صغيرة
ghaaba sagheera | **wood**

أدغال
adghaal
rain forest

مستنقع
mustanqaA
swamp

مرج
marj
meadow

مراع
maraaAi
grassland

شلال
shallaal
waterfall

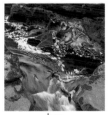

جدول
jadwal
stream

بحيرة
buHayra
lake

حمة
Hamma
geyser

ساحل
saaHil
coast

جرف
jurf
cliff

حيد مرجاني
Hayd marjaanee
coral reef

مصب النهر
masabb an-nahr
estuary

الجو al-jaww • weather

طبقة إكسوسفير
Tabaqat iksosfeer
exosphere
شفق
shafaq
aurora
طبقة ثيرموسفير
Tabaqat theermosfeer
thermosphere
الغلاف الأيوني
al-ghilaaf al-ayoonee
ionosphere
طبقة ميسوسفير
Tabaqat meesosfeer
mesosphere
أشعة فوق البنفسجية
ashiAAa fawq al-banafsijeeya
ultraviolet rays
طبقة ستراتوسفير
Tabaqat straatosfeer
stratosphere
طبقة أوزون
Tabaqat ozohn
ozone layer
طبقة تروبوسفير
Tabaqat tirobosfeer
troposphere

الغلاف الجوي
al-ghilaaf al-jawwee | **atmosphere**

ضوء الشمس Daw' ash-shams | **sunshine**

هواء hawaa' | **wind**

المفردات al-mufradaat • vocabulary

مطر متجمد maTar mutajammad **sleet**	وابل من المطر waabil min al-maTar **shower**	حار Haarr **hot**	جاف jaaff **dry**	كثير الرياح katheer ar-riyaaH **windy**	أشعر بالحر/بالبرد. ashAur bil-Harr/ bil-bard. **I'm hot/cold.**
برد barad **hail**	مشمس mushmis **sunny**	بارد baarid **cold**	ممطر mumTir **wet**	عاصفة AaaSifa **gale**	المطر يتساقط. al-maTar yatasaaqaT. **It's raining.**
رعد raAd **thunder**	غائم ghaa'im **cloudy**	دافئ daafi' **warm**	رطب raTib **humid**	درجة الحرارة darajat al-Haraara **temperature**	درجة الحرارة... darajat al-Haraara... **It's ... degrees.**

سحاب saHaab | cloud

مطر maTar | rain

برق
barq
lightning

عاصفة AaaSifa | storm

ضباب Dabaab | mist

ضباب كثيف Dabaab katheef | fog

قوس قزح qaws quzaHa | rainbow

ثلج thalj | snow

صقيع SaqeeA | frost

جليد jaleed | ice

صوابة جليد
Sawwaabat jaleed
icicle

تجمد tajammud | freeze

إعصار iASaar | hurricane

زوبعة zawbaAa
tornado

رياح موسمية
riyaaH mawsimeeya
monsoon

فيضان fayaDaan | flood

الصخور aS-Sukhoor • rocks

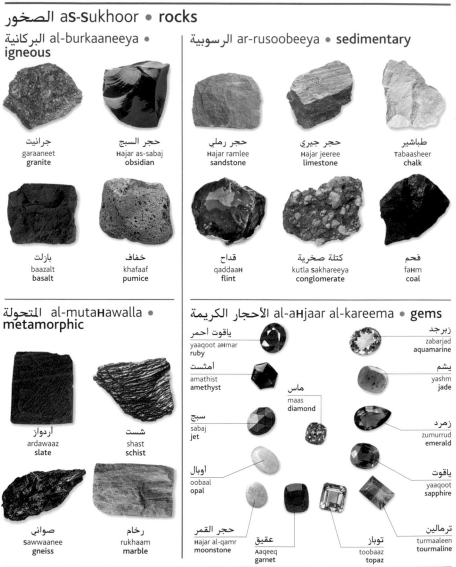

البركانية al-burkaaneeya • igneous

جرانيت
garaaneet
granite

حجر السبج
Hajar as-sabaj
obsidian

بازلت
baazalt
basalt

خفاف
khafaaf
pumice

الرسوبية ar-rusoobeeya • sedimentary

حجر رملي
Hajar ramlee
sandstone

حجر جيري
Hajar jeeree
limestone

طباشير
Tabaasheer
chalk

قداح
qaddaaH
flint

كتلة صخرية
kutla Sakhareeya
conglomerate

فحم
faHm
coal

المتحولة al-mutaHawalla • metamorphic

أردواز
ardawaaz
slate

شست
shast
schist

صواني
Sawwaanee
gneiss

رخام
rukhaam
marble

الأحجار الكريمة al-aHjaar al-kareema • gems

ياقوت أحمر
yaaqoot aHmar
ruby

زبرجد
zabarjad
aquamarine

أمثست
amathist
amethyst

يشم
yashm
jade

ماس
maas
diamond

سبج
sabaj
jet

زمرد
zumurrud
emerald

أوبال
oobaal
opal

ياقوت
yaaqoot
sapphire

حجر القمر
Hajar al-qamr
moonstone

عقيق
Aaqeeq
garnet

توباز
toobaaz
topaz

ترمالين
turmaaleen
tourmaline

الصخور المعدنية aS-Sukoor al-miAdaneeya • minerals

كوارتز
kwaartz
quartz

ميكة
meeka
mica

كبريت
kibreet
sulfur

حجر الدم
Hajar ad-dam
hematite

كالسيت
kaalseet
calcite

ملكيت
malakeet
malachite

فيروز
fayrooz
turquoise

عقيق يماني
Aaqeeq yamaanee
onyx

عقيق
Aaqeeq
agate

جرافيت
graafayt
graphite

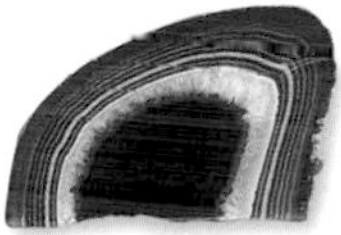

المعادن al-maAaadin • metals

ذهب
dhahab
gold

فضة
fiDDa
silver

بلاتين
balaateen
platinum

نيكل
neekal
nickel

حديد
Hadeed
iron

نحاس
naHaas
copper

قصدير
qasdeer
tin

ألومنيوم
aloominyom
aluminum

زئبق
zi'baq
mercury

زنك
zink
zinc

الحيوانات ١ al-Hayawaanaat waaHid • animals 1
الثدييات ath-thadeeyaat • mammals

شوارب
shawaarib
whiskers

ذيل
dhayl
tail

أرنب
arnab
rabbit

همستر
hamstar
hamster

فأر
fa'r
mouse

جرذ
jardh
rat

قنفذ
qunfudh
hedgehog

سنجاب
sinjaab
squirrel

خفاش
khuffaash
bat

راكون
raakoon
raccoon

ثعلب
thaAlab
fox

ذئب
dhi'b
wolf

جرو
jarw
puppy

قطة صغيرة
qiTTa Sagheera
kitten

عجل بحر صغير
Aijl baHr Sagheer
pup

كلب
kalb
dog

قطة
qiTTa
cat

قضاعة
quDaaAa
otter

عجل البحر
Aijl al-baHr
seal

زعنفة
ziAnifa
flipper

فتحة النفخ
fatHat an-nafkh
blowhole

كلب البحر
kalb al-baHr
sea lion

فيل البحر
feel al-baHr
walrus

حوت
Hoot
whale

دلفين
dalfeen
dolphin

قرن الوعل qarn al-waAl antler

عُرف Aurf mane

سنام sanaam hump

حافر Haafir hoof

غزال ghazzaal deer

حمار وحشي Himaar waHshee zebra

زرافة zarraafa giraffe

جمل jamal camel

خرطوم kharToom trunk

ناب naab tusk

قرن qarn horn

فرس البحر faras al-baHr hippopotamus

فيل feel elephant

وحيد القرن waHeed al-qarn rhinoceros

نمر nimr tiger

عُرف Aurf mane

أسد asad lion

قرد qird monkey

غوريللا ghorilla gorilla

دب الشجر dubb ash-shajar koala

جراب jarraab pouch

بندة banda panda

كنغر kanghar kangaroo

دب dubb bear

مخلب mikhlab claw

دب قطبي dubb quTbee polar bear

الحيوانات ٢ al-Hayawaanaat ithnaan • animals 2
الطيور aT-Tuyoor • birds

ذيل
dhayl
tail

كناري
kanaaree
canary

عصفور
Aasfoor
sparrow

طنان
Tannaan
hummingbird

خطاف
khuTaaf
swallow

غراب
ghuraab
crow

حمامة
Hamaama
pigeon

نقار
naqqaar
woodpecker

صقر
Saqr
falcon

بومة
booma
owl

نورس
nawras
gull

نسر
nisr
eagle

بجعة
bajaAa
pelican

بشروس
basharoos
flamingo

لقلاق
laqlaaq
stork

كركي
kurkee
crane

بطريق
biTreeq
penguin

نعامة
naAaama
ostrich

وزة wazza | **goose**

بجعة
bajAa
swan

طاووس
Taawoos
peacock

تدرج
tadruj
pheasant

ديك رومي
deek roomee
turkey

ككاتوه
kakaatoo
cockatoo

منقار
minqaar
bill

ريشة
reesha
feather

جناح
jinaah
wing

مخلب
mikhlab
claw

ببغاء
babaghaa'
parrot

الزواحف al-zawaaнif • reptiles

حراشف
Haraashif
scales

تمساح أمريكي
timsaaн amreekee
alligator

سحلية
siнleeya
lizard

إجوانة
igwaana
iguana

ترس
turs
shell

سلحفاة بحرية
sulaнfaah baнreeya
turtle

سلحفاة
sulaнfaah
tortoise

ثعبان
thuAbaan
snake

خطم
khaтm
snout

تمساح
timsaaн
crocodile

الحيوانات ٣ al-Hayawaanaat thalaatha • animals 3

البرمائيات al-barmaa'eeyaat • amphibians

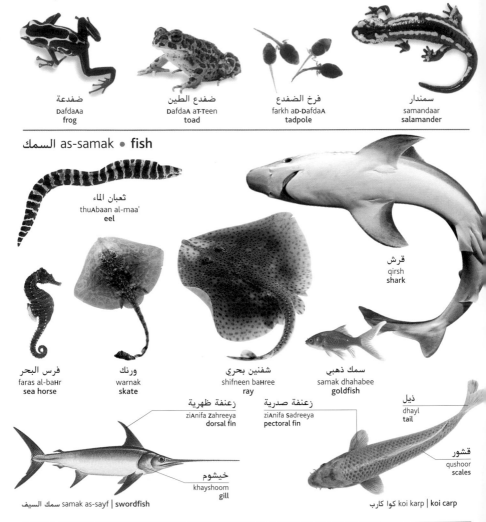

ضفدعة
DafdaAa
frog

ضفدع الطين
DafdaA aT-Teen
toad

فرخ الضفدع
farkh aD-DafdaA
tadpole

سمندار
samandaar
salamander

السمك as-samak • fish

ثعبان الماء
thuAbaan al-maa'
eel

قرش
qirsh
shark

فرس البحر
faras al-baHr
sea horse

ورنك
warnak
skate

شفنين بحري
shifneen baHree
ray

سمك ذهبي
samak dhahabee
goldfish

زعنفة ظهرية
ziAnifa Zahreeya
dorsal fin

زعنفة صدرية
ziAnifa Sadreeya
pectoral fin

ذيل
dhayl
tail

خيشوم
khayshoom
gill

قشور
qushoor
scales

سمك السيف samak as-sayf | swordfish

كوا كارب koi karp | koi carp

اللافقريات al-laafaqreeyaat • invertebrates

نملة
namla
ant

نمل أبيض
naml abyaD
termite

نحلة
naHla
bee

دبور
dabboor
wasp

خنفساء
khunfusaa'
beetle

صرصار
SarSaar
cockroach

عثة
Auththa
moth

قرن استشعار
qarn istishAaar
antenna

فراشة
faraasha
butterfly

شرنقة
sharnaqa
cocoon

يسروع
yusrooA
caterpillar

صرصر SurSur | **cricket**

جندب
jundub
grasshopper

فرس النبي
faras an-nabee
praying mantis

لدغة
ladgha
sting

عقرب
Aaqrab
scorpion

أم أربعة وأربعين
umm arbaAa wa-arbaAeen
centipede

يعسوب
yaAsoob
dragonfly

ذبابة
dhubaaba
fly

بعوضة
baAooDa
mosquito

دعسوقة
daAsooqa
ladybug

عنكبوت
Aankaboot
spider

بزّاق
bazzaaq
slug

حلزون
Halazoon
snail

دودة dooda | **worm**

نجم البحر
najm al-baHr
starfish

بلح البحر
balaH al-baHr
mussel

سرطان البحر
saraTaan al-baHr | **crab**

جراد البحر
jarraad al-baHr | **lobster**

إخطبوط
ikhTabooT | **octopus**

حبار
Habbaar | **squid**

قنديل البحر
qindeel al-baHr | **jellyfish**

النباتات an-nabataat • plants

شجرة shajara • tree

فرع
farA
branch

ورقة
waraqa
leaf

غصن
ghuSn
twig

لحاء
liHaa'
bark

صفصاف
safsaaf
willow

جذر
jadhr
root

جذع
jidhA
trunk

بلوط ballooт | oak

حور
Hawar
poplar

أوكاليبتوس
ukaalibtoos
eucalyptus

أرزية
arzeeya
larch

زان
zaan
beech

بتولا
batoolaa
birch

صنوبر
sanawbar
pine

أرز
arz
cedar

قيقب
qayqab
maple

شجرة البق
shajarat al-baqq
elm

زيزفون
zayzafoon
lime

توت
toot
berry

بهشية
bahsheeya
holly

نخل
nakhl
palm

النباتات المزهرة an-nabataat al-muzhira • flowering plants

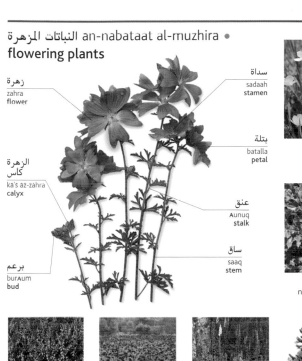

زهرة
zahra
flower
سداة
sadaah
stamen
بتلة
batalla
petal
الزهرة كأس
ka's az-zahra
calyx
عنق
Aunuq
stalk
ساق
saaq
stem
برعم
buraum
bud

حوذان
Hawdhaan
buttercup

لؤلؤية
lu'lu'eeya
daisy

نبات شائك
nabaat shaa'ik
thistle

طرخشقون
Tarakhshqoon
dandelion

خلنج
khalanj
heather

خشخاش
khashkhaash
poppy

قفاز الثعلب
quffaaz ath-thaAlab
foxglove

صريمة الجدي
Sareemat al-jady
honeysuckle

عباد الشمس
Aabbaad ash-shams
sunflower

برسيم
barseem
clover

ياقوتية الكرم
yaaqooteeyat al-karam
bluebells

زهرة الربيع
zahrat ar-rabeeA
primrose

زهرة الترمس
zahrat at-turmus
lupins

قريص
qurrayS
nettle

المدينة al-madeena • town

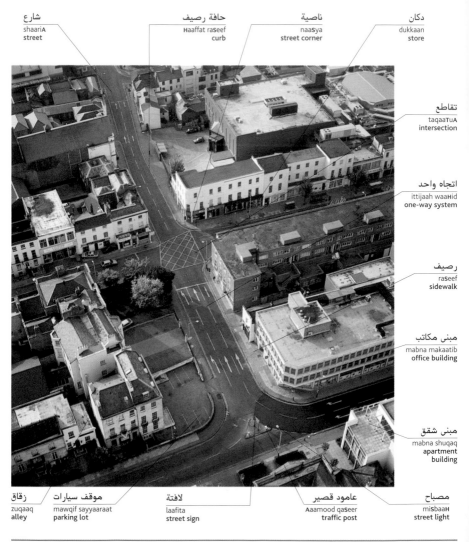

شارع
shaariA
street

حافة رصيف
Haaffat raSeef
curb

ناصية
naaSya
street corner

دكان
dukkaan
store

تقاطع
taqaaTuA
intersection

اتجاه واحد
ittijaah waaHid
one-way system

رصيف
raSeef
sidewalk

مبنى مكاتب
mabna makaatib
office building

مبنى شقق
mabna shuqaq
apartment building

زقاق
zuqaaq
alley

موقف سيارات
mawqif sayyaaraat
parking lot

لافتة
laafita
street sign

عامود قصير
Aaamood qaSeer
traffic post

مصباح
misbaaH
street light

المباني al-mabaanee • **buildings**

مبنى البلدية
mabna al-baladeeya
town hall

مكتبة
maktaba
library

سينما
seenima
movie theater

مسرح
masraH
theater

جامعة
jaamiAa
university

مدرسة
madrasa
school

ناطحة سحاب
naaTiHat saHaab
skyscraper

المناطق al-manaaTiq • **areas**

منطقة صناعية
manTiqa SinaaAeeya
industrial complex

مدينة
madeena
city

ضاحية
DaaHiya
suburb

قرية
qarya
village

المفردات al-mufradaat • **vocabulary**

نطاق المشاة niTaaq lil-mushaah **pedestrian zone**	شارع جانبي shaariA jaanibee **side street**	جورة joora **manhole**	ميزاب meezaab **gutter**	كنيسة kaneesa **church**
شارع واسع shaariA waasiA **avenue**	ميدان meedaan **square**	موقف حافلات mawqif Haafilaat **bus stop**	مصنع maSnaA **factory**	مصرف maSrif **drain**

العمارة الهندسية al-Aimaara al-handaseeya • architecture

المباني والهياكل al-mabaanee wal-hayaakil • buildings and structures

ناطحة سحاب
naaTiHat saHaab
skyscraper

قلعة
qalAa
castle

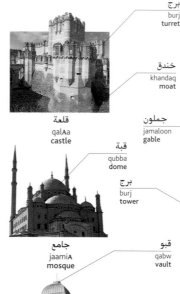

برج
burj
turret

خندق
khandaq
moat

قمة مستدقة
qimma
mustadaqqa
spire

قمة البرج
qimmat al-burj
finial

كنيسة
kaneesa
church

جامع
jaamiA
mosque

قبة
qubba
dome

برج
burj
tower

جملون
jamaloon
gable

معبد
maAbad
temple

معبد يهود
maAbad yahood
synagogue

قبو
qabw
vault

كورنيش
korneesh
cornice

سد
sadd
dam

جسر
jisr
bridge

عامود
Aaamood
pillar

كاتدرائية katidraa'eeya | **cathedral**

الطرز aT-Turuz • styles

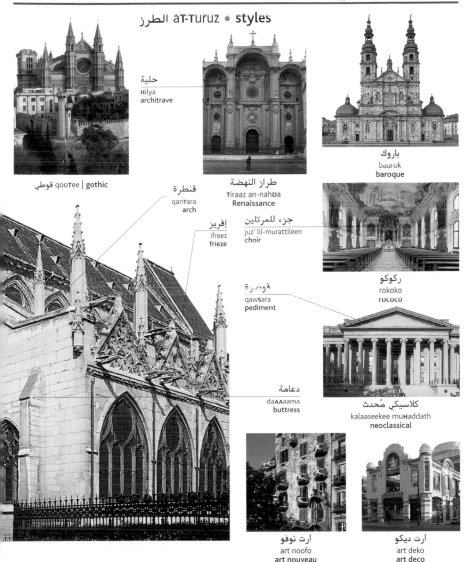

قوطي qooTee | gothic

حلية
Hilya
architrave

طراز النهضة
Tiraaz an-nahDa
Renaissance

باروك
baarok
baroque

جزء للمرتلين
juz' lil-murattileen
choir

ركوكو
rokoko
rococo

قنطرة
qanTara
arch

إفريز
ifreez
frieze

دعامة
daAAaama
buttress

قوصرة
qawSara
pediment

كلاسيكي مُحدث
kalaaseekee muHaddath
neoclassical

آرت نوفو
art noofo
art nouveau

آرت ديكو
art deko
art deco

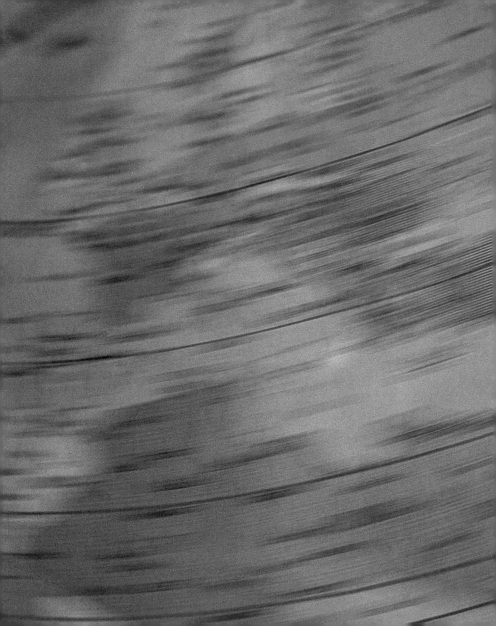

المرجع al-marjiA
reference

الوقت al-waqt • time

عقرب الدقائق
Aaqrab ad-daqaa'iq
minute hand

عقرب الساعات
Aaqrab as-saaAaat
hour hand

المفردات al-mufradaat • vocabulary

ثانية thaaniya second	الآن al-aan now	ربع ساعة rubA saaAa a quarter of an hour
دقيقة daqeeqa minute	فيما بعد feemaa baAd later	ثلث ساعة thulth saaAa twenty minutes
ساعة saaAa hour	نصف ساعة nisf saaAa half an hour	أربعون دقيقة arbaAoon daqeeqa forty minutes

كم الساعة؟
kam as-saaAa?
What time is it?

الساعة الثالثة.
as-saaAa thalaatha.
It's three o'clock.

ساعة حائط
saaAat Haa'iT
clock

الواحدة وخمس دقائق
al-waaHida wa-khams daqaa'iq
five past one

الواحدة وعشر دقائق
al-waaHida wa-Aashar daqaa'iq
ten past one

الواحدة والربع
al-waaHida war-rubA
quarter past one

الواحدة والثلث
al-waaHida wath-thulth
twenty past one

عقرب الثواني
Aaqrab
ath-thawaanee
second hand

الواحدة والنصف إلا خمسة
al-waaHida wan-nisf illa khamsa
twenty five past one

الواحدة والنصف
al-waaHida wan-nisf
one thirty

الواحدة وخمس وثلاثون دقيقة
al-waaHida wa-khams
wa-thalaatoon daqeeqa
twenty five to two

الثانية إلا ثلث
ath-thaanya illa thulth
twenty to two

الثانية إلا ربع
ath-thaanya illa rubA
quarter to two

الثانية إلا عشر دقائق
ath-thaanya illa Aashar daqaa'iq
ten to two

الثانية إلا خمس دقائق
ath-thaanya illa khams daqaa'iq
five to two

الثانية بالضبط
ath-thaanya biD-Dabt
two o'clock

الليل والنهار al-layl wan-nahaar • night and day

منتصف الليل
muntaSaf al-layl | **midnight**

شروق الشمس
shurooq ash-shams | **sunrise**

فجر fajr | **dawn**

صباح SabaaH | **morning**

غروب الشمس
ghuroob ash-shams
sunset

منتصف النهار
muntaSaf an-nahaar
noon

غسق ghasaq | **dusk**

مساء masaa' | **evening**

بعد الظهر baAd aZ-Zuhr | **afternoon**

المفردات al-mufradaat • vocabulary

مبكر
mubakkir
early

في الموعد
fil-mawAid
on time

متأخر
muta'akhkhir
late

أبكرت.
abkarta(-ti).
You're early.

تأخرت.
ta'akhkharta (-ti).
You're late.

سوف أكون هناك قريباً.
sawfa akoon hunaaka qareeban.
I'll be there soon.

الرجاء الحضور في الموعد.
ar-rajaa' al-hudoor fil-mawAid
Please be on time.

أراك فيما بعد.
araak feemaa baAd.
I'll see you later.

متى يبدأ؟
mata yabda'?
What time does it start?

متى ينتهي؟
mata yantahee?
What time does it finish?

تأخر الوقت.
ta'akhkhar al-waqt.
It's getting late.

كم سيستغرق؟
kam sa-yastaghriq?
How long will it last?

التقويم at-taqweem • calendar

شهر
shahr
month

عام
Aaam
year

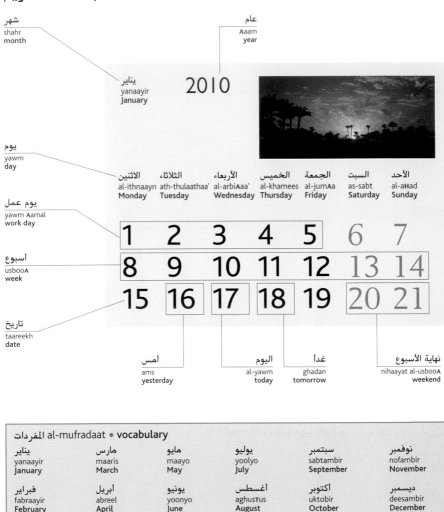

يناير
yanaayir
January

2010

يوم
yawm
day

| الاثنين
al-ithnaayn
Monday | الثلاثاء
ath-thulaathaa'
Tuesday | الأربعاء
al-arbiAaa'
Wednesday | الخميس
al-khamees
Thursday | الجمعة
al-jumAa
Friday | السبت
as-sabt
Saturday | الأحد
al-aHad
Sunday |

يوم عمل
yawm Aamal
work day

أسبوع
usbooA
week

تاريخ
taareekh
date

1	2	3	4	5	6	7
8	9	10	11	12	13	14
15	16	17	18	19	20	21

أمس
ams
yesterday

اليوم
al-yawm
today

غداً
ghadan
tomorrow

نهاية الأسبوع
nihaayat al-usbooA
weekend

المفردات al-mufradaat • **vocabulary**

| يناير
yanaayir
January | مارس
maaris
March | مايو
maayo
May | يوليو
yoolyo
July | سبتمبر
sabtambir
September | نوفمبر
nofambir
November |
| فبراير
fabraayir
February | أبريل
abreel
April | يونيو
yoonyo
June | أغسطس
aghusTus
August | أكتوبر
uktobir
October | ديسمبر
deesambir
December |

الأعوام al-Aawaam • years

1900 ألف وتسعمائة alf wa-tisaAmi'a • nineteen hundred

1901 ألف وتسعمائة وواحد alf wa-tisaAmi'a wa-waaHid • nineteen hundred and one

1910 ألف وتسعمائة وعشرة alf wa-tisaAmi'a wa-Aashara • nineteen ten

2000 عام ألفان Aaam alfaan • two thousand

2001 عام ألفان وواحد Aaam alfaan wa-waaHid • two thousand and one

الفصول al-fuSool • seasons

ربيع
rabeeA
spring

صيف
Sayf
summer

خريف
khareef
fall

شتاء
shitaa'
winter

المفردات al-mufradaat • vocabulary

قرن qarn century	هذا الأسبوع haadha l-usbooA this week	بعد غد baAda ghad the day after tomorrow	ما التاريخ اليوم؟ maa at-taareekh al-yawm? What's the date today?
عقد Aaqd decade	الأسبوع الماضي al-usbooA al-maaDee last week	أسبوعيا usbooAeeyan weekly	اليوم السابع من فبراير. al-yawm as-saabiA min fabraayir. It's February seventh.
ألف عام alf Aaam millennium	الأسبوع القادم al-usbooA al-qaadim next week	شهريا shahreeyan monthly	
أسبوعان usbooAaan two weeks	أول أمس awwal ams the day before yesterday	سنويا sanaweeyan annual	

الأرقام al-arqaam • numbers

0 صفر sifr • **zero**

1 واحد waaHid • **one**

2 اثنان ithnaan • **two**

3 ثلاثة thalaatha • **three**

4 أربعة arbaAa • **four**

5 خمسة khamsa • **five**

6 ستة sitta • **six**

7 سبعة sabAa • **seven**

8 ثمانية thamaanya • **eight**

9 تسعة tisAa • **nine**

10 عشرة Aashara • **ten**

11 أحد عشر aHad Aashar • **eleven**

12 اثنا عشر ithnaa Aashar • **twelve**

13 ثلاثة عشر thalaathat Aashar • **thirteen**

14 أربعة عشر arbaAat Aashar • **fourteen**

15 خمسة عشر khamsat Aashar • **fifteen**

16 ستة عشر sittat Aashar • **sixteen**

17 سبعة عشر sabAat Aashar • **seventeen**

18 ثمانية عشر thamaanyat Aashar • **eighteen**

19 تسعة عشر tisAat Aashar • **nineteen**

20 عشرون Aishroon • **twenty**

21 واحد وعشرون waaHid wa-Aishroon • **twenty-one**

22 اثنان وعشرون ithnaan wa-Aishroon • **twenty-two**

30 ثلاثون thalaathoon • **thirty**

40 أربعون arbaAoon • **forty**

50 خمسون khamsoon • **fifty**

60 ستون sittoon • **sixty**

70 سبعون sabAoon • **seventy**

80 ثمانون thamaanoon • **eighty**

90 تسعون tisAoon • **ninety**

100 مائة mi'a • **one hundred**

110 مائة وعشرة mi'a wa-Aashara • **one hundred and ten**

200 مائتان mi'ataan • **two hundred**

300 ثلاثمائة thalaathumi'a • **three hundred**

400 أربعمائة arbaAumi'a • **four hundred**

500 خمسمائة khamsumi'a • **five hundred**

600 ستمائة sittumi'a • **six hundred**

700 سبعمائة sabAumi'a • **seven hundred**

800 ثمانمائة thamaanumi'a • **eight hundred**

900 تسعمائة tisAumi'a • **nine hundred**

1,000 ألف alf • **one thousand**

10,000 عشرة الاف Aasharat aalaaf • **ten thousand**

20,000 عشرون ألف Aishroon alf • **twenty thousand**

50,000 خمسون ألف khamsoon alf • **fifty thousand**

55,500 خمسة وخمسون ألف وخمسمائة khamsa wa-khamsoon alf wa-khamsami'a • **fifty-five thousand five hundred**

100,000 مائة ألف mi'at alf • **one hundred thousand**

1,000,000 مليون milyoon • **one million**

1,000,000,000 بليون bilyoon • **one billion**

أول awwal **first**

ثان thaanin **second**

ثالث thaalith **third**

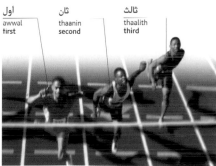

رابع raabiA • **fourth**

خامس khaamis • **fifth**

سادس saadis • **sixth**

سابع saabiA • **seventh**

ثامن thaamin • **eighth**

تاسع taasiA • **ninth**

عاشر Aaashir • **tenth**

حادي عشر Haadee Aashar • **eleventh**

ثاني عشر thaanee Aashar • **twelfth**

ثالث عشر thaalith Aashar • **thirteenth**

رابع عشر raabiA Aashar • **fourteenth**

خامس عشر khaamis Aashar • **fifteenth**

سادس عشر saadis Aashar • **sixteenth**

سابع عشر saabiA Aashar • **seventeenth**

ثامن عشر thaamin Aashar • **eighteenth**

تاسع عشر taasiA Aashar • **nineteenth**

العشرون al-Aishroon • **twentieth**

الواحد وعشرون al-waaHid wa-Aishroon • **twenty-first**

ثاني وعشرون thaanee wa-Aishroon • **twenty-second**

ثالث وعشرون thaalith wa-Aishroon • **twenty-third**

الثلاثون ath-thalaathoon • **thirtieth**

الأربعون al-arbaAoon • **fortieth**

الخمسون al-khamsoon • **fiftieth**

الستون al-sittoon • **sixtieth**

السبعون as-sabAoon • **seventieth**

الثمانون ath-thamanoon • **eightieth**

التسعون at-tisAoon • **ninetieth**

المائة al-mi'a • **one hundredth**

الأوزان والمقاييس al-awzaan wal-maqaayees • weights and measures

المساحة al-misaaHa • area

قدم مربع
qadam murabbaA
square foot

متر مربع
metr murabbaA
square meter

المسافة al-masaafa • distance

كيلومتر
keelometr
kilometer

ميل
meel
mile

وعاء
wiAaa'
pan

رطل
raTl
pound

أوقية
awqiya
ounce

كيلوجرام
keelograam
kilogram

جرام
graam
gram

ميزان meezaan | **scales**

المفردات al-mufradaat • vocabulary

ياردة yaarda **yard**	طن Tunn **ton**	يقيس yaqees **measure (v)**
متر metr **meter**	ملليجرام milligraam **milligram**	يزن yazin **weigh (v)**

الطول aT-Tool • length

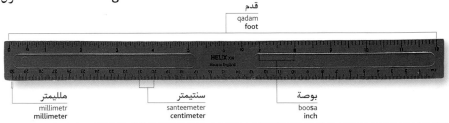

قدم
qadam
foot

ملليمتر
millimetr
millimeter

سنتيمتر
santeemeter
centimeter

بوصة
boosa
inch

السعة as-saAa • capacity

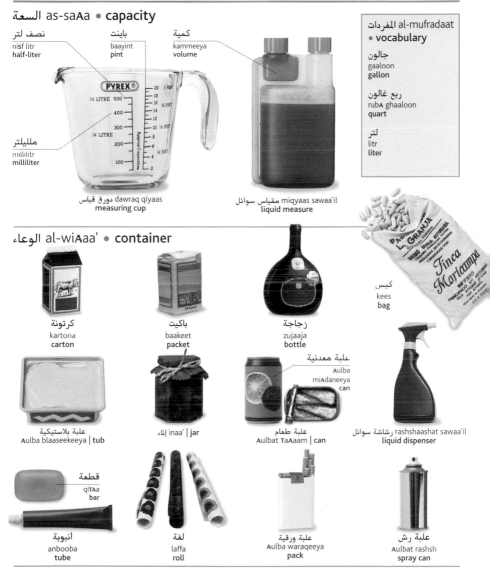

نصف لتر
nisf litr
half-liter

باينت
baayint
pint

كمية
kammeeya
volume

مليلتر
millilitr
milliliter

دورق قياس dawraq qiyaas
measuring cup

مقياس سوائل miqyaas sawaa'il
liquid measure

لتر
litr
liter

الوعاء al-wiAaa' • container

كرتونة
kartona
carton

باكيت
baakeet
packet

زجاجة
zujaaja
bottle

كيس
kees
bag

علبة بلاستيكية
Aulba blaaseekeeya | **tub**

إناء inaa' | **jar**

علبة معدنية
Aulba miAdaneeya
can

علبة طعام
Aulbat TaAaam | **can**

رشاشة سوائل rashshaashat sawaa'il
liquid dispenser

قطعة
qiTAa
bar

أنبوبة
anbooba
tube

لفة
laffa
roll

علبة ورقية
Aulba waraqeeya
pack

علبة رش
Aulbat rashsh
spray can

خريطة العالم khareeTat al-Aaalam • world map

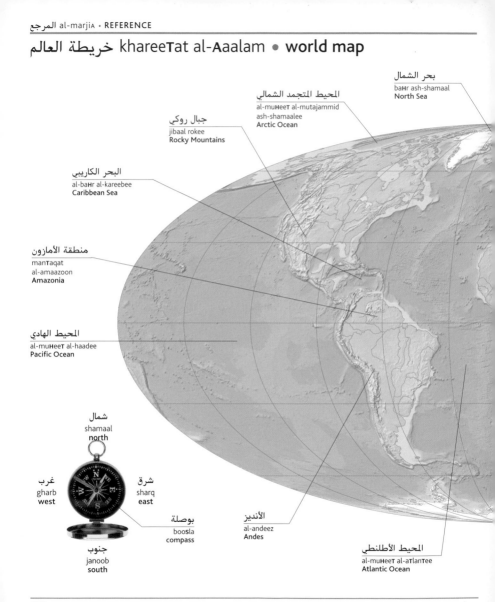

بحر الشمال
baHr ash-shamaal
North Sea

المحيط المتجمد الشمالي
al-muHeeT al-mutajammid
ash-shamaalee
Arctic Ocean

جبال روكي
jibaal rokee
Rocky Mountains

البحر الكاريبي
al-baHr al-kareebee
Caribbean Sea

منطقة الأمازون
manTaqat
al-amaazoon
Amazonia

المحيط الهادي
al-muHeeT al-haadee
Pacific Ocean

شمال
shamaal
north

غرب
gharb
west

شرق
sharq
east

بوصلة
boosla
compass

الأنديز
al-andeez
Andes

المحيط الأطلنطي
al-muHeeT al-aTlanTee
Atlantic Ocean

جنوب
janoob
south

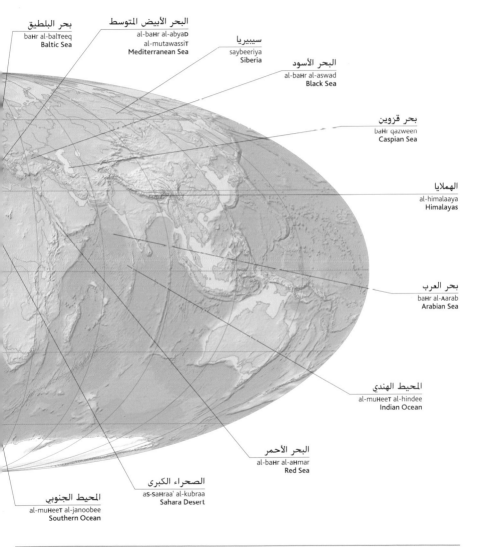

بحر البلطيق
baHr al-balTeeq
Baltic Sea
البحر الأبيض المتوسط
al-baHr al-abyaD
al-mutawassiT
Mediterranean Sea
سيبيريا
saybeeriya
Siberia
البحر الأسود
al-baHr al-aswad
Black Sea
بحر قزوين
baHr qazween
Caspian Sea
الهملايا
al-himalaaya
Himalayas
بحر العرب
baHr al-Aarab
Arabian Sea
المحيط الهندي
al-muHeeT al-hindee
Indian Ocean
البحر الأحمر
al-baHr al-aHmar
Red Sea
الصحراء الكبرى
aS-SaHraa' al-kubraa
Sahara Desert
المحيط الجنوبي
al-muHeeT al-janoobee
Southern Ocean

شمال ووسط أمريكا shamaal wa-wasaT amreeka • North and Central America

هاواي • hawaayi
Hawaii

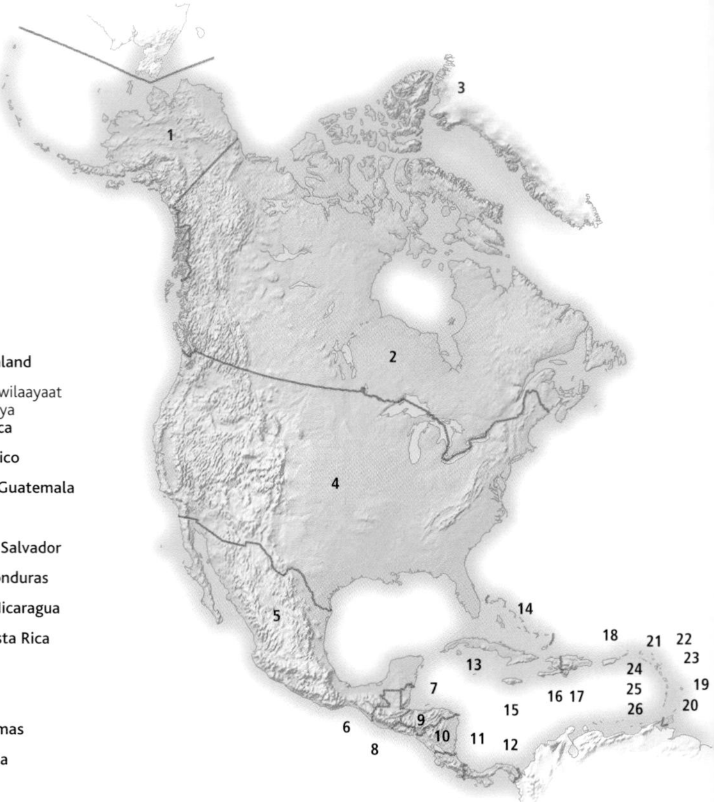

1 الاسكا alaaska • **Alaska**

2 كندا kanada • **Canada**

3 جرينلند greenland • **Greenland**

4 الولايات المتحدة الأمريكية al-wilaayaat al-muttaнida al-amreekeeya • **United States of America**

5 المكسيك al-makseek • **Mexico**

6 جواتيمالا gwaateemaala • **Guatemala**

7 بليز bileez • **Belize**

8 السلفادور alsalfaadoor • **El Salvador**

9 هندوراس hondooraas • **Honduras**

10 نيكاراجوا neekaaragwa • **Nicaragua**

11 كوستاريكا kostareeka • **Costa Rica**

12 بنما banama • **Panama**

13 كوبا kooba • **Cuba**

14 البهاما al-bahaama • **Bahamas**

15 جامايكا jaamayka • **Jamaica**

16 هايتي haaytee • **Haiti**

17 جمهورية دومنيك jumhooreeyat domaneek • **Dominican Republic**

18 بورتوريكو bootoreeko • **Puerto Rico**

19 بربادوس barbaados • **Barbados**

20 ترينيداد وتوباغو trineedaad wa-tobaagho • **Trinidad and Tobago**

21 سانت كيتس ونيفس saant keets wa-neefis • **St. Kitts and Nevis**

22 أنتيغوا وبربودا anteegha wa-barbooda • **Antigua and Barbuda**

23 الدومينيكا ad-domeeneeka • **Dominica**

24 سانت لوتشيا saant lootshya • **St. Lucia**

25 سانت فنسنت وجزر غرينادين saant finsant wa-juzur gharinaadeen • **St. Vincent and The Grenadines**

26 جرينادا greenaada • **Grenada**

أمريكا الجنوبية amreeka al-janoobeeya • South America

1 فنزويلا fanazwayla • **Venezuela**

2 كولومبيا kolombya • **Colombia**

3 إكوادور ikwaadoor • **Ecuador**

4 بيرو beeroo • **Peru**

5 جزر غلباغس juzur ghalabaaghus • **Galapagos Islands**

6 غيانة ghiyaana • **Guyana**

7 سورينام soreenaam • **Suriname**

8 غيانا الفرنسية ghiyaana al-faranseeya • **French Guiana**

9 البرازيل al-baraazeel • **Brazil**

10 بوليفيا boleefya • **Bolivia**

11 شيلي sheelee • **Chile**

12 الأرجنتين al-arjanteen • **Argentina**

13 بارجواي baragwaay • **Paraguay**

14 أورجواي uragwaay • **Uruguay**

15 جزر الفوكلاند juzur al-fawkland • **Falkland Islands**

المفردات al-mufradaat • vocabulary

بلد balad **country**	مقاطعة muqaaTaAa **province**	منطقة minTaqa **zone**
أمة umma **nation**	أراض araaDin **territory**	حي Hayy **district**
قارة qaara **continent**	مستعمرة mustaAmara **colony**	إقليم iqleem **region**
ولاية wilaaya **state**	إمارة imaara **principality**	عاصمة AaaSima **capital**

أوروبا urooba • Europe

1 أيرلندا eerlanda • **Ireland**

2 المملكة المتحدة al-mamlaka al-muttaнida • **United Kingdom**

3 البرتغال al-burtughaal • **Portugal**

4 أسبانيا asbaanya • **Spain**

5 جزر البليار juzur al-balyaar • **Balearic Islands**

6 أندورا andoora • **Andorra**

7 فرنسا faransa • **France**

8 بلجيكا beljeeka • **Belgium**

9 هولندا holanda • **Netherlands**

10 لوكسمبورغ luksamboorgh • **Luxembourg**

11 ألمانيا almaanya • **Germany**

12 الدانمرك ad-daanamark • **Denmark**

13 النرويج an-nurwayj • **Norway**

14 السويد as-sweed • **Sweden**

15 فنلندا finlanda • **Finland**

16 استونيا astonya • **Estonia**

17 لاتفيا latfiya • **Latvia**

18 لتوانيا litawaanya • **Lithuania**

19 كالينينغراد kaalininghraad • **Kaliningrad**

20 بولندا bolanda • **Poland**

21 جمهورية التشيكا jumhureeyat at-tasheeka • **Czech Republic**

22 النمسا an-nimsa • **Austria**

23 ليختنشتاين likhtanshtaayin • **Liechtenstein**

24 سويسرا sweesra • **Switzerland**

25 إيطاليا eeтaalya • **Italy**

26 موناكو monako • **Monaco**

27 كورسيكا korseeka • **Corsica**

28 ساردنيا saardinya • **Sardinia**

29 سان مارينو san mareeno • **San Marino**

30 مدينة الفاتيكان madeenat al-fateekan • **Vatican City**

31 صقلية siqqilleeya • **Sicily**

32 مالطة maalтa • **Malta**

33 سلوفينيا slofeenya • **Slovenia**

34 كرواتيا krowaatya • **Croatia**

35 المجر al-majar • **Hungary**

36 سلوفاكيا slofaakya • **Slovakia**

37 أوكرانيا ukraanya • **Ukraine**

38 بيلاروس beelaaroos • **Belarus**

39 ملدافيا moldaafya • **Moldova**

40 رومانيا romaanya • **Romania**

41 صربيا sarbya • **Serbia**

42 البوسنة وهيرزجوفينا al-bosna wa-herzogofeena • **Bosnia and Herzogovina**

43 ألبانيا albaanya • **Albania**

44 مقدونيا maqdoonya • **Macedonia**

45 بلغاريا bulghaarya • **Bulgaria**

46 اليونان al-yoonaan • **Greece**

47 كوسوفو kosofo• **Kosovo (disputed)**

48 مونتينيجرو monteenegro • **Montenegro**

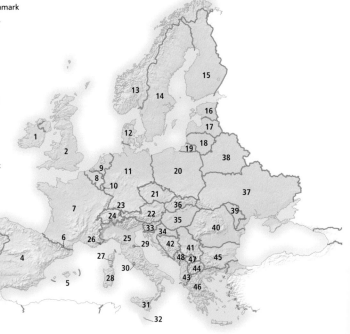

أفريقيا afreeqya • Africa

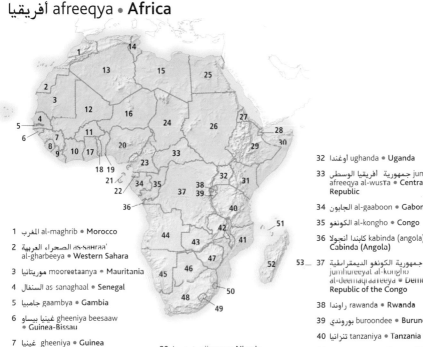

1 المغرب al-maghrib • **Morocco**

2 الصحراء العربية as-saHraa' al-gharbeeya • **Western Sahara**

3 موريتانيا mooreetaanya • **Mauritania**

4 السنغال as sanaghaal • **Senegal**

5 جامبيا gaambya • **Gambia**

6 غينيا بيساو gheeniya beesaaw • **Guinea-Bissau**

7 غينيا gheeniya • **Guinea**

8 سيراليون siraaliyoon • **Sierra Leone**

9 ليبيريا libeerya • **Liberia**

10 ساحل العاج saaHil al-Aaaj • **Ivory Coast**

11 بوركينا فاسو burkeena faaso • **Burkina Faso**

12 مالي maalee • **Mali**

13 الجزائر al-jazaa'ir • **Algeria**

14 تونس toonis • **Tunisia**

15 ليبيا leebya • **Libya**

16 النيجر an-nayjar • **Niger**

17 غانا ghaana • **Ghana**

18 توجو togo • **Togo**

19 بنين beneen • **Benin**

20 نيجيريا nijeerya • **Nigeria**

21 ساو توم وبرنسيب saaw toom wa-baranseeb • **São Tomé and Principe**

22 غينيا الاستوائية gheenya al-istiwaa'eeya • **Equatorial Guinea**

23 الكاميرون al-kameeroon • **Cameroon**

24 تشاد tshaad • **Chad**

25 مصر misr • **Egypt**

26 السودان as-soodaan • **Sudan**

27 إرتريا iritreeya • **Eritrea**

28 جيبوتي jeebootee • **Djibouti**

29 إثيوبيا itheeyobya • **Ethiopia**

30 الصومال as-soomaal • **Somalia**

31 كينيا keenya • **Kenya**

32 أوغندا ughanda • **Uganda**

33 جمهورية أفريقيا الوسطى jumhureeyat afreeqya al-wusTa • **Central African Republic**

34 الجابون al-gaaboon • **Gabon**

35 الكونغو al-kongho • **Congo**

36 كابندا أنجولا kabinda (angola) • **Cabinda (Angola)**

37 جمهورية الكونغو الديمقراطية jumhureeyat al-kongho al-deemaqraaTeeya • **Democratic Republic of the Congo**

38 راوندا rawanda • **Rwanda**

39 بوروندي buroondee • **Burundi**

40 تنزانيا tanzaniya • **Tanzania**

41 موزامبيق mozaambeeq • **Mozambique**

42 ملاوي malaawee • **Malawi**

43 زامبيا zaambiya • **Zambia**

44 أنجولا angola • **Angola**

45 ناميبيا nameebiya • **Namibia**

46 بتسوانا botswaana • **Botswana**

47 زيمبابوي zeembaabwee • **Zimbabwe**

48 جنوب أفريقيا janoob afreeqya • **South Africa**

49 ليسوتو lesoto • **Lesotho**

50 سوازيلاند swaazeeland • **Swaziland**

51 جزر القمر juzur al-qamr • **Comoros**

52 مدغشقر madaghashqar • **Madagascar**

53 موريشيوس moreeshyus • **Mauritius**

آسيا aasya • Asia

1 تركيا turkiya • **Turkey**

2 قبرص qubrus • **Cyprus**

3 الاتحاد الروسي الفيدرالي al-ittihaad ar-roosee al-feedraalee • **Russian Federation**

4 جورجيا joorjya • **Georgia**

5 أرمينيا armeenya • **Armenia**

6 أذربيجان adhrabayjaan • **Azerbaijan**

7 إيران eeraan • **Iran**

8 العراق al-Airaaq • **Iraq**

9 سوريا sooriya • **Syria**

10 لبنان lubnaan• **Lebanon**

11 إسرائيل israa'eel • **Israel**

12 فلسطين filasTeen • **Palestine**

13 الأردن al-urdunn • **Jordan**

14 المملكة العربية السعودية al-mamlaka al-Aarabeeya as-saAoodeeya • **Saudi Arabia**

15 الكويت al-kuwait • **Kuwait**

16 البحرين al-baHrayn • **Bahrain**

17 قطر qaTar • **Qatar**

18 الإمارات العربية المتحدة al-imaaraat al-Aarabeeya al-muttaHida • **United Arab Emirates**

19 عُمان Aumaan • **Oman**

20 اليمن al-yaman • **Yemen**

21 كازاخستان kaazakhstaan • **Kazakhstan**

22 أوزبكستان uzbakistaan • **Uzbekistan**

23 تركمانستان turkmaanistaan • **Turkmenistan**

24 أفغانستان afghanistaan • **Afghanistan**

25 طاجيكستان Taajeekistaan • **Tajikistan**

26 كيرجيزستان keerjeezstaan • **Kyrgyzstan**

27 باكستان baakistaan • **Pakistan**

28 الهند al-hind • **India**

29 المديف al-maldeef • **Maldives**

30 سري لانكا sree lanka • **Sri Lanka**

31 الصين as-seen • **China**

32 منغوليا mongholya • **Mongolia**

33 كوريا الشمالية koriya ash-shamaaleeya • **North Korea**

34 كوريا الجنوبية koriya al-janoobeeya • **South Korea**

35 اليابان al-yaabaan • **Japan**

36 نيبال neebaal • **Nepal**

37 بوتان bootaan • **Bhutan**

38 بنجلاديش banaglaadaysh • **Bangladesh**

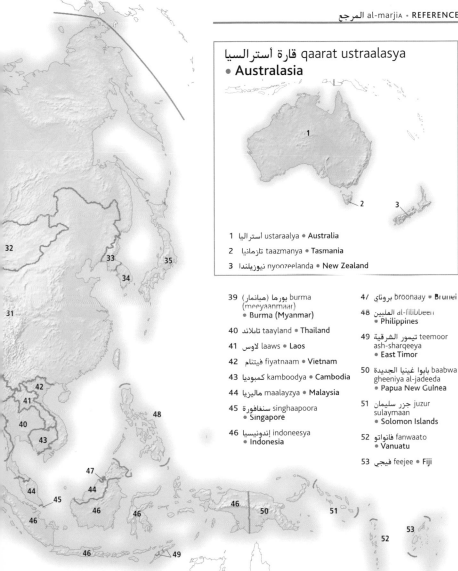

قارة أستراليا qaarat ustraalasya • Australasia

1 أستراليا ustaraalya • **Australia**

2 تازمانيا taazmanya • **Tasmania**

3 نيوزيلندا nyoozeelanda • **New Zealand**

39 بورما (ميانمار) burma (meeyaanmaar) • **Burma (Myanmar)**

40 تايلاند taayland • **Thailand**

41 لاوس laaws • **Laos**

42 فيتنام fiyatnaam • **Vietnam**

43 كمبوديا kamboodya • **Cambodia**

44 ماليزيا maalayzya • **Malaysia**

45 سنغافورة singhaapoora • **Singapore**

46 إندونيسيا indoneesya • **Indonesia**

47 بروناي broonaay • **Brunei**

48 الفلبين al-filibbeen • **Philippines**

49 تيمور الشرقية teemoor ash-sharqeeya • **East Timor**

50 بابوا غينيا الجديدة baabwa gheeniya al-jadeeda • **Papua New Guinea**

51 جزر سليمان juzur sulaymaan • **Solomon Islands**

52 فانواتو fanwaato • **Vanuatu**

53 فيجي feejee • **Fiji**

الحروف والكلمات المناقضة al-Huroof wal-kalimaat al-munaaqiDa • particles and antonyms

إلى ila **to**	من min **from**	من أجل min ajl **for**	نحو naHwa **toward**
من فوق min fawqa **over**	تحت taHt **under**	على طول Aala Toola **along**	عبر Aabra **across**
أمام amaama **in front of**	خلف khalfa **behind**	مع maAa **with**	بدون bidoon **without**
على Aala **onto**	في داخل fee dhaakhil **into**	قبل qabla **before**	بعد baAda **after**
في fee **in**	خارج khaarij **out**	بواسطة bi-waasiTat **by**	حتى Hatta **until**
فوق fawqa **above**	أسفل asfal **below**	مبكر mubakkir **early**	متأخر muta'akhkhir **late**
داخل daakhil **inside**	في خارج fee khaarij **outside**	الآن al-aan **now**	فيما بعد feemaa baAd **later**
فوق fawqa **up**	تحت taHt **down**	دائماً daa'iman **always**	أبداً abadan **never**
عند Ainda **at**	إلى ما بعد ila maa baAda **beyond**	كثيراً katheeran **often**	نادراً naadiran **rarely**
خلال khilaal **through**	حول Hawla **around**	أمس ams **yesterday**	غداً ghadan **tomorrow**
على Aala **on top of**	بجانب bi-jaanib **beside**	أول awwal **first**	أخير akheer **last**
بين bayna **between**	مقابل muqaabil **opposite**	كِل kull **every**	بعض baAD **some**
بالقرب من bil-qurb min **near**	بعيد baAeed **far**	عن Aan **about**	بالضبط biD-DabT **exactly**
هنا huna **here**	هناك hunaaka **there**	قليل من qaleel min **a little**	كثير من katheer min **a lot**

كبير kabeer **large**	صغير Sagheer **small**	حار Haarr **hot**	بارد baarid **cold**
عريض AareeD **wide**	ضيق Dayyiq **narrow**	مفتوح maftooH **open**	مغلق mughlaq **closed**
طويل Taweel **tall**	قصير qaSeer **short**	ممتلئ mumtali' **full**	فارغ faarigh **empty**
عال Aaalin **high**	منخفض munkhafiD **low**	جديد jadeed **new**	قديم qadeem **old**
سميك sameek **thick**	رفيع rafeeA **thin**	فاتح faatiH **light**	داكن daakin **dark**
خفيف khafeef **light**	ثقيل thaqeel **heavy**	سهل sahl **easy**	صعب SaAb **difficult**
صلب Salb **hard**	طري Taree **soft**	غير مشغول ghayr mashghool **free**	مشغول mashghool **occupied**
مبلل muballal **wet**	حاف jaaff **dry**	قوي qawee **strong**	ضعيف DaAeef **weak**
جيد jayyid **good**	سيئ sayyi' **bad**	سمين sameen **fat**	رفيع rafeeA **thin**
سريع sareeA **fast**	بطيء baTee' **slow**	صغير السن Sagheer as-sinn **young**	مسن musinn **old**
صحيح SaHeeH **correct**	خاطئ khaaTi' **wrong**	أفضل afDal **better**	أسوأ aswa' **worse**
نظيف naZeef **clean**	قذر qadhir **dirty**	أسود aswad **black**	أبيض abyaD **white**
جميل jameel **beautiful**	قبيح qabeeH **ugly**	مشيق mushayyiq **interesting**	ممل mumill **boring**
غال ghaalin **expensive**	رخيص rakheeS **cheap**	مريض mareeD **sick**	صحي SiHHee **well**
هادئ haadi' **quiet**	ضاج Daajj **noisy**	بداية bidaaya **beginning**	نهاية nihaaya **end**

عبارات مفيدة Aibaaraat mufeeda • useful phrases

ضروريات Darooreeyaat • essentials

نعم
naAm
Yes

لا
laa
No

ربما
rubbamaa
Maybe

من فضلك
min faDlak(-ik)
Please

شكراً
shukran
Thank you

عفواً
Aafwan
You're welcome

عن إذنك
Aan idhnak(-ik)
Excuse me

آسف
aasif
I'm sorry

لا
laa
Don't

لا بأس
laa ba's
OK

هذا جيد
haadha jayyid
That's fine

هذا صحيح
haadha saHeeH
That's correct

هذا خطأ
haadha khaTa'
That's wrong

تحيات taHiyaat • greetings

أهلاً
ahlan
Hello

مرحباً
marHaban
Welcome

مع السلامة
maAas-salaama
Goodbye

صباح الخير
SabaaH al-khayr
Good morning

مساء الخير
masaa' al-khayr
Good evening

ليلة طيبة
layla Tayyiba
Good night

كيف الحال؟
kayf al-Haal?
How are you?

اسمي...
ismee...
My name is...

ما اسمك؟
maa ismak(-ik)?
What is your name?

ما اسمه/اسمها؟
maa ismuhu/ismuhaa?
What is his/her name?

أقدم...
uqaddim...
May I introduce...

هذا/هذه...
haadha/haadhihi...
This is...

تشرفنا
tasharrafna
Pleased to meet you

إلى اللقاء
ilal-liqaa'
See you later

علامات Aalaamaat • signs

معلومات سياحية
maAloomaat siyaaHeeya
Tourist information

مدخل
madkhal
Entrance

مخرج
makhraj
Exit

مخرج طوارئ
makhraj Tawaari'
Emergency exit

ادفع
idfaA
Push

خطر
khaTar
Danger

التدخين ممنوع
at-tadkheen mamnooA
No smoking

معطل
muATil
Out of order

ساعات العمل
saaAaat al-Aamal
Opening times

الدخول مجان
ad-dukhool majaanin
Free admission

مفتوح طوال اليوم
maftooH Tawaal al-yawm
Open all day

سعر مخفض
siAr mukhaffaD
Reduced price

تخفيضات
takhfeeDaat
Sale

اطرق قبل الدخول
uTruq qabla d-dukhool
Knock before entering

ابتعد عن النجيل
ibtaAid Aan an-najeel
Keep off the grass

مساعدة musaaAada • help

ممكن تساعدني؟
mumkin tusaaAidnee?
Can you help me?

أنا لا أفهم
ana laa afham
I don't understand

أنا لا أعرف
ana laa Aaraf
I don't know

هل تتكلم الإنجليزية؟
hal tatakallam al-injileezeeya?
Do you speak English?

هل تتكلم العربية؟
hal tatakallam al-Aarabeeya?
Do you speak Arabic?

أنا أتكلم الإنجليزية
ana atakallam al-injileezeeya
I speak English

أنا أتكلم العربية
ana atakallam al-Aarabeeya
I speak Arabic

الرجاء التحدث ببطء
ar-rajaa' at-taHadduth bi-buT'
Please speak more slowly

اكتبها من فضلك
uktub-haa min faDlak(-ik)
Please write it down

فقدت...
faqadtu...
I have lost...

الإرشادات al-irshaadaat • directions

أنا تحت
ana tuHt
I am lost

أين الـ...؟
aynal-...?
Where is the...?

أين أقرب...؟
ayna aqrab...?
Where is the nearest...?

أين دورات المياه؟
ayna dawraat al-miyaah?
Where are the toilets?

كيف أصل إلى...؟
kayfa asil ila...?
How do I get to...?

إلى اليمين
ilal-yameen
To the right

إلى اليسار
ilal-yasaar
To the left

على طول
Aala Tool
Straight ahead

كم المسافة إلى...؟
kam al-masaafa ila...?
How far is...?

إشارات طريق ishaaraat Tareeq • road signs

كل الاتجاهات
kull al-ittijaahaat
All directions

تحذير
taHdheer
Caution

ممنوع الدخول
mamnooA ad-dukhool
Do not enter

هدئ السرعة
haddi' as-surAa
Slow down

تحويل
taHweel
Diversion

التزم اليمين
iltazim al-yameen
Keep to the right

طريق سريع
Tareeq sareeA
Motorway

ممنوع الانتظار
mamnooA al-intizaar
No parking

طريق مسدود
Tareeq masdood
No through road

طريق اتجاه واحد
Tareeq ittijaah waaHid
One-way street

اتجاهات أخرى
ittijaahaat ukhra
Other directions

المقيمون فقط
al-muqeemoon faqaT
Residents only

أعمال طريق
Aamaal Tareeq
Roadworks

منحنى خطر
munHana khaTar
Dangerous bend

البيات al-bayaat • accommodation

عندي حجز
Aindee Hajz
I have a reservation

أين قاعة الطعام؟
ayna qaaAat aT-TaAaam?
Where is the dining room?

رقم غرفتي...
raqam ghurfatee...
My room number is ...

ما موعد الفطور؟
maa mawAid al-fuToor?
What time is breakfast?

سأعود الساعة...
sa-Aaood is-saaAa...
I'll be back at ... o'clock

سأغادر غداً
sa-ughaadir ghadan
I'm leaving tomorrow

أكل وشرب akl wa-shurb • eating and drinking

في صحتك!
fi-siHHatak(-ik)
Cheers!

الأكل لذيذ
al-akl ladheedh
The food is delicious

الأكل غير مقبول
al-akl ghayr maqbool
The food is not satisfactory

أنا لا أشرب الكحول
ana laa ashrab al-kuHool
I don't drink alcohol

أنا لا أدخن
ana laa udakhkhin
I don't smoke

أنا لا آكل اللحوم
ana laa aakul al-luHoom
I don't eat meat

لا أريد المزيد، شكراً
laa ureed al-mazeed, shukran
No more for me, thank you

ممكن المزيد؟
mumkin al-mazeed?
May I have some more?

الحساب من فضلك
al-Hisaab min faDlak(-ik)
May we have the bill?

ممكن إيصال؟
mumkin eesaal?
Can I have a receipt?

منطقة عدم تدخين
minTaqat Aadam tadkheen
No-smoking area

الصحة aS-SiHHa • health

أشعر بالدوار
ashAur bid-dawaar
I don't feel well

أشعر بالمرض
ashAur bil-maraD
I feel sick

ما رقم هاتف أقرب طبيب؟
maa raqam haatif aqrab Tabeeb?
What is the telephone number of the nearest doctor?

يؤلمني هنا
yu'limunee huna
It hurts here

عندي حرارة
Aindee Haraara
I have a temperature

أنا حامل في الشهر...
ana Haamil fish-shahr...
I'm ... months pregnant

أحتاج روشتة من أجل...
aHtaaj roshetta min ajl...
I need a prescription for ...

عادة أتناول...
Aaadatan atanaawal...
I normally take ...

عندي حساسية تجاه ...
Aindee Hassasseeya tujaaha...
I'm allergic to ...

هل سيكون بخير؟
hal sa-yakoon bi-khayr?
Will he be all right?

هل ستكون بخير؟
hal sa-takoon bi-khayr?
Will she be all right?

الفهرست الإنجليزي al-fihrist al-injileezee • English index

garage 58, 199
garden 84
garden centre 115
garden features 84
garden pea 122
garden plants 86
garden styles 84
garden tools 88
gardener 188
gardening 90
gardening gloves 89
gardens 261
garland 111
garlic 125, 132
garlic press 68
garnet 288
garter 35
gas burner 61
gasket 61
gate 85, 182, 247
gate number 213
gauze 47, 167
gear lever 207
gearbox 202, 204
gears 206
gearstick 201
gel 38, 109
gems 288
generation 23
generator 60
genitals 12
geography 162
geometry 165
Georgia 318
gerbera 110
Germany 316
get a job v 26
get married v 26
get up v 71
geyser 285
Ghana 317
giant slalom 247
gifts shop 114
gill 294
gin 145
gin and tonic 151
ginger 39, 125, 133
giraffe 291
girder 186
girl 23
girlfriend 24
girth 242
glacier 284
gladiolus 110
gland 19
glass 69, 152
glass bottle 166
glass rod 167
glasses 51, 150
glassware 64
glaze v 139
glider 211, 248
gliding 248
gloss 83, 271
glove 224, 233, 236, 246
gloves 36
glue 275
glue gun 78
gneiss 288
go to bed v 71
go to sleep v 71
goal 221, 223, 224
goal area 223
goal line 220, 223, 224
goalkeeper 222, 224
goalpost 220, 222
goat 185
goat's cheese 142
goat's milk 136
goggles 238, 247
going out 75
gold 235, 289
goldfish 294
golf 232
golf bag 233
golf ball 233
golf clubs 233
golf course 232
golf shoe 233
golf trolley 233
golfer 232
gong 257
good 321
good afternoon 322
good evening 322
good morning 322
good night 322
goodbye 322
goose 119, 293
goose egg 137
gooseberry 127
gorge 284
gorilla 291
gothic 301
grade 163
graduate 169
graduate v 26
graduation ceremony 169
graft v 91
grains 130
gram 310
granary bread 139
grandchildren 23
granddaughter 22
grandfather 22
grandmother 22
grandparents 23
grandson 22
granite 288
grape juice 144
grapefruit 126
grapeseed oil 134
graphite 289
grass 86, 262
grass bag 88
grasshopper 295
grassland 285
grate v 67
grated cheese 136
grater 68
gratin dish 69
gravel 88
gravity 280
graze 46
greasy 39
Greece 316
green 129, 232, 274
green olive 143
green peas 131
green salad 158
green tea 149
greengrocer 188
greengrocer's 114
greenhouse 85
Greenland 314
Grenada 314
grey 39, 274
grill v 67
grill pan 69
grilled 159
groceries 106
grocer's 114
groin 12
groom 243
ground 132
ground coffee 144
ground cover 87
ground floor 104
ground sheet 267
groundnut oil 135
group therapy 55
grout 83
guard 236
Guatemala 314
guava 128
guest 64, 100
guidebook 260
guided tour 260
guilty 181
Guinea 317
Guinea-Bissau 317
guitarist 258
gull 292
gum 50
gun 94
gutter 58, 299
guy rope 266
Guyana 315
gym 101, 250
gym machine 250
gymnast 235
gymnastics 235
gynaecologist 52
gynaecology 49
gypsophila 110

H

haberdashery 105
hacksaw 81
haddock 120
haemorrhage 46
hail 286
hair 14, 38
hair dye 40
hairband 38
hairdresser 38, 188
hairdresser's 115
hairdryer 38
hairpin 38
hairspray 38
hairtie 39
Haiti 314
half an hour 304
half board 101
half time 223
half-litre 311
hall of residence 168
hallibut fillets 120
Halloween 27
hallway 59
halter 243
halter neck 35
ham 119, 143, 156
hammer 80
hammer v 79
hammock 266
hamper 263
hamster 290
hamstring 16
hand 13, 15
hand drill 81
hand fork 89
hand luggage 211, 213
hand rail 59
hand saw 89
hand towel 73
handbag 37
handbrake 203
handcuffs 94
handicap 233
handkerchief 36
handle 36, 88, 106, 187, 200, 230
handlebar 207
handles 37
handrail 196
handsaw 80
handset 99
hang v 82
hang-glider 248
hang-gliding 248
hanging basket 84
hanging file 173
happy 25
harbour 217
harbour master 217
hard 129, 321
hard cheese 136
hard drive 176
hard hat 186
hard shoulder 194
hardboard 79
hardware 176
hardware shop 114
hardwood 79
haricot beans 131
harness race 243
harp 256
harvest v 91, 183
hat 36
hatchback 199
have a baby v 26
Hawaii 314
hay 184
hayfever 44
hazard 195
hazard lights 201
hazelnut 129
hazelnut oil 134
head 12, 19, 81, 230
head v 222
head injury 46
head office 175
head teacher 163
headache 44
headboard 70
headlight 198, 205
headphones 268
headrest 200
headsail 240
health 44
health centre 168
health food shop 115
heart 18, 119, 122, 273
heart attack 44
heater 60
heater controls 201
heather 297
heating element 61
heavy 321
heavy metal 259
hedge 85, 90, 182
hedgehog 290
heel 13, 15, 37
height 165
height bar 45
helicopter 211
hello 322
helmet 95, 204, 206, 220, 224, 228
hem 34
hematite 289
hen's egg 137
herb 55, 86
herb garden 84
herbaceous border 85
herbal remedies 108
herbal tea 149
herbalism 55
herbicide 183
herbs 133, 134
herbs and spices 132
herd 183
hexagon 164
hi-fi system 268
high 321
high chair 75
high dive 239
high heel shoe 37
high jump 235
high speed train 208
highlights 39
hiking 263
hill 284
Himalayas 313
hip 12
hippopotamus 291
historic building 261
history 162
history of art 169
hit v 224
hob 67
hockey 224
hockey stick 224
hoe 88
hold 215, 237
holdall 37
hole 232
hole in one 233

End of Arabic index (starting on page 359).

نهاية الفهرست العربي (يبدأ صفحة ٣٥٩).

عربي

ل

لؤلؤية ١١٠، ٢٩٧
لا ٢٣٢
لا تتضمن الخدمة ١٥٢
لا تثني ٩٨
لا يتأثر بالفرن ٦٩
لا يلتصق ٦٩
لاتفيا ٣١٦
لاعب ٢٢١، ٢٣١، ٢٧٣
لاعب احتياطي ٢٣٣
لاعب جمباز ٢٣٥
لاعب جولف ٢٣٢
لاعب كرة القدم ٢٢٠، ٢٢٢
لاعب كرة سلة ٢٢٦
لاعب كريكيت ٢٢٥
لاعب هوكي جليد ٢٢٤
لافتة ٢٩٨
لافقاريات ٢٩٥
لاكتور ١٣٧
لامع ٨٣، ٢٧١
اللانقطية ٥١
لاوس ٣١٨
لب ١٢٤، ١٢٦، ١٢٧، ١٢٩
لب خارجي ٢٨٢
لباب ١٢٧
لباس بلاستيك ٣٠
لباس سباحة ٢٣٨، ٢٦٥
لبان ١١٣
لبن خضر ١٣٧
لبن رائب ١٣٧
لبن رائب بالفواكه ١٥٧
لبن رائب مجمد ١٣٧
لبنان ٣١٨
لبنة ١٣١
لتر ٣١١
لتوانيا ٣١٦
لثة ٥٠
لجام ٢٤٢، ٢٤٣
لحاء ١٣٦، ٢٩٦
لحاف ٧١
لحم ١١٨
لحم أبيض ١١٨
لحم أحمر ١١٨
لحم الضاني ١١٨
لحم خال من الدهن ١١٨
لحم خنزير مجفف ١٤٣
لحم غير مطبوخ ١٤٣
لحم مطبوخ ١١٨، ١٤٣
لحن ٢٥٩
لحوم ودواجن ١٠٧
لدغة ٤٦، ٢٩٥
لسان ١٩، ٣٧، ١٣٦، ١٧٣، ٢٥٨
لسان المزمار ١٩
لسان داخل البحر ٢١٧
لعب ٧٥
لعبة ٢٧٢، ١٠٥
لعبة الألواح ٢٧٢

لعبة ٧٥، ٢٧٣
لعبة الراكيت ٢٣١
لعبة الكرة الطائرة ٢٢٧
لعبة الكريكيت ٢٢٥
لعبة الهوكي ٢٢٤
لعبة بولينج ٢٤٩
لعبة طرية ٧٥
لعبة فيديو ٢٦٩
لعبة لاكروس ٢٤٩
لعبة متحركة ٧٤
لغات ١٦٢
لغة ٢٣٠
لف ٢٣٠
لفافة محشوة ١٥٥
لفت ١٢٤، ١٨٤
لفة ٣١١
لفح ٤٦
لقب ٢٣
لقاح ٢٩٢
لقم النجارة ٨٠
لقم ثقب ٨٠
لقم مفك ٨٠
لقمة الحجر ٨٠
لقمة المعدن ٨٠
لقمة تأمين ٨٠
لقمة ثقب ٧٨
لقمة لخشب مستو ٨٠
لكم ٢٣٧
لمس الخط ٢٢٠
لمفاوي ١٩
لوبيا ١٣١
لوح ٢٤١
لوح الشق ٦٨
لوح الكتف ١٧
لوح الكلابير ١٧٩
لوح تجفيف الصحون ٦٧
لوح صلد ٧٩
لوح كتابة ١٧٣
لوح من رقائق مضغوطة ٧٩
لوحة ٢٧٤
لوحة أجهزة ٢٠١
لوحة إعلانات ١٧٣
لوحة ألوان ٢٧٤
لوحة عداد ٢٠٣، ٢٠٤
لوحة الاسم ١٠٤
لوحة المفاتيح ٩٩
لوحة النتيجة ٢٢٥
لوحة خلفية ٢٢٦
لوحة رقم السيارة ١٩٨
لوحة سهام بريشة ٢٧٣
لوحة شطرنج ٢٧٢
لوحة فنية ٦٢، ٢٦١
لوحة مفاتيح ١٧٢، ١٧٦، ٢٥٨
لوز ١٢٩، ١٥١
لوكسمبورغ ٣١٦
لون البشرة ٤١
لياقة بدنية ٢٥٠

ليبيا ٣١٧
ليبيريا ٣١٧
ليتشينيا ١٢٨
ليختنشتاين ٣١٦
ليسوتو ٣١٧
ليفة ٧٣
ليل ٣٠٥
ليلة الافتتاح ٢٥٤
ليموزين ١٩٩
ليمون ١٢٦
ليمون مالح ١٢٦

م

مؤخرة ٢٤٠
مؤشر ١٩٨، ٢٠٤
مأكولات سريعة ١٥٤
مأوى حافلات ١٩٧
ماء ١٤٤، ٢٣٨
ماء أبيض ٥١
ماء التونك ١٤٤
ماء الصودا ١٤٤
ماء مكربن ١٤٤
ماء من صنبور ١٤٤
مائة ٣٠٨
مائتان ٣٠٨
مائدة ٦٤، ١٤٨
مائدة فطور ١٥٦
مائدة عشاء ٦٤
مؤتمر ١٧٤

مايو ٣٠٦
مايونيز ١٣٥
مباراة ٢٣٠، ٢٣٧
مباراة زوجية ٢٣٠
مباراة فردية ٢٣٠
مباراة قفز ٢٤٣
مبارزة ٢٤٩
مباريات ٢٤٣، ٢٤٧
مبان ٢٩٩، ٣٠٠
مبتسر ٥٢
مبرد ٨١
مبرد للأظافر ٤١
مبستر ١٣٧
مبسط ٥٩، ٦٨
مبشرة ٦٨
مبكر ٣٠٥، ٣٢٠
مبلغ ٩٦
مبلل ٣٢١
مبنى شقق للسكن ٢٩٨
مبنى أثري ٢٦١
مبنى الأمشاش ٢٦٦
مبنى البلدية ٢٩٩
مبنى على الأطراف ١٨٢
مبنى مكاتب ٢٩٨
مبنى نوم الطلاب ١٦٨
مبيد ٨٩، ١٨٣
مبيد أعشاب ١٨٣
مبيد أعشاب ضارة ٩١
مبيد آفات ٨٩، ١٨٣
مبيض ٢٠
متأخر ٣٠٥، ٣٢٠
متجر أخرى ١١٤
متبل ١٤٣، ١٥٩، ١٨٧
متجانس ١٣٧
متجر أثاث ١١٥
متجر آلات التصوير ١١٥
متجر اسطوانات ١١٥
متجر الأغذية الصحية ١١٥
متجر الأنتيكات ١١٤
متجر الحيوانات الأليفة ١١٥
متجر السلع المستعملة ١١٥
متجر الفنون ١١٥
متجر بيع الخمور ١١٥
متجر تجزئة كبير ١٠٥
متجر سوق حرة ٢١٣
متجر هدايا ١١٤
متحدث ١٧٤
متحف ٢٦١
متر ٣١٠
متر مربع ٣١٠
متر مكعب ٣١٠
متزلج ٢٤٦
متسلق ٨٧
متسلل ٢٢٣
متصل بالانترنت ١٧٧
متعامد ١٦٥
متعفن ١٢٧
متفرجون ٢٣٣
متقدم ٢٣٠

متهم ١٨٠
متواز ١٦٥
متوازي الأضلاع ١٦٤
متيبولا ١١٠
مثار ٢٥
مثانة ٢٠
مثبت ٥٠
مثبت شعر ٣٨
مثقاب ضغط هوائي ١٨٧
مثقاب كهربائي ٧٨
مثقاب يدوي ٨١
مثقاب يعاد شحنه ٧٨
مثقب ٥٠
مثلث ١٦٤
مثلث قائم الزاوية ١٦٥
مثلثة الرؤوس ١٦
مثمن ١٦٤
مجداف ٢٤١
المجر ٣١٦
مجراف ٨٨
مجرة ٢٨٠
مجرم ٧٧، ١٨٧
مجرم ١٨١
مجرى تزلج ٢٤٦
مجس ٥٠
مجفف ٧٦، ١٢٩، ١٤٣
مجفف بالدوران ٧٦
مجفف شعر ٣٨
مجفف ومملح ١٥٩
مجلات ١٠٧
مجلة ١١٢، ١٦٨
مجلة أطفال ١١٢
مجلفن ٧٩
مجمد ٦٧، ١٢١، ١٢٤
مجمد الثلاجة ٦٧
مجموعة ٢٢٨، ٢٣٠
مجموعة أدراج ٧٠
مجموعة البطاريات ٧٨
مجموعة القوائم ٢٣٥
مجموعة برامج ١٧٦
مجموعة من النجوم ٢٨١
مجهر ١٦٧
مجوهرات ٣٦
محار ١٢١
محار مروحي ١٢١
محارة ١٢١
محاسب ٩٧، ١٩٠
محاصيل ١٨٤
محاضر ١٦٩
محام ١٨٠، ١٩٠
محاور ١٧٩
محرج ٢٥
محرجة ١٩١
محرقة ٦٧
محرك ٨٨، ٢٠٢، ٢٠٤، ٢٠٨
محرك قابل للفصل ٢١٥
محشو ١٥٩

عربي

مرجع

ع ر ب ي

al-fihrist al-Aarabee • Arabic index الفهرست العربي

The Arabic index starts here and runs right to left until page 341.

يبدأ الفهرست العربي هنا وينتهي صفحة ٣٤١.

تنويه tanweeh • acknowledgments

DORLING KINDERSLEY would like to thank Tracey Miles and Christine Lacey for design assistance, Georgina Garner for editorial and administrative help, Sonia Gavira, Polly Boyd, and Cathy Meeus for editorial help, and Claire Bowers for compiling the DK picture credits.

The publisher would like to thank the following for their kind permission to reproduce their photographs:

Abbreviations key:
t = top, b = bottom, r = right, l = left, c = centre

Abode: 62; **Action Plus:** 224bc; **alamy. com:** 154t; A.T. Willett 287bcl; Michael Foyle 184bl; Stock Connection 287bcr; **Allsport/Getty Images:** 238cl; **Alvey and Towers:** 209 acr, 215bcl, 215bcr, 241cr; **Peter Anderson:** 188cbr, 271br. **Anthony Blake Picture Library:** Charlie Stebbings 114cl; John Sims 114tcl; **Andyalte:** 98tl; **apple mac computers:** 268tcr; **Arcaid:** John Edward Linden 301bl; Martine Hamilton Knight, Architects: Chapman Taylor Partners, 213cl; Richard Bryant 301br; **Argos:** 41tcl, 66cbl, 66cl, 66br, 66bcl, 69cl, 70bcl, 71t, 77tl, 269tc, 270tl; **Axiom:** Eitan Simanor 105bcr; Ian Cumming 104; Vicki Couchman 148cr; **Beken Of Cowes Ltd:** 215cbc; **Bosch:** 76tcr, 76tc, 76tcl; **Camera Press:** 27c, 38tr, 256t, 257cr; Barry J. Holmes 148tr; Jane Hanger 159cr; Mary Germanou 259bc; **Corbis:** 78b; Anna Clopet 247tr; Bettmann 181tl, 181tr; Bo Zauders 156t; Bob Rowan 152bl; Bob Winsett 247cbl; Brian Bailey 247br; Carl and Ann Purcell 162l; Chris Rainer 247ctl; ChromoSohm Inc. 179tr; Craig Aurness 215bl; David H.Wells 249cbr; Dennis Marsico 274bl; Dimitri Lundt 236bc; Duomo 211tl; Gail Mooney 277cctcr; George Lepp 248c; Gunter Marx 248cr; Jack Fields 210b; Jack Hollingsworth 231bl; Jacqui Hurst 277cbr; James L. Amos 247bl, 191cttr, 220bcr; Jan Butchofsky 277cbc; Johnathan Blair 243cr; Jon Feingersh 153tr; Jose F. Poblete 191br; Jose Luis Pelaez.Inc 153tc, 175tl; Karl Weatherly 220bl, 247tcr; Kelly Mooney Photography 259tl; Kevin Fleming 249br; Kevin R. Morris 105tr, 243tl, 243tc; Kim Sayer 249tcr; Lynn Goldsmith 258t; Macduff Everton 231bcl; Mark Gibson 249bl; Mark L. Stephenson 249tcl; Michael Pole 115tr; Michael S. Yamashita 247ctcl; Mike King 247cbl; Neil Rabinowitz 214br; Owen Franken 112tl; Pablo Corral 115bc; Paul A. Sounders 169br, 249ctcl; Paul J. Sutton 224c, 224br; Peter Turnley 105tcr; Phil Schermeister 227b, 248tr; R. W Jones 309; R.W. Jones 175tr; Richard Hutchings 168b; Rick Doyle 241ctr; Robert Holmes 97br, 277ctc; Roger Ressmeyer 169tr; Russ Schleipman 229; Steve Raymer 168cr; The Purcell Team 211ctr; Tim Wright 178; Vince Streano 194t; Wally McNamee 220br, 220bcl, 224bl; Yann Arhus-Bertrand 249tl; **Demetrio Carrasco / Dorling Kindersley (c) Herge / Les Editions Casterman:** 112ccl; **Dixons:** 270cl, 270cr, 270bl, 270bcl, 270bcr, 270ccr; **Education Photos:** John Walmsley 26tl; **Empics Ltd:** Adam Day 236br; Andy Heading 243c; Steve White 249cbc; **Getty Images:** 48bcl, 100t, 114bcr, 154bl, 287tr; 94tr; **Dennis Gilbert:** 106tc; **Hulsta:** 70t; **Ideal Standard Ltd:** 72r; **The Image Bank/Getty Images:** 58; **Impact Photos:** Eliza Armstrong 115cr; John Arthur 190tl; Philip Achache 246t; **The Interior Archive:** Henry Wilson, Alfie's Market 114bl; Luke White, Architect: David Mikhail, 59tl; Simon Upton, Architect: Phillippe Starck, St Martins Lane Hotel 100bcr, 100br; **Jason Hawkes Aerial Photography:** 216t; **Dan Johnson:** 26cbl, 35r; **Kos Pictures Source:** 215cbl, 240tc, 240tr; David Williams 216b; **Lebrecht Collection:** Kate Mount 169bc; **MP Visual. com:** Mark Swallow 202t; **NASA:** 280cr, 280ccl, 281tl; **P&O Princess Cruises:** 214bl; **P A Photos:** 181br; **The Photographers' Library:** 186bl, 186bc, 186t; **Plain and Simple Kitchens:** 66t; **Powerstock Photolibrary:** 169tl, 256t, 287tc; **Rail Images:** 208c, 208 cbl, 209br; **Red Consultancy:** Odeon cinemas 257br; **Redferns:** 259br; Nigel Crane 259c; **Rex Features:** 106br, 259tc, 259tr, 259bl, 280b; Charles Ommaney 114tcr; J.F.F Whitehead 243cl; Patrick Barth 101tl; Patrick Frilet 189cbl; Scott Wiseman 287bl; **Royalty Free Images:** Getty Images/Eyewire 154bl; **Science & Society Picture Library:** Science Museum 202b; **Skyscan:** 168t, 182c, 298; Quick UK Ltd 212; **Sony:** 268bc; **Robert Streeter:** 154br; **Neil Sutherland:** 82tr, 83tl, 90t, 118, 188ctr, 196tl, 196tr, 299cl, 299bl; **The Travel Library:** Stuart Black 264t; **Travelex:** 97cl; **Vauxhall:** Technik 198t, 199tl, 199tr, 199cl, 199cr, 199ctcl, 199ctcr, 199tcl, 199tcr, 200; **View Pictures:** Dennis Gilbert, Architects: ACDP Consulting, 106t; Dennis Gilbert,

Chris Wilkinson Architects, 209tr; Peter Cook, Architects: Nicholas Crimshaw and partners, 208t; **Betty Walton:** 185br; **Colin Walton:** 2, 4, 7, 9, 10, 28, 42, 56, 92, 95c, 99tl, 99tl, 102, 116, 120t, 138t, 146, 150tc, 160, 170, 191cttcl, 192, 218, 252, 260br, 260l, 261tr, 261c, 261clr, 271cbl, 271cbr, 271ctl, 278, 287br, 302, 401.

DK PICTURE LIBRARY:
Akhil Bahkshi; Patrick Baldwin; Geoff Brightling; British Museum; John Bulmer; Andrew Butler; Joe Cornish; Brian Cosgrove; Andy Crawford and Kit Hougton; Philip Dowell; Alistair Duncan; Gables; Bob Gathany; Norman Hollands; Kew Gardens; Peter James Kindersley; Vladimir Kozlik; Sam Lloyd; London Northern Bus Company Ltd; Tracy Morgan; David Murray and Jules Selmes; Musée Vivant du Cheval, France; Museum of Broadcast Communications; Museum of Natural History; NASA; National History Museum; Norfolk Rural Life Museum; Stephen Oliver; RNLI; Royal Ballet School; Guy Ryecart; Science Museum; Neil Setchfield; Ross Simms and the Winchcombe Folk Police Museum; Singapore Symphony Orchestra; Smart Museum of Art; Tony Souter; Erik Svensson and Jeppe Wikstrom; Sam Tree of Keygrove Marketing Ltd; Barrie Watts; Alan Williams; Jerry Young.

Additional Photography by Colin Walton.

Colin Walton would like to thank:
A&A News, Uckfield; Abbey Music, Tunbridge Wells; Arena Mens Clothing, Tunbridge Wells; Burrells of Tunbridge Wells; Gary at Di Marco's; Jeremy's Home Store, Tunbridge Wells; Noakes of Tunbridge Wells; Ottakar's, Tunbridge Wells; Selby's of Uckfield; Sevenoaks Sound and Vision; Westfield, Royal Victoria Place, Tunbridge Wells.

All other images are Dorling Kindersley copyright. For further information see www. dkimages.com